(2012－2013)

Annual Greenbook for Sustainability of 35 Big Cities in China and 16 Cities in Yangtze River Delta

中国城市可持续发展绿皮书

中国35个大中城市和长三角16个城市可持续发展评估

诸大建　何 芳　霍佳震　　等著

同济大学出版社
TONGJI UNIVERSITY PRESS

内 容 提 要

本书针对当前中国城镇化的问题，在梳理城市可持续发展及其评估理论的基础上，运用发展和生态"两个半球"的思路，将城市人类发展水平与生态投入放在一个框架下进行分析，构建了可持续发展评估指标体系和评估基本模型，并就其中涉及的数据收集与处理的具体方法进行详细说明。全书聚焦中国35个大中城市和16个长三角城市，评估解读了各个城市的生态投入及人类发展指标，进行了城市可持续发展分类，运用数据包络方法分析了城市可持续发展效率，进一步提出推动城市可持续发展的改进模式和优化路径。本书另外一个亮点是把中国4个代表性大城市与金砖国家的8个巨型城市进行了可持续发展状况的比较，为中国城市可持续发展评估融入国际标准和创立平台做出了开拓性的尝试和准备。

本书立足实际、体系完善、数据翔实、解读到位、案例丰富、分析深刻，表达形象直观。适合政府管理人士以及从事城市管理、可持续发展、经济发展等相关人士阅读，也可供科研院校相关领域研究者参考。

图书在版编目(CIP)数据

中国城市可持续发展绿皮书：中国35个大中城市和长三角16个城市可持续发展评估. 2012～2013/诸大建等著. —上海：同济大学出版社，2014.10

ISBN 978-7-5608-5654-4

Ⅰ.①中… Ⅱ.①诸… Ⅲ.①城市经济—可持续发展—评估—中国—2012～2013 Ⅳ.①F299.2

中国版本图书馆CIP数据核字(2014)第228134号

中国城市可持续发展绿皮书(2012—2013)

诸大建　何　芳　霍佳震　等著

责任编辑　赵泽毓　　助理编辑　丁会欣　　责任校对　徐春莲　　封面设计　潘向蓁

出版发行　同济大学出版社　　www.tongjipress.com.cn

(地址：上海市四平路1239号　邮编：200092　电话：021-65985622)

经　　销　全国各地新华书店

印　　刷　上海盛隆印务有限公司

开　　本　787mm×1092mm　1/16

印　　张　11.75

字　　数　293 000

版　　次　2014年10月第1版　　2014年10月第1次印刷

书　　号　ISBN 978-7-5608-5654-4

定　　价　128.00元

《中国城市可持续发展绿皮书》编委会

序言一

1987 年联合国环境与发展委员会提出“既满足当代人的需求，又不对后代人满足其自身需求的能力构成危害的发展”的可持续发展战略，并在 1992 年“环境与发展”大会上将其定为各国未来长期发展战略。1994 年经国务院批准的《中国 21 世纪议程》，是全球第一部国家级《21 世纪议程》，它从我国的基本国情和发展战略出发，提出促进社会、经济、资源、环境以及人口、教育相互协调的可持续发展总体战略和政策措施方案。

今年是中国提出可持续发展国家战略的 20 周年，联合国人居署为迎接 2016 年的第三次人居大会发起了世界城市运动（World Urban Campaign），提出了“建设一个设施完备、繁荣昌盛、可持续发展的城市”的口号，对城市可持续发展的理解也更加全面和深入。可持续发展已经得到全球各界的认同，并已经成为全人类共同的愿景。

城市可持续发展评估是国内外研究的热点话题，一直被国际社会认为是促进可持续发展的重要措施。在 1987 年世界环境与发展委员会发布的《我们共同的未来》报告中就提出应“开发用于测定和评估发展进程的方法”，在 1992 年联合国通过的《21 世纪议程》、2002 年通过的《约翰内斯堡执行计划》中均提出应遵循各国国情和优先领域开展这方面的工作。多年来，联合国系统、民间团体、学术界等就此问题进行了不懈的努力。在此背景下，《中国可持续发展绿皮书（2012—2013）》（以下简称《绿皮书》）应运而生，在可持续发展评估领域做了新的探索。

以“可持续发展评估”为主题，《绿皮书》围绕可持续发展的两个半球和脱钩发展的理论，提出了城市可持续发展分类评估模型。根据中国 35 个大中城市和长三角 16 个城市的指标数据对城市进行四象限分类评估、效率评估，并在此基础上针对中国城市的发展状态提出相应的可持续发展模式和改进路径。譬如研究团队究发现，广州、深圳、南京、太原等城市，普遍具有“人类发展水平高但是生态投入消耗大”的特征。这一特点很清晰地呈现于一张坐标图上，横坐标代表“城市人类发展水平”，纵坐标代表“城市生态投入”，根据城市可持续发展评估结果，这些城市均位于该坐标右上区域，该区城市都是“高投入高产出”的欠持续发展方式，其改进路径需选择“提高质量”的 B 模式。而位于左上区域的乌鲁木齐、银川、呼和浩特等城市则处于“高投入低产出”的不可持续发展状态，其改进路径需选择“提质 + 扩容”的 D 模式。

如果说科学、创新的理论基础保证了本书高水准的研究成果，那么，成熟有效的研究方法和翔实有效的数据则进一步提升了《绿皮书》的实践意义与参考价值。此外，图文并茂也是本书的主要特色之一，书中的图表形象直观、丰富多样、可视化强，如采用了长于表达数据差异与分布的玫瑰图、效率前沿面、象限划分图等图表，进一步增加了本书的可读性。

《绿皮书》所提供的理论、实证及政策建议可以帮助城市管理者和城市研究者了解城市可持续发展状态，是可持续发展战略制定的基础，对中国城市转向新型城镇化具有重要的政策意义，是同济大学及其经济与管理学院面向社会开展城市可持续发展研究的重要成果。我深信凭借同济大学经济与管理学院的研究平台，以及研究人员科学、严谨的创新精神，通过不断完善，“城市可持续发展绿皮书系列”将成为同济大学及其经济与管理学院的一大品牌成果。

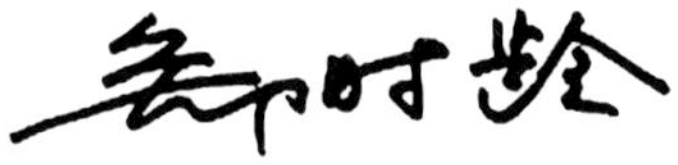

中国科学院院士

上海市规划委员会城市发展战略委员会主任委员

2014 年 8 月

序言二

中国正在进行的城镇化是人类历史上史无前例的，未来 20 年城镇化将是中国经济增长、经济转型和社会发展的重要切入点和引擎。2014 年 3 月中共中央和国务院出台了《国家新型城镇化规划（2014—2020）》，对未来如何很好地推进城镇化建设进行了规划和展望，是中国城镇化转型发展的重要里程碑。选择怎样的城镇化路径对中国未来的经济、社会状况和面临的资源环境问题至关重要。

城镇化进程的加快，带来了巨大的经济效益，然而经济社会发展与资源浪费、环境污染倒挂的问题仍然十分严峻。上期《中国城市可持续发展绿皮书（2011—2012）》曾指出："一些高投入高产出城市若不尽早改变发展模式，可能带来人口过度膨胀、资源枯竭、环境急剧恶化、社会分化急剧加速等恶果，进而令城市文明陷入困境。"中国城市可持续发展"现在在哪里"、"应该去哪里"以及"如何去那里"等问题，已经成为现阶段国家关注的重点。很欣喜地看到《中国城市可持续发展绿皮书（2012—2013）》即将出版，研究团队带着高度的时代感和使命感，对中国城市可持续发展进行了系统、科学的评估及模式路径研究。

本书针对当前中国城镇化的问题，在梳理城市可持续发展及其评估理论的基础上，运用发展和生态"两个半球"的思路，将城市人类发展水平与生态投入放在一个框架下进行匹配分析，构建了可持续发展评估指标体系和评估基本模型。聚焦中国 35 个大中城市和 16 个长三角城市，评估解读了各个城市的生态投入及人类发展指标，进行了城市可持续发展分类，运用数据包络方法分析了城市可持续发展效率，并进一步提出推动城市可持续发展的改进模式和优化路径。本书另外一个亮点是将研究对象进行了拓展，把中国 4 个代表性大城市与金砖国家的 8 个巨型城市之间的可持续发展状况做了比较，为中国城市可持续发展评估融入国际标准和创立平台做出了有益的尝试。

有别于国内城市可持续发展的流行评估研究，本书强调了"城市发展应该用尽可能少的生态投入取得尽可能大的人类发展"的思想，并以此为基础对我国大中城市可持续发展进行评估，在理论创新、实证研究和政策研究方面均做出了新的探索。在评价方法上科学运用了数据包络模型，进行了效率评价及其路径优化选择，评价所采用的城市数据翔实可靠，研究结论具有合理性和参考价值。

本书基于同济大学经济与管理学院优质的研究平台，凝聚了研究人员创新思想和大量心血，是可持续发展领域的高水准研究成果。我积极推荐政府管理者、规划者、运营者以及科研工作者、大学师生等所有可持续发展问题的关注者阅读本书。期待《中国城市可持续发展绿皮书》的成果能够切实为中国城市可持续发展实践提供有益借鉴和参考。

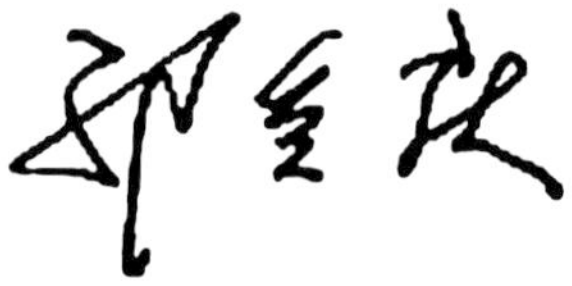

中国工程院院士

中国工程院管理科学与工程委员会副主任委员

2014 年 8 月

执行摘要

《中国城市可持续发展绿皮书（2011—2012）》出版后，受到不少好评。不少研究城市的学者认为，两个半球的评估思路有新意，对诠释和指导新型城镇化发展有用处。联合国开发署中国办公室，武汉市，深圳市，西门子亚洲城市能力中心等国际组织、政府和跨国公司，与我们讨论合作事宜。说明这个方向的研究是有学术需求和社会需求的，这激励了本年度报告的研究和写作，希望在理论上和政策上有进一步的探索和改进。本年度报告在理论阐发、指标选择、数据来源、研究对象、政策建议等方面有了新的挖掘和拓展，以下是对本期绿皮书四个方面新探索的概括和摘要。

（1）理论挖掘。我们一直强调，任何评估研究总是取决于理论预设，对城市可持续发展的评估研究更是如此。不同的理论预设导致不同的评估标准，进而得到不同的评估结果。当前，大家都认同城市可持续发展涉及经济、社会、环境三个方面，但是对可持续性的评估却存在弱可持续性和强可持续性两种非常不同的思路。弱可持续性的思路，强调可持续性是经济、社会、环境三个领域的加总，不管对经济社会发展具有支撑作用的关键自然资本优化还是退化，只要加总后的总绩效是进步的，就是可持续发展的。强可持续性的思路，除了要求三个方面的加总大于零，进一步要求关键自然资本是非退化的，或者其消耗是在地球阈值之内的。用前者评估中国城市可持续发展，许多沿海城市因为有高的经济增长，尽管生态资源环境存在退化，研究结果加总后，常常被认为是可持续发展的。用后者评估就不一定能够得出如此的结论。

我们的研究基于强可持续性的理论预设，强调可持续性发展的关键是要求经济社会发展与自然资本消耗实现脱钩，在地球可以支撑的阈值内实现好的发展。因此，不是把城市可持续性分为三个可以相互替代的部分进行加总，而是分为性质和要求不同的上下两个半球进行比对，上面是代表经济增长和社会发展的人类发展半球，下面是代表资源消耗和环境排放的生态投入半球，根据两个半球的匹配情况判断城市发展的可持续性。如果发展半球超过了生态半球的承载能力，即使经济社会发展水平很高，也是不可持续的发展；而生态供给有余但是经济社会的发展半球远远滞后，则是可持续的不发展。从这个角度看中国沿海或者中部地区相对发达城市，虽然有高的经济增长和人类发展，由于生态环境超过了某种阈值，就不能认为是可持续发展的。

2013年党的十八届三中全会，在生态文明的制度建设中提出了生态红线的概念，这使得我们的评估研究具有了很强的现实意义和针对性。就我国城镇化需要向新型城镇化转型而言，我们说中国过去30年的城市化是土地蔓延和环境不友好的城市化，而不是人口导向和环境友好的城市化，就是说中国城市以土地消耗和资源消耗为标志的生态投入是高的，但是以人口进城和公共服务为特征的人类发展是低的。因此未来的政策重点，是要加大发展半球的人口城市化，控制生态半球的土地城市化。

(2) 指标深化。围绕可持续性的两个半球和脱钩发展的理论，本年度报告在指标选择与评估方法上，作了三个方面的深化工作。

一是在指标选择上的增加。在发展半球方面，我们采用联合国人类发展观念倡导的人均GDP、人均预期寿命、人均教育年限等3个指标，作为城市人类发展指数(UHDI)的基本指标。在生态半球方面，针对当前我国城市发展面临资源消耗和污染排放两个方面的挑战，我们在上期报告提出的资源消耗指标基础上，增加了污染排放指标，用包括水资源消耗、能源消耗、土地资源消耗和水污染排放、大气污染排放、固体废物排放等9个指标，形成城市生态投入指数(UEII)的基本指标。

二是数据可靠性上的改进。尽管对政府统计存在争议，我们坚持评估研究所涉数据主要出自有权威性的政府出版物，本书中的大多数数据来自《中国统计年鉴》、《中国城市统计年鉴》、《中国环境统计年鉴》以及各相关城市统计年鉴。对于统计年鉴中未列出的数据，则通过查找相关城市相关部门颁布的规划、报告等官方文件搜取，如《国民经济与社会发展统计公报》、《社会事业发展第十二个五年规划》、《教育事业发展统计公报》、《教育事业发展第十二个五年规划》、《教育事业发展中长期规划》、《城市环境状况公报》等。

三是数据标准化的计算。在计算中国城市发展半球的人类发展指数时，为了便于与国际上城市人类发展指数(HDI)的研究做比较，本期报告中的人类发展指数(HDI)计算方法有更新，采用了联合国开发计划署(UNDP)在《2010人类发展报告》中颁布的新的人类发展指数(HDI)公式，使我们研究的中国城市人类发展水平与国际上的城市更具有可比性。

(3) 实证发现。在研究对象上，我们继续针对中国35个大中城市(省会和副省级城市，未包含拉萨和台北)以及长三角核心区16个地级及其以上城市开展有连续性的研究，希望以后能够进行时间序列上的比较。此外，本期报告还扩展到了对金砖国家8个城市的数据收集与统计，与4个中国城市进行了比较。报告主要通过三个方面的实证研究，分析研究中国城市的可持续性特征、演进与变化。

一是运用以上两个半球评估理论12个指标，分别研究这些城市的人类发展指数和生态投入指数，并进行排名和解读，分别划分出四种不同的发展水平。研究发现，北京、广州、上海、深圳、大连、天津、厦门等7个城市具有高的人类发展水平，而乌鲁木齐、南京、银川、太原、呼和浩特、广州、深圳等7个城市具有高的生态投入水平。

二是运用人类发展—生态投入象限分类法，分析我国主要城市的人类发展与生态投入的耦合情况或离散现状，参照相应的国际发展水平，将被评估城市划为“低生态投入低人类发展”、“低生态投入高人类发展”、“高生态投入低人类发展”以及“高生态投入高人类发展”四大类。其中，低生态投入高人类发展属于可持续发展的目标类型。本期的报告，非常高兴地发现，天津、厦门、武汉、杭州、北京、上海、大连、宁波、沈阳、长沙、青岛等11个城市属于低生态投入高人类发展的可持续发展类型。同时也发现呼和浩特、银川、乌鲁木齐等3个城市属于高生态投入低人类发展的类型。显然，高人类发展与中国沿海地区经济发达地区的城市有很大的相关性，而中西部地区的发展中城市具有相对低的生态投入也是可以理解的。要解释的是，中国西北部3个城市不具有高的人类发展却具有高的生态投入，它们大多具有资源型城市的特征。

三是采用国际上较为成熟的数据包络分析方法（DEA方法），对所评估城市的可持续发展效率进行测算，研究在所属类型中城市生态投入和福利产出之间的关系是否达到最优。按照2012—2013年的统计数据，发现在可持续发展效率前沿面上，被评估城市中北京和青岛2个城市具有相对高的城市可持续发展效率，而其他城市均需要或者通过减少生态投入，或者通过提高人类发展，或者两者同时进行，进一步提高城市可持续发展的效率。

四是为了便于开展国际比较，本期报告收罗新兴国家中巴西利亚、圣保罗、里约、加尔各答、孟买、德里、开普敦、德班等8个巨型城市的数据，运用我们的理论与评估模型进行了计算，与北京、上海、广州、深圳等4个中国代表性大城市一起，形成了金砖5国12个城市的可持续发展状况比较。

（4）政策建议。对城市可持续发展的评估研究是要判断“现在在哪里”的问题，政策建议是要说明“应该去哪里”以及“如何去那里”的问题。本研究的基本政策意义很明显，强调城市发展要从单一的衡量经济社会发展，转向在提高人类发展的同时减少生态投入。但是这个双元驱动发展模型的政策意义对于不同城市是不同的。

发达国家对城市可持续发展的研究，曾经识别出城市发展的两种轨迹，即先是从低生态投入低人类发展走向高生态投入高人类发展的A模式，或是从高生态投入高人类发展转向低生态投入高人类发展的B模式。我们的政策研究指出，在中国这样的发展中国家，存在着用不超过阈值的生态投入提高人类发展水平的跨越式发展即C模式的可能。因此在实证研究发现中国城市类型的基础上，绿皮书针对各类城市的特点，提出了四种有关改进模式和优化路径的政策建议，即：在可持续发展区间做持续优化的S模式，不降低人类发展水平但要大幅度减少生态消耗的B模式，在生态消耗不超过一定阈值的提高人类发展的C模式，以及在两个方面同时努力的B+C兼有的D模式，例如本期研究发现的呼和浩特、银川、乌鲁木齐等 3 个城市，需要采取后者的模式。

对照党的十八大等文件基于国土生态功能分区提出的“重点发展区”和“优化发展区”等两种类型，我们认为，对于沿海发达地区的大多数城市，大多数已经接近生态承载能力的拐点，目前需要采用 B 模式的转型发展道路，在保持和提高人类发展水平的同时努力降低生态消耗，这是优化发展区的含义；对于中西部正在崛起中的城市，我们建议采取 C 模式的跨越式发展方式，要努力在生态投入不超过阈值的情况下提高人类发展水平，避免走生态投入先增加后减少或所谓“先污染、后治理”的传统发展 A 模式道路，这就是重点发展区的含义。希望这种有中国情景意义的研究，能够对中国城市的可持续发展转型，走上大家希冀的新型城镇化道路，可以产生有价值的政策意义。

Executive Summary

In the well-received *Annual Greenbook for Sustainability of 35 Big Cities in China and 16 Cities in Yangtze River Delta* (2011 - 2012), the bi-hemispherical assessment method in terms of human development to ecological cost has been highly recognized among urban studies scholars as innovatively applicable to the understanding of China's new type of urbanization and the decision-making process. Since its publication we have been approached for further cooperation by international and governmental organizations and multinational corporations, such as UNDP China office, City Councils of Wuhan and Shenzhen, and Siemens Cities Center of Competence Asia, indicating that the research is both academically and socially applauded. Therefore, this annual report and the new green book, summarized here in the following four sections, makes new extensions in theoretical development, selection of indicators, data sources, research subjects, and policy recommendations to further explore and improve both the theory and the policies.

(1) **Theoretical development.** We have always stressed that assessment studies are first subject to their theoretical pre-assumptions, especially studies on sustainable urban development in which the guiding theory leads to a set of assessment criteria that will predetermine the results. Presently, it is agreed upon that sustainable urban development has its economic, social and environmental dimensions, but when it comes to the assessment, there are differences between a Weak version and a Strong one. The Weak sustainability ideas, with its emphasis on sustainability as the sum of economic, social and environmental factors, does not reckon with the optimization or deterioration of critical natural capital — one of the pillars in economic and social development. For those who share Strong sustainability ideas, however, it is not enough to just have the sum to be bigger than zero — sustainability requires the non-degeneration of critical natural capital, or the consumption of it that is within the planetary boundaries. An assessment method based on the former will place many coastal cities in China on the high end of sustainability due to their highly visible economic growth. But the result will be much less rosy if the assessment method is otherwise, since that growth comes along with the degradation of ecological environment.

Our research is based on the theoretical presumptions of the Strong sustainability, emphasizing an economic and social development benignly within the planetary boundaries and unhooked from critical natural capital consumption. So urban sustainability is not a matter of addition of three mutually replaceable factors, but is divided into two contrastive hemispheres with the upper human development hemisphere representing economic growth and social development, and the lower ecological supporting hemisphere representing resource consumption and pollutions emitted into the environment. If we see from the contrast the upper half goes beyond what the lower half can accommodate, the development cannot be regarded as sustainable no matter how prominently its economy grows; but if the upper half lags far behind the lower half, we can call it sustainable non-development. In that light, the more developed coastal and central cities in China, those that are enjoying high economic growth and human development, may not be considered sustainable because their development has gone beyond certain boundaries of the ecological environment.

In the Third Plenary Session of the Party's Eighteenth National People's Congress, the concept of ecological redline was put forward for the first time as part of the institutional construction of an ecological civilization, giving our assessment study a strong practical significance and relevance. With respect to the new type of urbanization the country is now seeking, our suggestion is that the focus of the future policies should be the urbanization of the population in the development hemisphere, and a well-controlled land urbanization in the ecological hemisphere. Because the old type of urbanization in the past three decades has been land urbanization-based and resource-consuming, rather than population-oriented and environment-friendly. Compared with its high ecological input, we see a rather humble ascent in the human development that should feature the growth and improvement in urban population and public services.

(2) **Indicator modification.** Based on the theories of "sustainability hemispheres" and "unhooked development", this annual report offers three modifications on the selection and evaluation of indicators.

First, new indicators have been added. For the development hemisphere, we have adopted the human development concept advocated by the United Nations, and added three indicators as basic ones into the Unban Human Development Index (UHDI): per capita GDP, the average life expectancy, and average years of schooling. For the ecology hemisphere, in addition to the resource consumption indicators we offered last year, we added pollution discharge indicators since resource consumption and pollution discharge both are the biggest challenges for urban development today. The Urban Ecological Input Index (UEII) is now a system of 9 basic indicators, including water consumption, energy consumption, land resources consumption and water pollution discharge, solid waste discharges, air pollution emissions, etc.

Second, data reliability is improved. Although there is controversy over governmental statistics, we still insist that our assessment studies use data from authoritative governmental publications, therefore most of the data in the current study are from the *China Statistics Yearbook*, *China Urban Statistics Yearbook* and *China Environmental Statistics Yearbook*, and the statistics yearbooks of the relevant cities. As for the data not included in the yearbooks, we try to locate them from relevant urban planning reports and other official documents issued by the relevant departments, such as *National Economic and Social Development Statistics Bulletin*, the *Twelfth Five-Year Plan for Social Development*, *Education Development Statistics Bulletin*, the *Twelfth Five-Year Plan for Education Development*, *Long-term Education Development Plan*, and *Urban Environment Status Quo Bulletin*, etc.

Third, data calculation is standardized. When calculating the human development index in the China Urban Development hemisphere, we have adopted the new Human Development Index (HDI) formula promulgated in the 2010 *Human Development Report* by the United Nations Development Program (UNDP) so that it is easier to compare Chinese cities'HDI with that of the other cities in the global community.

(3) **Empirical findings.** In our study, we continue to target 35 cities in China (provincial capitals and sub-provincial cities, not including Lhasa) and 16 cities on the prefecture-level and above in the core area of the Yangtze River Delta, hoping to see a chronological comparison in the future. In addition, this annual report also extends its data collection to eight cities from the other BRICS countries, in comparison with four Chinese cities. The report offers an analysis of the characteristics, evolution and changes of sustainability in Chinese cities through empirical research from three aspects.

First, using the 12 indicators of the bi-hemispherical assessment method mentioned above, we studied, ranked and interpreted the UHDI and UEII of these cities. Four different levels of development have been categorized. The study finds that seven cities can be classified as high UHDI cities: Beijing, Guangzhou, Shanghai, Shenzhen, Dalian, Tianjin and Xiamen, while seven cities as high UEII: Urumqi, Nanjing, Yinchuan, Taiyuan, Hohhot, Guangzhou and Shenzhen.

Second, we use the human development-ecological input quadrant classification method to analyze the discrete and coupling status quo of these two factors in China's major cities, with reference to the corresponding international level of development. Cities under evaluation are thus classified into four types as "low ecological input and low human development", "low ecological input and high human development", "high ecological input and low human development", and "high ecological input and high human development", with the second to be the ideal type of sustainable development. It is rather inspiring to find that such 11 cities as Tianjin, Xiamen, Wuhan, Hangzhou, Beijing, Shanghai, Dalian, Ningbo, Shenyang, Changsha and Qingdao belong to this type. The study also finds that Hohhot, Yinchuan, and Urumqi belong to the third type. Obviously, there is a high correlation between the high human development and economic development in the coastal areas in China, and the developing cities in the mid-western regions with a relatively low ecological input is understandable. It is worth explaining that three cities in northwestern China show the characteristics of resource-driven development where a high ecological input is coupled with a human development that is not necessarily high.

Third, a more sophisticated data envelopment analysis (DEA) method popular in the global community has been adopted to assess the efficiency of the sustainable development of the Chinese cities to see if there is an optimal relation between ecological input and well-being output. According to statistics from 2012 to 2013, it is found that on frontier of the sustainable development efficiency, Beijing and Qingdao have gone the farthest, while other cities can increase their efficiency by reducing their ecological input, or raising human development, or doing both simultaneously.

Fourth, this annual report has included data of eight newly emerging megacities from other developing countries such as Brasilia, Sao Paulo, Rio, Calcutta, Mumbai, Delhi, Cape Town and Durban. Based on our theory and assessment model, 12 cities from the 5 BRICS countries, with Beijing, Shanghai, Guangzhou, and Shenzhen from China, have been compared with regard to their sustainability.

(4) Policy recommendations. Assessment study on urban sustainable development belongs to the realm of "Where are we now" question, while policy recommendations the realms of "Where should we go" and "How can we go there". This research has a very conspicuous policy implication, i. e., we should emphasize an urban development with low ecological input and high human development, one that steers away from a single focus on the economic development. However, policy implications of this dichotomy development model will be different for different cities.

Research on sustainable urban development in developed countries has identified two trajectories of urban development, namely, Plan A that ascends from low ecological input and low human development to high ecological input and high human development, and Plan B that evolves from high ecological input high human development to low ecological input and high human development. Our policy research points out that in developing countries such as China, there is the possibility for Plan C that will ensure leaps and bounds in human development without going beyond the boundaries of ecological input. For that matter, based on the empirical research that has classified Chinese cities into four categories, this green book proposes four types of policy recommendations concerning modes and paths: Plan S that focuses on the continuous optimization in the range of sustainable development, Plan B that substantially reduces eco-consumption without compromising human development, Plan C that improves human development with eco-consumption within the planetary boundaries, and Plan D, especially for such three cities as Hohhot, Yinchuan, and Urumqi, a combination of Plans B and C.

With reference to the "key development areas" and "optimized development areas" proposed in the Party's Eighteenth National People Congress report and other official documents concerning the land-based ecological functions, we hold that the majority of the cities in the developed coastal areas are now approaching the turning point of the ecological capacity. Therefore Plan B will be advisable for them since it is what is meant by "optimized development area" to maintain and improve the level of human development and reduce the ecological consumption. For the emerging cities in the mid-western regions, based on our understanding of the focal meaning of the "key development area", we recommend Plan C, because we must strive to improve the level of human development within the eco-threshold to avoid repeating the traditional Plan A that is known as "pollution first, treatment later". We hope that our study based on the scenarios in China can have valuable policy implications for the country's sustainable development transformation and the new type of urbanization that all Chinese people have been longing for.

目　录

第一篇

理论基础

1 城市可持续发展评估的时代背景

从 20 世纪 90 年代以来，追求城市的可持续发展已经成为世界众多国家和城市的发展目标。联合国第二次人居会议系统梳理了城市可持续发展的目标、领域和行动，充分体现了可持续发展经济、社会、环境三重底线的理念，为全球范围内开展城市可持续发展实践提供了较为完整的路线图和工具箱。中国自改革开放以来城镇化迅速，从 2011 年起城镇常住人口首次超过农村人口，中国共产党的十八大报告中明确提出了新型城镇化的发展战略。可以判断未来 20 年城镇化将是中国经济增长、经济转型和社会发展的重要切入点和引擎。

1.1 城市可持续发展评估国际背景

目前，全世界大约有一半人口生活在城市。全球城市化进程体现出三个特征[①]：首先，大型城市主要出现在发展中国家，人口数量超过 2 000 万的巨型城市集群正在亚洲、拉丁美洲和非洲涌现；其次，中小城市同样得到快速发展，大约一半城市人口将生活在人口总数小于 50 万人的中小城市；到 2030 年，新增城市人口中大约有 95%来自发展中国家。据世界银行预测，到 2050 年，全世界城市人口数量将达 62 亿，占世界人口总数的 70%[②]，而新增城市人口中，绝大部分将来自发展中国家。全球城市化发展空间巨大，因此选择怎样的城市化路径对人类未来的经济、社会状况和面临的资源环境问题至关重要。当前的经济发展模式，土地利用模式，以及交通、建筑、能源、供水在内的基础设施建设模式，将在未来很长时期内决定城市运转的资源和能源消耗，影响城市的环境。这些影响不仅仅局限于城市本身所处的空间范围，还将通过城市与周边地区和自然环境之间相互作用，传播至更广大的区域，从而影响整个地区乃至国家的可持续发展。

城市可持续发展问题自 20 世纪 90 年代起受到越来越广泛的关注，在联合国人居署的倡导下，城市可持续发展行动已经得到世界各国政府和城市以及一些国际组织的支持。

1991 年，联合国人居署在全球范围内提出实施可持续城市计划，旨在帮助城市政府及其公共部门、私营企业及社会团体的合作者提高必要的环境规划管理、自然资源管理以及环

① UN-Habitat (United Nations Human Settlements Programme). The state of the world'scities report 2006/2007. London: Earthscan: 2006.

② 参见：http://www.shihang.org/zh/news/feature/2013/10/24/infographic-creditworthy-cities.

境危害控制的能力，通过城市环境规划、综合管理方法及过程的有效实施，帮助城市在发展过程中解决好经济发展与环境的冲突。

1992年，联合国环境署认为有必要进一步推广可持续城市的概念，与联合国人居署联合实施"可持续城市计划"项目，通过共同的概念框架进行信息分享，并将该计划作为《21世纪议程》与城市相结合的工具，以发挥其在世界范围的示范作用。

1996年，联合国人居署在土耳其伊斯坦布尔召开了联合国第二次人居会议（the Second United Nations Conference on Human Settlements），又被称为"城市峰会"。会议聚焦了两个具有全球性重要意义的问题："人人享有适当的住房"和"城市化进程中人类住区的可持续发展"。来自全球各个国家和地区的领导人、政府高级官员、私营企业和非政府组织代表共同商讨可持续城市发展的未来政策。会议最后通过了一项全球性的城市可持续发展行动计划，即《人居议程》（*Habitat Agenda*）。① 《人居议程》指出，可持续发展对人类住区发展至关重要，体现了经济增长、社会发展和环境保护三方面的要求。实现人类住区的可持续发展应当充分考虑联合国《21世纪议程》所确定的可持续发展原则，以预防为主，防止污染，尊重生态系统的承载能力，为子孙后代保留可利用的机会。该议程提出了人类住区可持续发展的29个子目标以及相应的措施和行动方案，其中涉及的重点领域如下。

可持续的土地利用：将城市地区的发展与自然环境和住区的整个系统协调一致；推广尽可能减少交通需求、节约能源和保护城市绿地和植被的土地利用方式；控制城市密度，采取混合使用土地的准则，保护必不可少的农业用地、生态脆弱地区和敏感地区。

消除贫困、创造就业机会、促进社会融合：有益于社会发展和稳定的城市建设与消除贫困密不可分，通过制定完善的宏观经济政策，让城市创造更多的就业机会，并使人们能够平等、普遍地获取经济发展机会；提供教育和培训，增强人们，特别是社会弱势群体，自由选择就业的能力；提供基本的社会服务，为无法自立的人提供社会保护。

人口管理：城市人口的生活质量不仅与教育、医疗、食品、资源环境状况、经济发展速度相关，也与人口的增长、人口结构和人口分布密切相关；需要考虑国内和国际人口流动问题，控制人口急剧增长，解决人口分布不平衡的问题。

环境可持续性、健康和宜居性：城市环境状况直接关系到所有城市居民的健康，要采取综合措施，防治环境污染、提供环境基础设施，包括建设城市排水和卫生设施、加强城市水资源保护和管理、治理空气污染、控制噪声超标、处理工业和生活废弃物、加强有毒有害化学品的管理；特别要重视环境退化对儿童、妇女和老人的影响。

可持续能源利用：过度依赖不可再生的化石燃料导致气候变化、空气污染以及由此引发的健康问题，威胁城市的可持续发展。通过提高能源效率、可再生能源转换和替代、采用节能技术、加强公众宣传等途径实现城市的可持续能源利用。

可持续的交通和通讯系统：交通运输是城市能源和土地消耗大户，要将交通设施规划与土地利用政策和通讯政策结合，减少不必要的出行；鼓励非机动化的交通方式替代汽车；开发替代燃料，改善交通工具的环境影响。

保护和恢复历史文化遗产：文物和历史古迹具有文化、教育、科学、精神、宗教等多方面的价值，它们承载了文化的独特性和延续性。在城市建设过程中需要重视对文化遗产的保

① 参见：http://ww2.unhabitat.org/declarations/habitat_agenda.asp.

护和恢复。

防灾、减灾和灾后恢复能力:自然灾害和人为灾害对城市的影响越来越大,质量粗糙的建筑、不合理的城市扩张、防灾减灾设施不足、治理能力低下,以及气候变化带来的影响都增加了城市面临灾害的风险;不仅需要加强防灾的硬件设施建设,更需要通过多部门协作、教育和培训,提高面临灾害时的协调能力、应变能力和恢复能力。

为实现《人居议程》中所涉及的各项城市可持续发展目标,联合国开展了全球城市治理和全球保障安居两项全球性的运动,以及城市可持续发展方案、城市管理方案、加强城市安全方案、灾害管理方案等一系列国际合作项目,并从 2002 年起,每两年召开一次世界城市论坛(World Urban Forum),这是探讨城市发展问题的国际最高端论坛。

在肯尼亚内罗毕举行的第一届世界城市论坛就把主题确定为可持续的城市化。核心议题包括消除城市贫民窟、加强城市间合作、城市在可持续发展中扮演的角色、城市供水与卫生设施问题等。

时隔 20 年之后,联合国第三次人居大会即将于 2016 年举行。为了给新一轮的城市峰会预热,联合国人居署发起了世界城市运动(World Urban Campaign),作为第三次人居大会合作伙伴开展宣传活动的平台,促进全世界各个国家和各类组织在城市发展问题上的对话、经验分享和相互学习。世界城市运动提出了"建设一个设施完备、繁荣昌盛、可持续发展的城市"的口号①,对城市可持续性的理解也更加全面和深入,提出了安全和健康城市、绿色城市、包容性城市、规划良好的城市、具有生产力的城市、韧性城市等多个概念,从不同侧面反映联合国及一些国际组织、国家和城市对城市可持续发展的努力和行动。

1.2 城市可持续发展评估国内背景

1.2.1 传统城镇化导致城市不可持续发展

传统城镇化模式下我国城市可持续发展面临的突出问题是"城市发展半球"和"城市生态半球"明显错位,表现为城市发展过度依赖于大量增加生态投入,发展方式粗放,高消耗、高污染特点突出,没有实现经济发展和生态投入的"脱钩"。

以土地资源为例,目前我国人均建设用地已经达到明显高于发达国家平均水平。随着我国城镇化进程加快,城市建成区面积不断扩大,一些城市过度扩张、无序蔓延,土地资源利用中粗放浪费现象十分突出。土地资源稀缺是我国基本国情,要利用有限的土地资源支撑未来长期城镇化进程,就必须提高土地资源的利用效率,通过合理规划布局,实现集约利用。国家提出到 2020 年城市人均建设用地目标严格控制在以内。城市土地资源利用现状离这一目标还有很大差距。未来城镇化过程中要努力实现城市土地资源投入与城市人口和经济增长"脱钩",确保城市人均建设用地面积不断下降。

① "an equitable prosperous sustainable city"参见:http://www.worldurbancampaign.org/wp-content/uploads/wuc-uploads/City_Chager_Toolkit_Chinese.pdf.

1.2.2 新型城镇化将推进城市可持续发展

在传统城镇化模式难以为继，不能承载中国未来20年城镇化发展所需的环境资源需求的背景下，走新型城镇化道路自然成为国家发展战略。在中国共产党十八大报告、《中共中央关于全面深化改革若干重大问题的决定》、中央城镇化工作会议精神、《国民经济和社会发展第十二个五年规划纲要》和《全国主体功能区规划》精神的指导下，2014年3月中共中央和国务院出台了《国家新型城镇化规划(2014—2020)》，对我国城镇化进程具有里程碑式的意义，它既是对我国过去30多年城镇化发展的一个总结和反思，也是对未来如何很好地推进城镇化建设的规划和展望。传统城镇化与新型城镇化的发展模式对比如表1-1所示。

表1-1 传统城镇化与新型城镇化对比

问题分类	传统城镇化	新型城镇化
人口户籍与常住问题	人口进城但不落户	人口与户籍相匹配
人口进城的公共服务均等化	基本公共服务对外来务工人员没有包容性	消除城市二元结构，基本公共服务实现包容性
工业化驱动向服务经济驱动转变	工业导向，热衷于建设各种工业园区	服务经济导向，解决城市新增人口的就业需求
农业经济的规模化问题	土地规模化经营难以开展，农业生产方式低效	促进土地的规模化经营，大幅提高农业生产率
人口进城与土地资源消耗关系	大量消耗土地资源，人口规模与城市建设用地不匹配	人口规模与建设用地相匹配，土地集约型
城市发展的空间形式问题	大城市、特大城市导向	不同规模的城市集群发展、协调共生
城市的功能布局与交通问题	空间蔓延、功能分离、交通拥堵、通勤时间长	空间紧凑、功能混合、交通合理、通勤时间少
人口进城与文化传承之间的关系	千城一面、忽视中国文化	有中国文化、记得住乡愁
城市发展资金来源和体制安排	依赖土地财政，通过大规模出售土地，搞房地产	金融创新，公私合作
规划协调、合作治理问题	规划有冲突、部门有分割	规划整合、合作治理

提高城市的可持续发展能力是新型城镇化的重要任务。《国家新型城镇化规划(2014—2020)》的第五篇专门对如何提高城市可持续发展能力进行规划，提出要在五个方面下工夫：①优化城市空间结构方面，改造提升中心城区功能，严格规范新城新区建设，改善城乡结合部环境；②促进城市经济转型升级方面，优化城市产业结构，增强城市创新能力，营造良好就业创业环境；③提升城市基本公共服务水平方面，加快发展城市公共交通，加强市政公用设

施建设，完善基本公共服务体系；④推动新型城市建设方面，创新城市规划管理，加快绿色城市建设，推进智慧城市建设，注重人文城市建设；⑤加强和创新城市社会管理方面，完善城市治理结构，强化社区自治和服务功能，创新社会治安综合治理，增强防灾减灾应急能力。

1.3　城市可持续发展评估意义

从世界城市化进程来看，现代城市发展实际上就是不断地转型、提升可持续发展能力的过程。在中国，追求城市的可持续发展已经成为国家城镇发展规划的重要任务。城市的发展目标是一致的，即追求人的发展，但是城市经过阶段性的发展之后，受经济周期和自身发展周期的影响，都面临着产业结构、城市功能、城市建设、社会公共服务等方面的调整和转型，以适应可持续发展的需要。然而城市与城市之间资源禀赋不同、所处的发展阶段不同，因此城市可持续发展模式的选择和改进路径及具体对策都会有自身的独特性。

对城市可持续发展进行评估不仅是对国内外城市发展趋势的回应，更是通过评估为当前在落实国家新型城镇化规划过程中为中国城市可持续发展提出发展路径和政策指导。

1.3.1　基于两个半球理论实现城市可持续发展全面评估

在城市化发展初期，城市的空间和资源足以支撑人口的增长与福利的改善，因此在城市的发展中可以不考虑城市发展的资源与环境的投入问题。然而随着环境污染、交通拥挤、资源紧缺等问题越来越影响城市居民的生活质量，城市发展中的能源、土地等各项资源的投入必须在城市的发展中受到关注。

与现有的城市可持续发展评估方法不同的是，本书基于 3E 模型提出了两个半球的发展模型，分析评估城市发展中城市的资源环境投入与人类福利发展脱钩的问题。该思想既摒弃了传统的不顾资源与环境的约束粗放型的城市发展模式，又考虑到中国相当部分城市在未来一段时期仍需增加资源环境投入与人类福利发展同步增长的发展现状。在两个半球模型基础上，将人类发展产出与生态投入放至一个评估框架内，实现对城市可持续状态的全面评估。

1.3.2　基于国际视野客观反映国内城市可持续发展水平

传统的城镇化发展在带来人类发展水平提高的同时，带来了城市发展所依赖的城市土地、城市发展空间和水、能源紧缺以及城市环境恶化的问题，也造成了城乡分离、城际分离，明显影响了社会的公平正义。从国际背景上看，传统的城镇化发展模式已经不能适应当前全球范围内的气候变化、人口增长、社会不平等以及资源稀缺的现状，城市面临着发展模式的转型。从国内背景上看，党的十八大报告提出了推动新型“城镇化”规划的要求，新型城镇化已经上升到国家战略层面。同时也在报告中提出要把生态文明建设放在突出地位，融入经济建设、政治建设、文化建设、社会建设各方面和全过程，这说明未来的中国城镇化发展必然要从过去的粗放型、与人口的城市化相背离的发展模式向质量增长型转变，走城市居民的福利增长与城市生态承载力相匹配的道路。

本书基于这样的实践背景，对中国 35 个大中城市和中国经济最发达区域之一长三角 16 个城市可持续发展进行评估，力图为读者较全面地展示中国当前城市人类福利发展与环境资源耗费之间的耦合程度。

1.3.3 基于评估结果提出中国城市可持续发展模式和路径

城市可持续发展评估不仅要告诉城市管理者当前所在城市在各城市的生态投入和人类发展水平中处于何种水平，还要告诉城市管理者下一步改进行动的方向和重点。

中国城市可持续发展评估不仅通过对评价的指标深入分析、通过不同视角判断、发现和掌握中国城市发展中生态投入与人类发展指数的总体发展特征，而且还能够对具体城市作具体分析，帮助城市管理者掌握城市发展的状态，并且根据该城市的状态为该城市的发展提出针对性的改进路径和政策建议。

2 城市可持续发展评估理论构建

城市可持续发展的目的是建设人类可以适宜地工作和生活的城市。① 作为发展中国家，中国的城镇化既不能盲目发展，更不能抑制发展。应该看到，在未来很长一段时期内，中国的城镇化还需要保持一定的速度，但是中国的城市发展必须放弃以破坏生态环境、丧失社会平等为代价的传统道路，而是追求以尽可能少的资源与环境代价来达到有质量的经济增长和社会发展。对城市可持续发展的评估，既可以帮助指出城市在迈向可持续发展道路上现在所处位置，也可以提出城市走可持续发展道路的改进路径。

2.1 城市可持续发展评估理论基础

2012 年中国城镇化率已达 52.57%，进一步城镇化过程中，必须加快推进新型城镇化内涵成长模式。为此，需遵循城市可持续发展的 3E 原则，一方面不断提高城市的人类发展水平，另一方面尽可能地减少对资源的消耗和对环境的影响，走可持续发展道路。

2.1.1 城市可持续发展

城市是一个特殊的复杂系统，它形成了社会、经济和环境的状态、相互关系以及过程，作为一个复杂开放的生态系统，城市从外界输入各种资源（土地、水、食物、能量、建材等）通过自身内在的运行机制（如交通、经济和文化）等创造出各种宜居性（如健康、就业、收入、教育、住房、休闲等）的同时，也输出了大量的负面影响（如废弃物、空气污染、噪声和温室气体等）(Newman 和 Kenworthy, 1999; Kostas P. Bithas, 2006)。② 城市可持续发展集中体现着城市发展潜力和发展后劲，它使得城市既能满足当前发展的现实需要，又不对城市未来发展需要构成威胁，是城市系统内经济、社会、环境各要素对城市发展的支撑与保障能力。

城市可持续发展中社会系统、经济系统和生态环境支持系统的协调发展，取决于城市生态环境系统的支持能力。城市生态环境支持系统是城市是否能可持续发展的物质基础、能

---

① 诸大建. 管理城市发展：探讨可持续发展的城市管理模式[M]. 上海：同济大学出版社，2004：77.

② 转引自：杨东峰，毛其智，龙瀛. 迈向可持续的城市：国际经验解读[J]. 城市规划学刊，2010，(1)：49－57.

量基础、生存空间基础和社会经济活动的综合体，城市生态环境支持系统为城市提供经济和社会发展所需的能源、水、土地和生活物质，并以此调控城市的发展速度、发展规模和城市演化的方向。城市经济系统的发展是满足城市居民就业、居住、交通、娱乐、医疗、教育以及生活环境等需求的手段和路径，而社会系统的发展也能为经济系统和城市生态环境系统的发展提供劳力和智力支持。在生态资源投入最小的前提下，如何实现最大的社会福利是实现城市可持续发展的目标。

1991 年，联合国人居署（United Nations Human Settlements Programme）和联合国环境署（United Nations Environment Programme）在全球范围内提出并推行了"可持续城市计划"，从经济发展、社会进步、生态环境、人类福利等不同的角度提出很多城市可持续发展的思想和观点。

1996 年第二届联合国人居住会议提出，可持续城市是一个在社会、经济和物质上都可以永久发展的城市，它可以为城市的发展提供永久的自然资源的供给，对于可能威胁发展成果的环境灾害可以提供永久的安全保障。

2007 年世界观察研究所（World Watch Institute）认为，一个走向可持续性的城市要改善其公共健康和福利，降低其对环境的影响，不断提高原料的循环利用，并且更有效地使用能源。

中国科学院城市环境研究所 2010 年认为，可持续城市是具有保持和改善城市生态系统服务能力，并能够为其居民提供可持续福利的城市。[①]

基于上述对可持续城市的界定，本书认为城市可持续发展应该是资源输入和污染排放最小化，实现城市系统内自然、经济和社会各子系统协调、高效运行，一方面最低限度地从外界输入各种资源和输出环境影响，另一方面通过一定的经济增长，使城市发展具有能够让公众满意的生活品质。

2.1.2 城市可持续发展的原则与途径

1. 城市可持续发展的 3E 原则

从经济、社会、环境三重底线角度来看，城市可持续发展应该包括三个基本范畴即环境保护、经济发展和社会公平（Scott Campbell, 1996）。[②] 1996 年，联合国秘书长加利在《城市化的世界》一书前言中强调："世界的城市必须是可持续的，具有效率的、安全的、健康的、具有人性的。"[③]这些叙述概括了城市可持续发展的 3E 原则，即经济（Economy）、公平（Equity）、生态（Ecology），一个可持续发展城市应该处于经济繁荣、社会公平和生态和谐的状态，如图 2－1 所示。

（1）经济繁荣原则

城市经济繁荣原则要求城市经济的增长应该符合经济效率的要求，不仅重视城市经济的总量规模，同时要求城市产业结构、生产方式、城市产业的空间布局优化。经济增长要为

---

① 中国科学院城市环境研究所可持续城市研究组. 2010 中国可持续城市发展报告[M]. 北京：科学出版社，2010.

② Scott Campbell, Green Cities, Growing Cities, Just Cities? Urban Planning and the Contradictions of Sustainable Development, Journal of the American Planning Association (Summer, 1996), http://www.cnr.uidaho.edu/css386/Readings/Campbell_Greencities.pdf.

③ 联合国人居中心. 城市化的世界[M]. 北京：中国建筑工业出版社，1999：序.

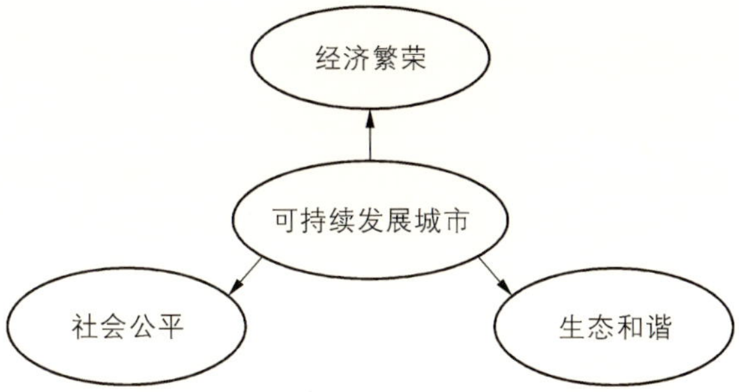

图 2-1 可持续发展城市的 3E 原则

社会发展和自然和谐提供充分的物质基础，同时城市的经济繁荣必须要采取对社会有利和环境友好的发展方式。

（2）社会公平原则

城市社会公平包含地域社会的公平和代际社会的公平。城市社会公平通过社会保障、全民教育、种族平等来实现社会的公平性。

（3）生态和谐原则

城市生态环境的价值并不完全取决于其商业的价值或目前对人类是否有用，城市生态和谐就是通过城市空间的规划控制、城市水环境保护以及城市物质资源和能源的消耗控制来维护和促进城市生态环境的价值。

2. 基于 3E 原则的城市可持续发展途径

可持续发展的 3E 原则，就是要求城市经济、社会、生态三维复合结构的每一个维度都有正的增长，从而使得城市三维复合结构的总功能得到强化，城市可持续发展得到强化。如果不是，那么城市的发展是不可持续的。① 城市可持续发展一方面强调城市发展的整体性，另一方面强调城市发展的三个维度的相关性。城市发展的三个维度具有各自的价值取向，城市经济发展考虑的是城市经济的有效率增长，城市社会发展维度考虑公平和公正，而城市环境维度考虑生态和谐，城镇化水平的提高离不开城市生态环境支持，城市生态环境状况直接对城镇化发展产生制约和反馈作用。② 这三个维度的发展目标有时会有所冲突，因此追求城市可持续发展目标不是机械地追求三个方面同时达到最优，更多地要关注这三个维度的目标之间的交互作用和协调平衡，实现在一定背景条件下三个维度相互匹配的整体最优。根据这一理论，城市必须对它的输入（水、地、能、材）和输出（污染排放、人类福利增长）进行可持续管理，不仅减少城市系统自身的资源消耗和污染排放，同时还要减少城市系统本身对城市系统之外造成的资源消耗和污染排放的外溢，如图 2-2 所示。

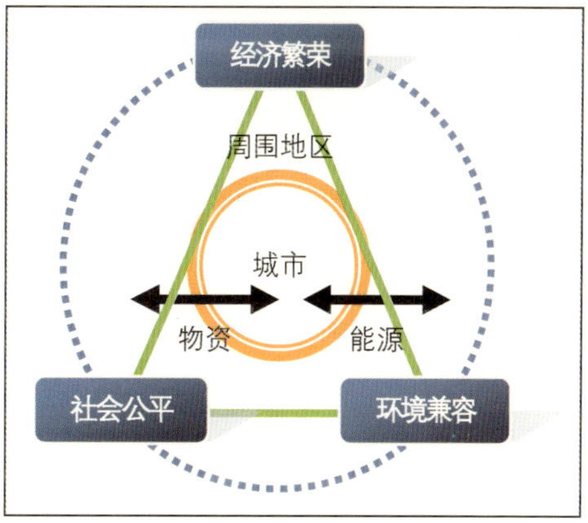

图 2-2 可持续发展的城市模型

① 诸大建. 管理城市发展：探讨可持续发展的城市管理模式[M]. 上海：同济大学出版社，2003：24-25.

② 刘耀彬，李仁东，张守忠. 城市化与生态环境协调标准及其评价模型研究[J]. 中国软科学，2005(5).

为了实现城市的可持续发展，城市政府在生态投入管理中应该倡导 3R 原则，即减少消耗（Reduce）、循环利用（Recycle）、重建生态系统（Rebuild）。城市发展中减少消耗就是较少水、地、能、材的使用和占用，这是生态投入的最简单的途径，而提高效率是关键；循环利用就是对所消耗资源的再利用，通过循环，实现更少的资源消耗以及更少的污染排放的影响；重建生态系统就是进一步变革资源消耗形态和结构，采用新的物质和能源，而且是供应丰富且没有负面环境影响的资源，通过这种革新修复业已损害的生态系统。

中国过去 30 年城市发展走的是一条依赖生态投入增长获得社会、经济发展提高的发展路径，然而这种生态投入增长对社会、经济发展带来的边际效益越来越低，导致中国城市目前发展面临五大矛盾，即城市面临着城市财富积累速率与民生幸福要求不同步、城市规模快速扩张与要素集约水平不匹配、城市规模适度控制与流动人口的过分集聚不协调、城市化高速发展与现代城市管理水平不适应以及城市物质文明建设与生态文明建设不协调。[①] 3R 发展原则将对中国未来城市可持续发展提供操作性指导。

2.1.3 可持续发展两个半球理论与“脱钩”理论

联合国《21 世纪议程》第 40 章“决策用的信息”中指出：“必须制定出可持续发展指标，以便为各级决策提供坚实的基础，并促进环境与发展体系一体化能自我调节的可持续能力。”[②] 通过建立合适的可持续发展评估模型来衡量城市的可持续发展，回答城市当前可持续发展水平以及未来的发展趋势，并且还有利于城市之间可持续发展的横向纵向比较，找到城市与城市之间的发展差距、城市面向可持续发展中存在的薄弱点和关键问题，各城市通过城市可持续发展评估体系，制定和调整城市在其环境承载能力约束下的可持续发展战略，找到具有本地特色的可持续发展的优先领域和路径。

目前基于 3E 原则对可持续发展评估主要有两种途径：一种是可持续发展评估指数法，如生态足迹模型、真实进步指数、新国家财富指数、人类发展指数等来评估城市可持续发展。另一种是可持续发展评估指标体系法，如联合国可持续发展委员会的可持续发展指标体系，世界银行的可持续发展指标体系。我国城市可持续发展的评估实践主要采取的是后一种途径。运用可持续发展评估指数法衡量可持续发展，不能全面反映城市系统的综合性与协调性，而可持续发展的评估指标体系法由于指标权重具有较大的主观性，它们在一定程度上掩盖了牺牲资源与环境为代价换取经济增长和社会进步的现象，或者在指标体系的设计中没有考虑生态系统服务和福利价值。

根据现有城市可持续发展评估方法存在的不足，本书基于 3E 原则，提出两个半球评估思路，把城市的 GDP 水平、人口寿命与教育等经济、社会系统划分到上半球，称为发展半球；把城市的自然资源消耗和环境污染排放等生态系统划分到下半球，称为生态半球。城市的可持续发展取决于这两个半球是否匹配。任何一个城市的资源、环境承载能力是有限的，存在着发展的生态门槛，城市发展半球受制于城市生态半球的承载能力，人类发展水平提高过程中所消耗的土地、能源、水和物质资料不能超过城市生态环境的承载力。如图 2－3 所示，

① 牛文元. 中国新型城市化报告 2011[M]. 北京：科学出版社，2011：6－20.

② 迈向 21 世纪——联合国环境与发展大会文献汇编. 北京：中国环境科学出版社，1992：117.

城市可持续发展的理想状态应是城市发展半球的经济与福利水平高度发展，而城市生态半球的资源消耗和环境消耗控制在城市生态环境承载力范围内，即发展半球和生态半球实现了“脱钩”(Decoupling)。所谓“脱钩”即指经济和福利的增长不受制于生态投入的增加。

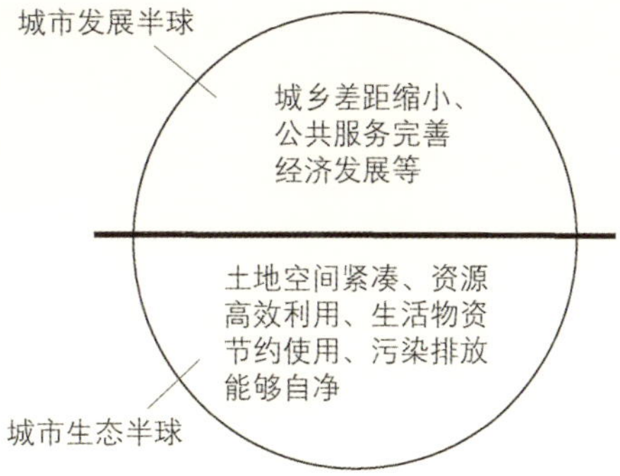

图 2-3 城市发展的两个半球

根据“脱钩”理论①，经济半球和生态半球之间的关系存在三种状态：耦合(匹配)、相对脱钩和绝对脱钩。当生态半球的扩张速度与经济半球的增长速度相同甚至超过经济半球增速时，说明经济发展完全依赖于自然资源的大量消耗，同时产生大量环境污染，经济半球与生态半球紧密耦合，生态效率低下，是不可持续的发展模式。当生态半球的扩展速度低于经济半球增长速度时，则实现了“相对脱钩”，以相对较少的资源环境投入换取了更多的经济和福利增长。而“绝对脱钩”指在不增加甚至减少资源消耗和环境污染的前提下，实现经济和福利的持续增长，代表了可持续发展的较高水平。

本期报告在两个半球评估思路和经济发展与生态投入“脱钩”理论的基础上构建了城市可持续发展评估模型，用人类发展指数反映经济社会发展半球，用生态投入指数反映生态半球，并通过城市可持续发展分类评估模型和效率评估模型构建，来全面评价和判断城市发展半球与城市生态半球的相对状态，避免了以往的评估模型对城市可持续评价的单一性与片面性，充分反映了城市经济、社会、生态系统的综合性和协调性特征。

然而当前城市发展实践中，城市发展半球和城市生态半球往往会错位的，城市发展或者是过多地消耗了城市的生态环境资源，超过了城市环境承载线，或者是人类发展半球经济、社会发展福利水平低，如图 2-4 所示。图中两个虚线半球表示高度匹配的城市发展半球和城市生态半球，这是城市可持续发展的理想状态，两个实线半球表示城市发展中的发展半球和生态半球的实际状态。城市在面向可持续发展中应通过采取多种途径一方面增加经济增长和人类福利，如虚线箭头所指向；另一方面则是降低生态资源的消耗，如实线箭头所指向，让城市发展半球和城市生态半球重新达到匹配效果。

在两个半球评估思路基础上构建的可持续发展评估模型，判断城市发展半球与城市生态半球错位的状态，将一方面对城市可持续发展具有政策指导作用，同时又可以避免以往的评估模型对政策实践指导的单一性与片面性，能充分反映城市系统的综合性和协调性的特

① OECD 是第一个采用脱钩(decoupling)概念的国际组织，在 2001 年的政策文件“21 世纪第一个十年环境战略”中把资源脱钩作为主要的战略目标，提出经济增长应该与资源使用和资源使用造成的影响脱钩。脱钩理论从内容上看，可以分为资源脱钩和影响脱钩。资源脱钩指的是减少每单位经济活动的主要资源的使用，这是一个减物质化的过程，即同等的经济产出使用更少的水、地、能、材。资源脱钩导致资源使用的效率提高；影响脱钩是指在经济产出增长时负面环境影响减少，这种影响产生于在经济活动过程中对所需资源的开采使用、生产、产品消费以及后消费阶段的废弃物和排放的影响。从脱钩的程度来分，又可以分为相对脱钩和绝对脱钩。相对脱钩是指生态投入(资源消耗和环境影响)的增长速度低于经济增长速度，生态投入和经济增长之间依然是正向相关，即随着经济增长，生态投入的重量继续增加，但是经济增长的生态投入弹性系数小于 1。绝对脱钩指的是在经济增长的同时，整个生态投入的绝对量下降。这种关系就如库兹涅兹曲线的论点提出的，如果经济繁荣超过某一点，生产和消费对环境的影响将下降。本书运用脱钩理论来考察分析生态投入半球和人类发展半球发展的政策方向。

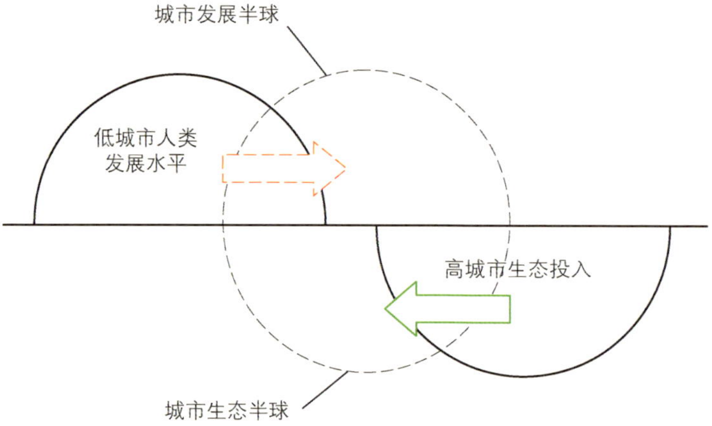

图 2-4 城市两个半球的错位发展

点。它应包括四个方面的内容,即城市可持续发展指数模型构建,城市可持续发展分类评估模型构建、城市可持续发展效率评估模型构建以及在上述所构建模型评估基础上的可持续发展改进路径构建。

2.1.4 城市可持续发展评估思路

一个城市的可持续发展状态主要通过城市发展所处的现实状态来衡量,有两个重要维度,一是城市生态半球中资源消耗和污染排放的硬约束,资源消耗是指城市发展中对水资源、土地资源、能源和生活物质的消耗,它反映了在城市可持续发展中生态资源的投入,污染排放是指城市在物质、能源消耗过程中对大气环境、水环境等造成的各种废气、废水和固体废弃物的污染。二是城市发展半球中教育、卫生医疗和公共安全等的软约束,它反映了在城市可持续发展中人类发展程度的提高。在城市经济、社会、人口、资源和环境发展中,政府提供社会公共服务产品的能力直接影响城市人类发展水平的提高。政府提供公共服务的能力越强,教育资源和体系建设、公共卫生、文化、体育设施、医疗设施越健全,那么城市的人类发展水平就越高。因此单纯用发展半球 GDP 指标或者人类发展指标不足以体现城市可持续发展状态,单纯用生态半球的生态足迹或生态投入来评估也是不够的。合理的做法是把两者整合起来。

本书针对当前中国城市以牺牲资源与环境为代价换取经济增长和社会发展的不足,导致城市发展两个半球错位的现状,根据指标体系设计的科学性、综合性、独立性、可测性以及数据可得性,考虑到生态足迹和人类发展指数在评估城市可持续发展上的各有侧重又各有缺失,借鉴诸大建(2008)的研究方法①,将生态投入(EI, Ecological Input)和人类发展指数(HDI)放在一个综合的框架中,建立城市可持续发展评估模型,用来评估城市的可持续发展水平。这一模型一方面弥补了城市环境保护中缺少经济与社会发展方面的考虑,另一方面也使在以人类发展指数为工具评估社会福利发展时考虑到社会福利增长对环境的压力,同

① 诸大建,孟维华,徐萍. 1980—2005 年中国经济增长对福利的贡献[C]. 上海市社会科学界第六届学术年会论文集(2008 年度)经济管理学科卷,2008:9-21.

时也考虑城市在追求可持续发展时生态投入和城市人类发展的效率。本模型把资源与环境投入和人类发展指数结合起来,符合生态学方向和社会学方向的基本条件,而人类发展指数中 GDP 指标又反映了城市可持续发展的经济学方向。因此这一模型是从经济、社会、环境角度系统分析评估城市可持续发展水平。本书包括的模块和分析逻辑框架如图 2-5 所示。

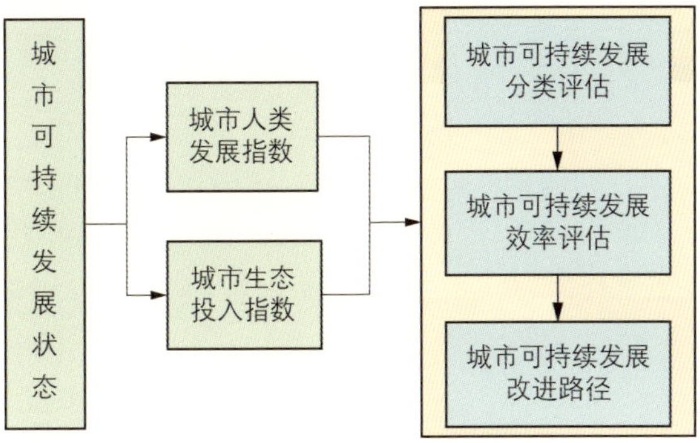

图 2-5 可持续发展评估框架

2.2 城市可持续发展指数评估

城市可持续发展状态由城市人类发展指数(UHDI)和城市生态投入指数(UEII)共同决定。因此单纯的高人类发展指数或者低城市生态投入指数并不必然决定城市处于可持续发展状态。改善一个城市的可持续发展状态不仅要考虑城市生态投入状况,也要考虑改善人类发展状况。城市可持续发展主要是考察构成生态复合系统的城市发展半球和城市生态半球的耦合度、协调度和平衡度。

2.2.1 城市生态投入指数及指标体系

生态与环境资源的投入是城市生存和发展的物质基础。然而生态与环境资源是有限的,城市可持续发展必然要体现在生态环境的投入与人类发展指数增长的脱钩,实现尽可能少地占用生态与环境资源。

本书的城市生态投入指数是指在一定时期内一定的人口、技术水平和经济规模下,城市发展所消耗的土地、能源、水、生活物质消耗以及污染排放等,城市生态投入指数(UEII)由城市发展运行中资源消耗指数(URCI)和污染排放指数(UPDI)综合而成。其中资源消耗指数是由三类人均消耗生态资源量经无量纲化处理后取算数平均值获得,这三类基础数据分别是城市水资源消耗指标(UWCI),用人均供水量衡量;城市土地资源消耗指标(ULRI),用人均建成区面积衡量;城市能源消耗指标(UECI),用人均消费标准煤衡量。城市污染排放指数(UPDI)由六类污染物的人均排放量经无量纲化处理后取算术平均值获得,这六类污染物排放指标分别是:人均化学需氧量排放量、人均氨氮排放量、人均二氧化硫排放量、人均氮氧化物排放量、人均工业固体废弃物产生量、人均生活垃圾清运量。

城市生态投入指数等于城市资源消耗指数(URCI)和城市污染排放指数(UPDI)的算术平均数,即:

$$UEII = \frac{1}{2}(URCI + UPDI) \tag{2-1}$$

其中,

$$URCI = \frac{1}{3}(UWCI + ULRI + UECI) \tag{2-2}$$

城市生态投入指数(UEII)的值在 0 与 1 之间,越接近 0 表示城市生态投入最低水平,在城市发展中所占用的水、地、能、材等资源以及所排放的废水废气和固体废弃物越少;越接近 1,则表明城市生态投入水平越高,在城市发展中所占用的水、地、能、材等资源以及所排放的废水、废气和固体废弃物越多。

2.2.2 城市人类发展指数及指标体系

城市的发展归根结底是为城市居民谋福利,让居住在城市的人们舒适满意。

城市人类发展是指一定时期内一定的人口和技术水平和经济规模下,在一定的生态投入基础上所带来的公共福利水平的增长。联合国人类发展指数(HDI)已经越来越多地被用来评估城市发展在提高人类生活福利方面的表现和程度。HDI 的提出对于认识以人为本的发展目标有着很多有益启示。城市人类发展指数的不断提高反映了城市人类发展水平的提高。

城市人类发展指数根据联合国人类发展指数计算方法得出的结果来衡量。人类发展指数是联合国开发计划署(UNDP)在 1990 年发布的《人类发展报告》中提出的用来测度世界各国的人类发展状况,2010 联合国开发计划署又发布新计算方法,它衡量的是一个国家在人类发展三个基本方面的总体成果——寿命、知识和体面的生活。它是由三项基础指标组成的综合指数:预期寿命,用出生时预期寿命来衡量;教育程度,用学校教育年数(MYS)① 和预期学校教育年数(EYS)② 的平均衡量;生活水平,用人均国民收入(GNI)(PPP 美元购买力平价)③ 来衡量。本书城市人类发展指数根据 2010 年新计算方法而得。

人类发展指数(HDI)等于预期寿命指标(LEI)、教育指标(EI)和收入指标(II)的几何平均数,即

$$HDI = \sqrt[3]{LEI \times EI \times II} \tag{2-3}$$

其中,

---

① 学校受教育年数指 25 岁及以上人群的受教育年限。

② 预期受教学年数指一个 5 岁儿童一生将要接受教育的年数。

③ 本书采用的人民币购买力平价为 4.186 2,根据国际货币基金组织(IMF)发布的世界经济概况报告(World Economic Outlook Report)对人民币购买力平价估算而得。http://www.imf.org/external/pubs/ft/weo/2013/01/weodata/index.aspx.

$$LEI = \frac{LE - 20}{82.3 - 20} \tag{2-4}$$

$$EI = \frac{\sqrt{MYSI \times EYSI}}{0.951} \tag{2-5}$$

其中，MYSI 为学校教育年数指数，$MYSI = \frac{MYS}{13.2}$

EYSI 为预期学校教育年数指数，$EYSI = \frac{EYS}{13.2}$

$$II = \frac{\ln(GNIpc) - \ln(100)}{\ln(107\,711) - \ln(100)} \tag{2-6}$$

HDI 指数值都介于 0～1 之间，0 表示人类发展的最低水平，越接近 1 表示人类发展水平越高。根据 2010 年联合国开发计划署在《中国人类发展报告》中的界定，HDI 高于 0.8 属于高人类发展水平，在 0.5～0.8 范围内属于中等人类发展水平，低于 0.5 属于低人类发展水平。①

一般而言，改善城市可持续发展状况，可以有三种可选择思路：第一种思路，在城市生态投入门槛内，增加城市生态投入，提高城市人类发展水平，但是要提高城市生态投入的效率；第二种思路，在保持现有的城市生态投入的状况下，提高人类发展水平；第三种思路，实现生态投入和人类发展水平提高的"脱钩"，在减少城市生态投入的同时提高城市人类发展水平。

2.3 城市可持续发展分类评估

城市可持续发展包含两层含义：第一，城市可持续发展必然是有效率地利用生态环境资源；第二，城市的可持续发展必然是既满足当代人需求也不影响下一代满足其需求的能力。因此城市可持续发展是既考虑城市发展的规模和资源利用的限制，又考虑一定时期城市社会福利的发展程度。在运用城市可持续发展指数对城市可持续发展进行分类评估时一方面要考虑城市生态投入的门槛，另一方面要考虑城市人类发展的标杆。

以城市人类发展指数为 X 轴，城市生态投入指数为 Y 轴，建立城市可持续发展评估坐标。坐标系中的每一点代表对应城市人类发展和生态投入水平的相对位置，表示城市的可持续发展状态。

为了对城市可持续发展状况进行归类研究，本书分别以国际生态投入水平线和高人类发展水平线作为我国城市生态投入和城市福利产出的基准线。在国际生态投入水平的计算上，本书对人均生态足迹进行技术处理，换算得出国际生态投入平均水平。具体做法是：根据世界自然基金会（WWF）编著的 2012 年度《地球生命力报告》中所提出的 2008 年中国人均生态足迹为 2.1 全球公顷②，全球人均生态足迹为 2.7 全球公顷，得出两者的比

① 联合国开发计划署. 中国人类发展报告 2002：绿色发展，必选之路[M]. 北京：中国财政经济出版社，2002.

② 描述资源需求量的生态足迹和描述资源供给量的生物承载力都用全球公顷为计量单位，1 全球公顷（gha）代表 1 公顷土地或渔业用地面积全球平均生产力。

值为 0.778，再根据本书计算的 2012 年中国城市生态投入无量纲化平均值 0.389，换算得到国际生态投入平均水平为 0.500。另根据前述 HDI 高于 0.8 属于高人类发展水平，在原坐标系的基础上，以世界生态投入平均水平线（直线 $y=0.500$），采用高人类发展水平线（直线 $x=0.8$），如图 2－6 所示，得到基于生态福利绩效的中国城市发展的四种类型。

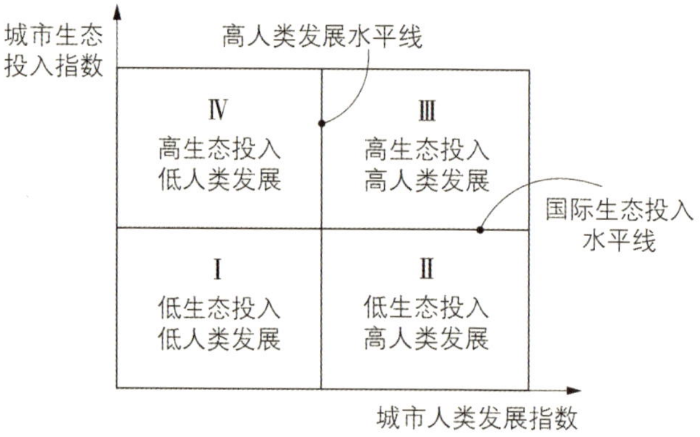

图 2－6　城市可持续发展分类评估模型

通过城市可持续发展分类评估模型对中国城市可持续发展进行评估，衡量城市在社会经济发展中利用生态的投入与城市人类发展的比例关系，可以得出四种不同的中国城市发展类型：Ⅰ区为低城市生态投入低城市人类发展；Ⅱ区为低城市生态投入高城市人类发展；Ⅲ区为高城市生态投入高城市人类发展；Ⅳ区为高城市生态投入低城市人类发展（表 2－1）。

表 2－1　城市可持续发展评估模型

区域	生态投入与人类发展特征	城市可持续发展水平
Ⅰ	低生态投入低人类发展	欠可持续发展
Ⅱ	低生态投入高人类发展	可持续发展
Ⅲ	高生态投入高人类发展	欠可持续发展
Ⅳ	高生态投入低人类发展	不可持续发展

2.4　城市可持续发展效率评估

城市可持续发展分类评估模型可以确定各城市在发展中生态投入和城市人类发展的对比关系以及在模型中所处象限的位置，但是并不能回答这种生态投入和城市人类发展的配比是否达到最优，即城市可持续发展是否技术有效、规模有效和配置有效。为此，在上述基于城市可持续发展分类评估模型地基础上，将对城市生态投入和城市人类发展效率进行评价。

为探讨城市可持续发展是否有效，本书在城市可持续发展评估中引入数据包络分析（DEA）方法衡量城市生态投入和城市人类发展相对效率，同时给出效率优化的改进方向。

通过 DEA 模型计算结果得到有效前沿面 $S_1S_2S_3$，称为可持续发展效率前沿面。有效前沿面上的点表明在现有的经济结构、技术水平和管理模式下，实现了技术有效，即城市生态投入和城市人类发展的相对效率达到最优状态，如图 2－7 所示。

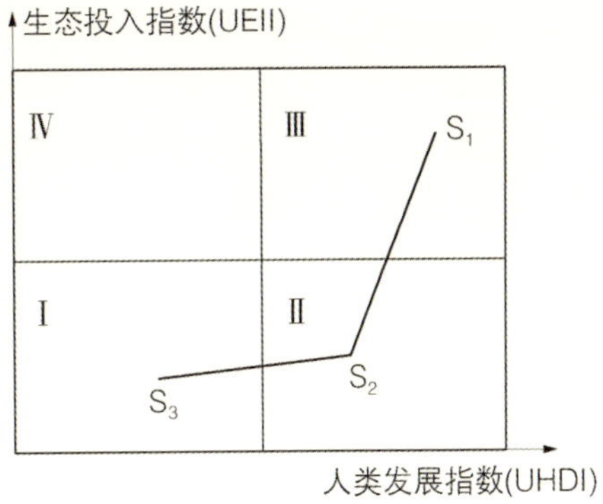

图 2－7 城市可持续发展效率评价模型

在有效前沿面左上方落点的城市在可持续发展上尚未达到技术有效，因为相对于前沿面上的点，这些城市在现有的经济结构、技术水平和管理模式下，或是城市生态投入消耗过多或是城市人类发展水平不足或是两者皆有。

规模有效包括生态投入规模有效和人类发展规模有效，生态投入规模有效是指城市发展中其生态投入低于国际生态投入水平线，人类发展规模有效是指人类发展指数高于高人类发展水平线(0.8)。生态投入规模有效不一定是人类发展规模有效，反过来，人类发展规模有效不一定是生态投入规模有效。对于既不能满足生态投入规模有效又不能满足人类发展规模有效的城市称为不可持续发展城市。

配置有效是在规模有效基础上对生态投入与人类发展的脱钩程度的进一步考察。城市可持续发展追求同时满足生态投入规模有效和人类发展规模有效。同时满足两个有效的城市称为可持续发展城市，不能同时满足两个条件的城市都属于欠可持续发展城市。

本书将在探讨城市生态投入和人类发展四类发展特征的基础上，进一步对城市发展效率展开论述，并针对城市发展的不同状态对其面向可持续发展提出不同的改进路径。

2.5 城市可持续发展模式与改进路径

2.5.1 城市可持续发展模式

根据莱斯特·布朗的观点，在世界城市化的进程中，存在两种发展模式①，一种为“A 模式”，一种为“B 模式”。A 模式是以美国为首的发达国家的发展模式，其主要特征是城市低密度蔓延，私人轿车为主导的机动化、化石燃料为基础、一次性产品泛滥等。其结果是美国以占世界 5%的人口消费了 1/3 以上的世界能源。当今世界面临的各种资源环境问题正是世界各国在发展道路上走 A 模式造成的。A 模式以过度消耗地球自然资源为代价，经济和环境压力同步增长，经济高效率的取得以资源和自然环境巨大破坏为代价。建立在增加资源消耗和环境影响的城市发展 A 模式在中国是行不通的。

B 模式是指由高生态投入高人类发展转向低生态投入高人类的城市发展模式，这种模式是以生态投入和增长繁荣绝对脱钩为特点的。城市发展 B 模式追求的不是更大的发展而是追求更好的发展，它追求的是在生态投入超过生态门槛之后退后式的发展，即在城市人均生态投入量超过世界人均生态投入量的条件下，在降低生态投入量的同时，提高或维持现有

① 莱斯特.R.布朗，“B 模式”2.0——拯救地球，延续文明[M].北京：东方出版社，2006：5.

的高城市人类发展水平。这一模式以生态经济发展为中心，强调低碳可再生能源、物质再生性利用和能效革命。在城市的发展上，以太阳能、氢能为主要能源，以公共轨道系统为城市公共交通主要方式，多用自行车少用汽车，设计新型材料，保障粮食生产和保护森林，重建适于人居住的城市。用B模式不加区分地解决发达地区城市稳态发展和欠发达地区城市的生存发展问题显然有失偏颇。发达国家的基本需求已经满足，因此需要在生态投入上大幅度进行“减肥”；而发展中国家就像一个正在长身体的孩子，基本需要尚没有得到满足，因此仍然需要合理的资源环境消耗扩张①，B模式并不适合发展中国家的城市采纳。

根据诸大建的观点，C模式是指由低生态投入低人类发展转向低生态投入高人类的城市发展模式，追求的是城市发展在生态门槛极限内的跨越式发展，避免走生态投入先增加后减少或所谓“先污染、后治理”的传统A模式道路。这种模式是以经济增长与生态投入相对脱钩为特点的，即在生态投入不超过阈值的情况下提高城市的人类发展水平。相对稀缺的自然资源与并不乐观的环境压力，使得发展中国家不能继续走A模式的老路。同时，受限于整体的经济社会发展水平，也不能不顾自身发展需要盲目追求B模式。C模式正是一种在自然资源与环境双重压力下，与发展中国家未来发展相适应的发展模式。②

选择C模式的城市，需要从生态投入与城市人类发展两个方面同时进行改进。主要从新型产业化、新型城市化以及新型现代化三个领域入手，同时设法从技术和管理机制两个方面提高资源生产率，通过改革机制，完善法律法规方面促进城市各项人类发展指标的提高，使市民能够过上体面的生活。在推动新型产业化的过程中，应当注重提升资源节约、环境友好型的新型制造业和第三产业比重，其次，需要对高消耗、高排放的第二产业进行减物质化的改造与提升，另外，发展对生产和消费后的废弃物再加工利用的所谓“静脉产业”，将原来的对资源环境的压力转化为经济活动的动力。在新型城市化过程中，必须注重节地、节能、节水、节材，并坚持在空间上走紧凑发展的道路，注重生态聚集群的建设，实现生活系统和生产系统的和谐共生，保证两大系统的减物质化和减污染化。新型现代化则应当着眼于生活质量的提高，一方面需要减少社会生活对于一次性用品的依赖，以性能好、持久性强的产品替代“用完即弃”的一次性用品，减少物质化增长；另一方面，鼓励和使用具有共享性质的生活用品和城市设施，例如以城市轨道交通为主的出行模式来替代以小汽车为中心的出行模式。

未来中国城市可持续发展面临两个重要的脱钩任务：一是经济增长与生态投入的脱钩，即经济增长是低物质化的，这意味着未来城市的生产和消费必须是资源节约型和环境友好型的。二是生活质量与经济增长的脱钩，即要求在经济增长规模得到控制或人造资本存量稳定的情况下提高生活质量。这两个重要脱钩清晰地表达了以社会福利增长为目标可持续发展城市和以经济增长为目标的传统的城市发展路径的实质区别。③ 然而中国地域广阔，城市发展在南北之间、东、中、西部之间的发展不平衡，在东部发达地区一些城市已经达到中等发达国家水平，而在广大的中西部城市仍处于工业化、现代化的初级阶段，因此中国城市可持续发展路径上B模式和C模式在未来较长一段时期将同时存在。

---

① 诸大建.从布朗B模式到中国发展C模式[J].沪港经济，2010(6)：17.

② 诸大建.C模式：自然资本约束条件下的中国发展[N].解放日报，2005-10-10(B).

③ 诸大建.中国发展3.0：生态文明下的绿色发展——深化中国生态文明研究的10个思考[C].上海市社会科学界第七届学术年会文集(2009年度)经济、管理学科卷，2009：1-12.

2.5.2 城市可持续发展改进路径

根据城市可持续发展的两轴四象限分类评估，可以界定分属于不同象限的四种城市生态投入与人类发展类型。但这只辨析了中国城市发展的当前状态，而对是否已经达到城市发展的技术有效、规模有效和配置有效等问题并未作答，也没有为中国城市指出一条明确、有效的可持续发展道路。本书的亮点在于对中国城市可持续发展的不同状态，提出了发展模式的选择建议和相应的改进路径。

未来中国城市的可持续发展道路上，不能再走A模式的老路，B模式和C模式将在很长一段时期并存，在面向效率优化的改进路径上不能追求一刀切，而是因地制宜地根据不同城市的实际情况提出生态投入和城市人类发展的提质、扩容、优化等改进路径。

针对高生态投入高人类发展类型的城市，建议选择B模式，城市可持续发展改进路径选择“提质”路径，实现低生态投入高人类发展的目的。所谓**“提质”**是以城市发展中在至少不降低城市人类发展水平前提下，不仅提高生态投入产出效率，还不断降低生态资源消耗、减少污染排放的总量。

针对低生态投入低人类发展类型的城市，建议选择C模式，城市可持续发展改进路径上选择扩容路径。所谓**“扩容”**是指城市可持续发展以提高人类发展水平为主要目标，在提高人类发展水平的过程中，在生态投入阈值内，在提高生态投入产出效率的前提下，资源消耗和污染排放的总量仍有所增加，但是单位产出的资源投入和污染排放将下降。

对于低生态投入高人类发展类型的城市，这类城市已经处于可持续发展状态，本书将适合它们的发展模式定义为S模式(sustainability)。S模式是指在可持续发展区间做持续优化的发展模式。所谓**“优化”**是指进一步降低生态投入，提高人类发展水平，追求最佳城市生态投入产出效率，是未来所有城市发展不断追求卓越，不断超越的共同目标。

对于高生态投入低人类发展类型的城市，在发展模式的选择上B模式和C模式均不能有效地达成可持续发展的目标。本书将适合它们的发展模式定义为D模式(Dual-track)。这类城市在可持续发展中同时面临两大任务，即一方面要降低城市的资源消耗和污染排放总量，另一方面要提高人类发展水平，对于前者，如果仅采用提质路径，则会陷入人类发展水平不够的困境；对于后者，如仅采用扩容路径，则又有可能产生资源消耗和污染排放总量继续增加，导致当地生态进一步恶化的困境。因此在发展路径上需要提质和扩容双管齐下。

把两轴四象限城市可持续分类评估模型与城市改进发展路径相配比，可以明确中国城市可持续发展的模式和改进路径，如表2-2所示。

表2-2 城市可持续发展模式和路径选择

区域	城市生态投入与人类发展类型	发展模式选择	改进路径选择
Ⅰ区	低生态投入低人类发展	C模式	扩容
Ⅱ区	低生态投入高人类发展	S模式	优化
Ⅲ区	高生态投入高人类发展	B模式	提质
Ⅳ区	高生态投入低人类发展	D模式	提质+扩容

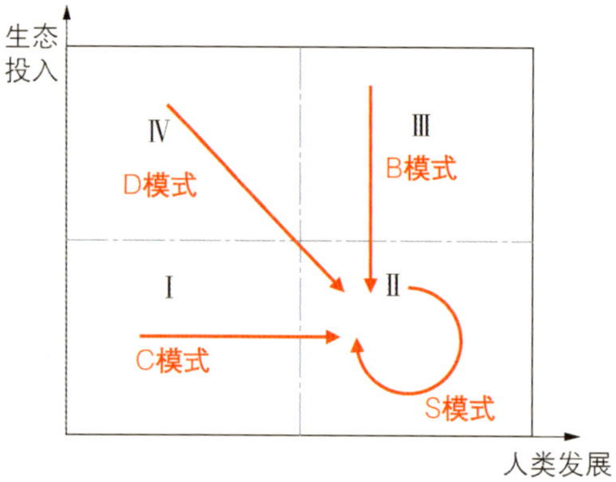

图 2-8 城市可持续发展改进路线

各区域中的城市可持续发展的具体改进路线，如图 2-8 所示。

Ⅰ区属于低城市生态投入低城市人类发展类型，其城市生态投入水平低于国际生态投入平均水平，城市人类发展水平低于高人类发展水平，因此这类城市应该选择走提高人均生态投入水平与提高人类发展水平相对脱钩的城市发展 C 模式。在其改进路径的选择上选择扩容。

Ⅱ区属于低城市生态投入高城市人类发展类型，其城市生态投入水平低于国际生态投入平均水平，而其城市人类发展水平已经超过高度人类发展水平，是城市可持续发展的理想状态，该区域中的城市应该选择追求城市稳态发展的 S 模式。在其不断追求高质量发展的改进路径上选择持续优化。

Ⅲ区属于高城市生态投入高城市人类发展类型，其城市生态投入平均水平已经超过国际生态投入水平，同时其城市人类发展水平也超过了高人类发展水平。该域城市应削减生态投入，走可持续发展 B 模式。在改进路径上选择提质。

Ⅳ区属于高城市生态投入低城市人类发展类型，其城市生态投入平均水平高于国际水平，但其城市发展水平却低于高人类发展水平，是城市不可持续发展状态。因此在该区域的城市应减少城市生态投入，提高城市人类发展，走城市可持续发展的 D 模式。在改进路径上选择提质和扩容。

2.5.3 城市可持续发展的技术方案

以蒸汽机的发明为标志的第一次工业革命极大地推动了现代城市化的发展，城市人口的迅速增加和经济的快速发展要求城市建设道路、公共交通、公共商业楼宇等基础设施，而城市也得益于之后电气化的发展。但是，早期的现代城市建设是应激被动式的，它的基础设施建设也因此被称之为“钢筋水泥”式的基础设施。随着城市变得更加受欢迎但同时也变得拥挤时，城市迫切需要提高城市运行的效率，在有限的空间内让更多的市民居住和工作，并创造更高的经济效益，为此逐渐出现了以电气化轨道交通、现代化的楼宇和大规模单向电网为代表的(半)自动化基础设施。之后的技术演进是进一步提高单个系统的智能化水平，出现了例如无人驾驶轨道交通、全自动化楼宇和智能电网等智能基础设施。然而，这前三个阶段的城市建设都建立在基础设施的大规模新建和翻新的基础之上，对于城市土地供应日益匮乏、建设成本日益高昂的今天，城市需要重新考虑自身的演进方式，通过完全整合的智能基础设施整合各单项系统，进一步发掘现有设施的潜力，提高城市可持续发展的能力(参见图 2-9)。幸运的是，在城市化发展过程中与城市渐行渐远的工业将回归城市——以信息物理融合系统(Cyber-Physical System)等技术推动的虚拟生产结合现实生产的“工业 4.0”(参见图 2-10)将需要更多受过良好教育的人才参与到“脑制造”过程中来，促进城市的转型升级和再繁荣。在拥有广大腹地(郊区和郊县)的中国城市，这个回归意义更大，也更加有利，

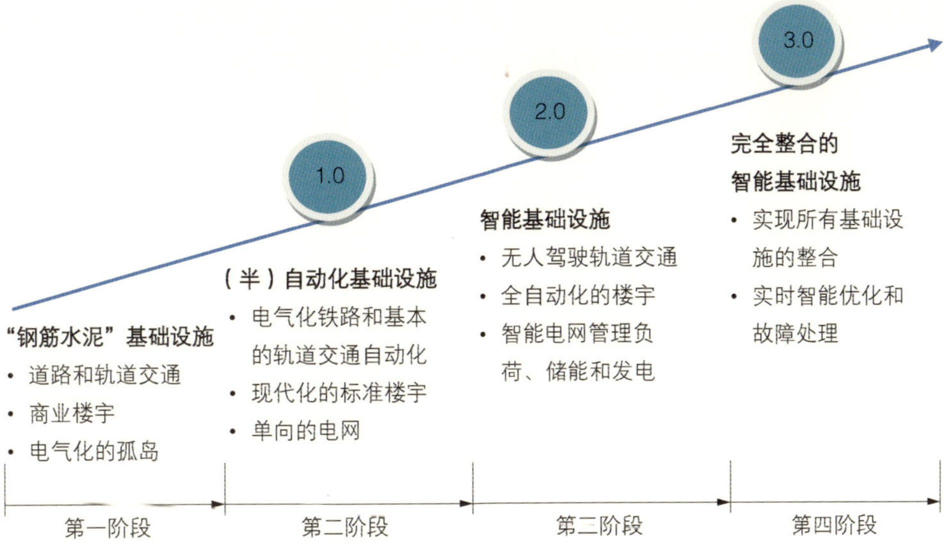

图 2-9　现代城市发展基础设施的技术选择

资料来源：西门子

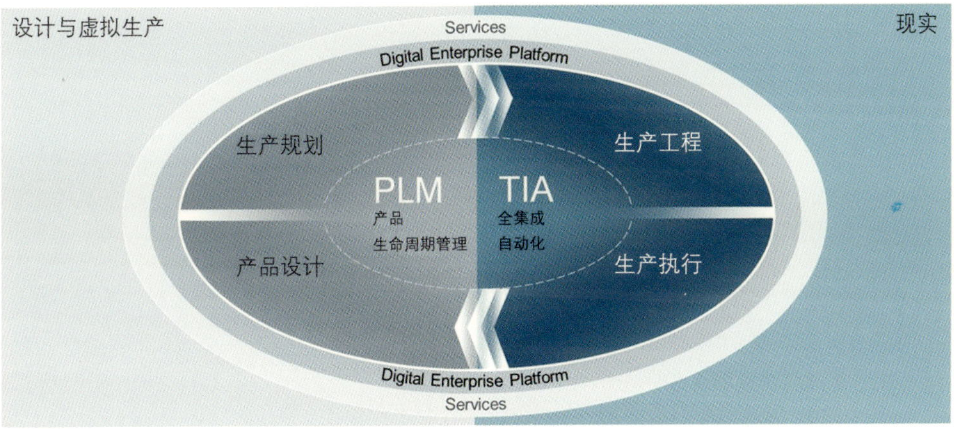

图 2-10　工业 4.0：所见即所得——虚拟生产和实际生产的完美结合

资料来源：西门子

但需要城市管理者主动顺应这种变化，甚至创造这种转型的主动发生。

相应地，这种城市发展转型下会进一步增强对人才的争夺，城市管理者应当创造更加宜居而可持续发展的环境吸引人才的落户。遵循 R^3 发展模式①，充分借鉴国内外最新的理念、技术和发展经验，我们认为城市管理者可以在以下方面提高城市发展的可持续性。

（1）交通

交通是影响幸福感的最直接因素，也是决定城市效率的关键之一。鉴于目前中国城市

① R^3 发展模式为 2009 年西门子知识交流中心与同济大学吴志强教授合作的“生态城市”研究项目成果总结提出，即减少消耗(Reduce)，循环利用(Recycle)，重建生态系统(Rebuild)。

普遍的拥堵现状，改善交通效率势在必行。一方面，中国城市还需要“还旧账”，大力建设轨道交通等公共交通系统，并通过“用者收费”的观念减少私人交通；另一方面应当应用类似整合交通平台（IMP，Integrated Mobility Platform）的技术整合交通信息，实现所有交通工具（地铁、有轨电车、公共汽车、私人汽车、步行道、停车点等）之间的协同，并通过个人通讯工具（如手机）实时指导每个人的交通行为，优化城市的整体交通并改善空气质量。

（2）能源

能源是保证城市运转的先决条件，也是影响城市空气质量的重要因素。提高能源供应可持续性的关键在于，通过采用智能电网技术平衡用电量，提高能源使用的效率，同时通过安装分布式发电和可再生能源，提高能源生产和输送的效率，减少污染的排放。但是，实现电力行业的自由竞争是一种重要条件。

（3）建筑

建筑是任何城市的主体，也是决定城市可持续发展和宜居的直接体现。采用区域能源中心集中提供冷热电，实现大楼的智能化管理并接入智能电网，将极大地提高建筑的效率和舒适度。同时，通过开发结合医疗设施和服务的建筑，进一步提高人们的生活质量，方便行动不便者、残疾人士、老年人和其他人群的需求，体现人性关怀。

（4）工业

工业是目前中国城市发展的支柱，也将会是今后城市发展的重要推手，也是中国从目前的“制造业大国”向未来的“制造业强国”转变的重要依托。必须抓住“工业 4.0”[①]发展的机遇，通过政府的有效引导促进“工业 4.0”首先在中国的应用和普及，提高城市经济发展的可持续性，创造高质量的工作岗位，提高企业的全球竞争力。

（5）系统整合

在传统的城市管理和基础设施建设中，交通、能源、建筑等各个子系统是相互独立的，甚至子系统内部（例如交通）还有更多独立管理的子子系统，这妨碍了城市效率的提升，浪费了宝贵的资源。因此，应当采用“智慧城市”的理念，从最基础和紧迫的城市基础设施入手，实现跨系统的整合，例如接入智能电网的智能建筑就是一个很好的应用典范。这样做的目的，就是在采用最低的附加投资，创造更高的容量，提高城市可持续发展资源的阈值。

---

① 乌尔里希·森德勒．工业 4.0：即将来袭的第四次工业革命[M]．邓敏，译．北京：机械工业出版社，2014．

3 城市可持续发展评估方法与数据采集处理

与其他效率评估方法相比较，DEA 理论具有无需考虑投入—产出的生产函数关系、无需预先估计任何权重或参数、对数据样本要求不高等优势，使得其可以在许多参数统计方法无法理想使用的情况下，发挥优势并取得令人满意的分析结果。因此本书采用 DEA 方法计算相对于生态投入的福利产出的福利绩效，并对城市可持续发展进行评估，将“生态投入指数”作为投入指标，将“福利产出指数”作为输出指标。

3.1 数据包络分析方法

数据包络分析(Data Envelopment Analysis, DEA)是一种非参数的数学规划方法，用于评估一组具有多种投入与多种产出结构的同质决策单元(Decision Making Units, DMU)的相对效率，可以说是运筹学、管理科学、系统科学与数理经济学交叉研究的一个新领域。首个 DEA 模型——CCR 模型，于 1978 年由 Charnes, Cooper 与 Rhodes 创建，由此宣告了数据包络分析(DEA)方法的正式诞生。①

DEA 方法的基本原理是通过建立规划模型来实现评估具有多投入多产出 DMU 之间的相对有效性，以及获取更多相关的有用信息。比如，通过与有效 DMU 的横向比较来分析非有效 DMU 的效率改进方向，根据有效 DMU 来估计生产前沿面，研究各个 DMU 的技术效率与规模收益等。

与其他效率评估方法相比，DEA 方法最为显著的优势包括：

(1) 利用有效 DMU 来定义生产可能集的前沿面，并采用产出变量与投入变量的加权和之比来度量相应决策单元的相对效率，因此不需要考虑投入与产出之间的生产函数关系。

(2) 不需要预先估计或设定任何参数或权重，各种投入产出变量的权重通过求解相应的 DEA 模型来获得，因此结果比较客观，可以在很大程度上避免主观因素对于效率评估的影响。

---

① Charnes A, Cooper WW, Rhodes E. Measuring the efficiency of decision making units [J]. European Journal of Operational Research, 1978,(2):429-444.

数据包络分析的上述优势，使得其在理论研究与实践应用上都取得了丰硕的学术成果，该方法已经日益成为管理科学与系统工程领域一种重要而有效的数学分析工具。

3.1.1 数据包络分析理论基本假设

假设一个生产系统中有独立而同质的 n 个决策单元(DMU)，用 $DMU_j(j=1, 2,\cdots, n)$ 表示。每个决策单元都消耗同样 m 种投入以制造同样 s 种产品，投入和产出向量分别记为：

$$X_j = (x_{1j}, \cdots, x_{mj})^T,\ Y_j = (y_{1j}, \cdots, y_{sj})^T,\ j = 1, \cdots, n \tag{3-1}$$

由上述 n 对投入—产出向量组成的集合 T 称为参考集：

$$T = \{(X_1, Y_1), (X_2, Y_2), \cdots, (X_n, Y_n)\} \tag{3-2}$$

集合 $\overline{T}=\{(X, Y)|$投入 X 可以产出 Y$\}$称为所有可能的生产活动构成的生产可能集，一般满足如下的公理假设：平凡公理、凸性公理、锥性公理(收缩性公理、扩张性公理)、无效性公理、最小性公理。基于上述几个基本公理，可以得到以下两种基本 DEA 模型的生产可能集：

(1) CCR 模型

满足以上所有公理的生产可能集为：

$$T_{CCR} = \left\{(X, Y) \middle| \sum_{j=1}^{n}\lambda_j X_j \leqslant X,\ \sum_{j=1}^{n}\lambda_j Y_j \geqslant Y,\ \lambda_j \geqslant 0,\ j = 1, \cdots, n\right\} \tag{3-3}$$

(2) BCC 模型

满足除锥性公理以外的其他所有公理的生产可能集为：

$$T_{BCC} = \left\{(X, Y) \middle| \sum_{j=1}^{n}\lambda_j X_j \leqslant X,\ \sum_{j=1}^{n}\lambda_j Y_j \geqslant Y,\ \sum_{j=1}^{n}\lambda_j \geqslant 1,\ \lambda_j \geqslant 0,\ j = 1, \cdots, n\right\} \tag{3-4}$$

CCR 模型和 BCC 模型的生产可能集分别代表不同类型特征的生产活动，具有一定经济含义。在效率评估应用中，应当根据实际问题的需要，考虑决策单元不同的规模收益状况，以选择不同的生产可能集。

3.1.2 DEA 效率

DEA 效率(DEA Efficiency)是指通过求解 DEA 模型而得到的效率值，Farrell(1957)① 首次提出了多投入下的企业效率评估的概念，并进行了技术效率测量：

$$企业效率 = \frac{实际产出水平}{前沿产出水平} \tag{3-5}$$

Farrell 将生产单元的经济效率(Economic Efficiency, EE)区分为技术效率(Technical

① Farrell MJ. The measurement of productive efficiency [J]. Journal of the Royal Statistic Society, 1957, 120: 253 - 281.

Efficiency，TE)和配置效率(Allocative Efficiency，AE)两类。其中，技术效率是指在投入要素固定的前提下，某 DMU 的实际产出量同理想状态下的产出量(即同样投入下可以实现的最大产出)之比。如果实际产出与理想产出之间存在差距，则说明该 DMU 是非技术有效的。技术效率代表在既定投入下，利用现有技术条件可以获取的最大产出能力。配置效率则表示在产出量固定以及技术有效的前提下，某 DMU 的最小成本与实际成本之比。配置效率反映了在既定的生产技术条件和价格水平下，DMU 最优配置投入要素的能力。

DEA 效率只是一种相对效率，并非绝对效率，DEA 效率的评估是相对于一个特定的生产可能集(或参考集)而言的，生产可能集一旦发生变化，那么技术效率也会随之产生变化。另外，DEA 效率值所度量的是决策单元的实际生产能力与其所对应的前沿生产能力之间的差距，因此在一般情况下，DEA 效率值在[0，1]之间，并且没有量纲之分。

以图 3-1 所示的双投入、单产出的五个决策单元 A、B、C、D、E 为例，来说明 DEA 效率的基本分析原理。

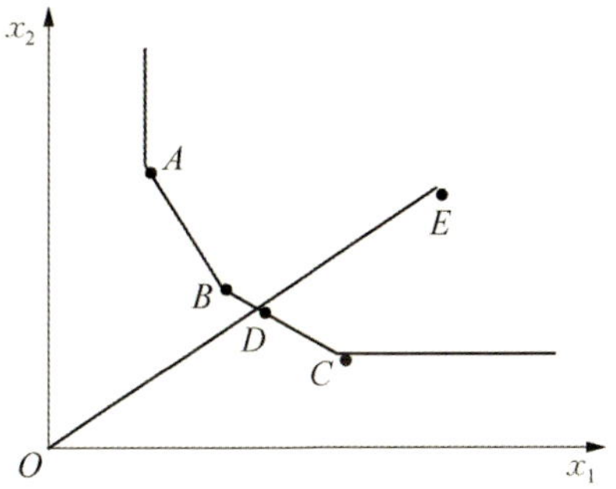

图 3-1　DEA 效率的基本分析原理

DMU A、B、C、D 位于生产前沿面(包络面)上，因此都是技术有效的；而 DMU E 在包络面的右上方，是非技术有效的。生产前沿面是由一系列分线段组成的等产量线的组合，使得所有决策单元均位于前沿面上或其上方位置。

非有效 DMU E 在前沿面上对应的决策单元为 DMU D，DMU D 可以表示为 DMU B 和 C 的线性组合，使用 DMU D 的投入量就可以制造出和 DMU E 等量的产出水平。这说明 DMU E 消耗了过多的投入资源，相对于技术有效的 DMU D 来说，DMU E 是无效的，其效率值可以用 OD/OE 来衡量。图 3-1 表明 $OD/OE<1$，DMU E 是技术无效(非技术有效)的；而如果 $OD/OE=1$，则说明 DMU E 与 D 在前沿面上重合，DMU E 也是有效的。

DEA 正是基于上述思想，通过被评估 DMU 与其对应生产前沿面上的线性组合的距离比值，构造线性规划模型来评估各个 DMU 的相对效率。

3.1.3　主要的 DEA 模型

(1) CCR 模型

CCR 模型由 Charnes，Cooper 和 Rhodes(1978)共同提出，是 DEA 理论中的基本模型，

宣告了 DEA 理论体系的正式建立。CCR 模型研究在规模收益不变(Constant Returns to Scale, CRS)的假设下,决策单元的效率评估。传统 CCR 模型采用如下分式规划:

$$\text{Max} \frac{\sum_{r=1}^{s} u_r y_{ro}}{\sum_{i=1}^{m} v_i x_{io}}$$

$$s.t. \frac{\sum_{r=1}^{s} u_r y_{rj}}{\sum_{i=1}^{m} v_i x_{ij}} \leqslant 1, \ j = 1, \cdots, n$$

$$u_r, \ v_i > 0, \ r = 1, \cdots, s, \ i = 1, \cdots, m \tag{3-6}$$

经过 Charnes-Cooper 变换(Charnes 和 Cooper, 1962)①,分式规划(3-6)可以等价转化为线性规划(3-7):

$$\text{Max} \sum_{r=1}^{s} u_r y_{ro} 9$$

$$s.t. \sum_{r=1}^{s} u_r y_{rj} - \sum_{i=1}^{m} v_i x_{ij} \leqslant 0, \ j = 1, \cdots, n$$

$$\sum_{i=1}^{m} v_i x_{io} = 1$$

$$u_r, \ v_i > 0, \ r = 1, \cdots, s, \ i = 1, \cdots, m \tag{3-7}$$

模型(3-7)的对偶模型为:

$$\text{Min } \theta_o$$

$$s.t. \sum_{j=1}^{n} \lambda_j x_{ij} \leqslant \theta_o x_{io}, \ i = 1, \cdots, m$$

$$\sum_{j=1}^{n} \lambda_j y_{rj} \geqslant y_{ro}, \ r = 1, \cdots, s$$

$$\lambda_j \geqslant 0, \ j = 1, \cdots, n \tag{3-8}$$

模型(3-7)和(3-8)都是在保持产出水平不变的前提下,尽可能缩小决策单元的投入消耗,故模型(3-6)也被称为基于投入/投入导向(input-oriented)的 CCR 模型。对应的基于产出/产出导向(output-oriented)的 CCR 模型见模型(3-9)至(3-11)。

---

① Charnes A, Cooper WW. Programming with linear fractional functionals [J]. Naval Research Logistics Quarterly, 1962,15:333-334.

$$\mathrm{Min}\ \frac{\sum_{i=1}^{m} v_i x_{io}}{\sum_{r=1}^{s} u_r y_{ro}}$$

$$s.t.\ \frac{\sum_{i=1}^{m} v_i x_{ij}}{\sum_{r=1}^{s} u_r y_{rj}} \leqslant 1,\ j = 1, \cdots, n$$

$$u_r,\ v_i > 0,\ r = 1, \cdots, s,\ i = 1, \cdots, m \tag{3-9}$$

$$\mathrm{Min}\ \sum_{i=1}^{m} v_i x_{io}$$

$$s.t.\ \sum_{r=1}^{s} u_r y_{rj} - \sum_{i=1}^{m} v_i x_{ij} \leqslant 0,\ j = 1, \cdots, n$$

$$\sum_{r=1}^{s} u_r y_{ro} = 1$$

$$u_r,\ v_i > 0,\ r = 1, \cdots, s,\ i = 1, \cdots, m \tag{3-10}$$

$$\mathrm{Max}\ \varphi_0$$

$$s.t.\ \sum_{j=1}^{n} \lambda_j x_{ij} \leqslant x_{io},\ i = 1, \cdots, m$$

$$\sum_{j=1}^{n} \lambda_j y_{rj} \geqslant \varphi_0 y_{ro},\ r = 1, \cdots, s$$

$$\lambda_j \geqslant 0,\ j = 1, \cdots, n \tag{3-11}$$

在基于产出/产出导向的 CCR 模型下,决策单元的效率值是最优目标函数值的倒数。

基于投入或产出的 DEA 模型都具有其各自的经济意义。投入导向模型是在保持产出不变的前提下,研究各 DMU 的投入状况:当 $\theta_O^* < 1$ 时,说明 DMU_O 在生产过程中不必要地消耗了过多的投入资源,所有投入要素可以按照比例 θ_O^* 进行同比例缩小,也说明 DMU_O 是非有效的;当 $\theta_O^* = 1$ 时,说明 DMU_O 的所有投入不可能同时按照同一比例缩小,DMU_O 至少是弱有效的;当 $\theta_O^* = 1$ 且各个松弛变量均为零时,说明 DMU_O 的任何投入量均不可能再减少,DMU_O 是有效的。另一方面,产出导向模型是在保持投入不变的前提下,分析各 DMU 的产出情况:当 $\varphi_O^* > 1$ 时,说明 DMU_O 在生产过程中没有达到技术可行范围内的生产能力,所有产出均可以按照同一比例 φ_O^* 进行扩大,也说明 DMU_O 是非有效的;当 $\varphi_O^* = 1$ 时,说明 DMU_O 的所有产出不可能同时按照同一比例扩大,DMU_O 至少是弱有效的;当 $\varphi_O^* = 1$ 且各个松弛变量均为零时,说明在现有投入水平下 DMU_O 的任何产出量均不可能再增加,DMU_O 是有效的。

在同一参考集中,任一 DMU 在上述任意一种 CCR 模型下的 DEA 效率结果是完全一致的。若效率值为 1,则 DMU 是(弱)有效的;若效率值小于 1,则 DMU 为非有效的。

(2) BCC 模型

BCC 模型由 Banker, Charnes 和 Cooper(1984)提出,以研究在规模收益可变(variable returns to scale, VRS)的假设下,决策单元的效率评估问题。基于投入和基于产出的 BCC 模型分别如下:

$$\begin{aligned} &\operatorname{Min} \theta_o \\ &s.t. \ \sum_{j=1}^{n} \lambda_j x_{ij} \leqslant \theta_o x_{io}, \ i = 1, \cdots, m \\ &\quad \sum_{j=1}^{n} \lambda_j y_{rj} \geqslant y_{ro}, \ r = 1, \cdots, s \\ &\quad \sum_{j=1}^{n} \lambda_j = 1 \\ &\quad \lambda_j \geqslant 0, \ j = 1, \cdots, n \end{aligned} \tag{3-12}$$

$$\begin{aligned} &\operatorname{Max} \varphi_o \\ &s.t. \ \sum_{j=1}^{n} \lambda_j x_{ij} \leqslant x_{io}, \ i = 1, \cdots, m \\ &\quad \sum_{j=1}^{n} \lambda_j y_{rj} \geqslant \varphi_o y_{ro}, \ r = 1, \cdots, s \\ &\quad \sum_{j=1}^{n} \lambda_j = 1 \\ &\quad \lambda_j \geqslant 0, \ j = 1, \cdots, n \end{aligned} \tag{3-13}$$

BCC 模型的求解结果是决策单元的技术效率,而 CCR 模型的求解结果则是涵盖了技术效率与规模效率的综合效率值(Banker, 1984; Färe 等,1985)①②,也称为技术—规模效益。与 CCR 模型不同的是,即使针对同一参考集,同一 DMU 在不同导向模型下的 BCC 效率值也可能不同。因此,在使用 BCC 模型时,一定要注意模型的导向选择(Cooper 等,2000)③。

3.2 城市可持续发展效率评估模型与数据采集处理

3.2.1 城市人类发展指数及指标处理

人类发展指数(HDI)集成地反映了人类福利的基本内涵,既包括基于国民所得的经济

① Banker RD. Estimating most productive scale size using data envelopment analysis [J]. European Journal of Operational Research, 1984, 17(1): 35-44.

② Färe R, Grosskopf S, Lovell CAK. The measurement of efficiency of production [M]. Boston: Kluwer Nijhoff Publishing Co, 1985.

③ Cooper WW, Seiford LM, Tone K. Data envelopment analysis: A comprehensive text with models, applications, references and DEA-Solver software [M]. Boston: Kluwer Academic Publishers, 2000.

福利，又包括基于社会选择的非经济性福利，其数据主要在《中国统计年鉴》、《中国城市统计年鉴》中获取。本书使用人类发展指数（HDI）来反映生态福利产出。考虑到数据获取的可行性和后续结果分析的直观性，在HDI的具体计算中，本书采用联合国联合国开发计划署（UNDP）《2010人类发展报告》中采用的新的HDI计算方法，采用收入指标（II）、预期寿命指标（LEI）和教育指标（EI）的几何平均值来度量人类发展指数。

$$HDI = \sqrt[3]{LEI \times EI \times II} \tag{3-14}$$

其中，II、LEI、EI分别代表收入指标、预期寿命指标、教育指标。

具体指标的数据来源与计算说明如下：

(1) 收入指标

收入指标是通过对人均GDP进行购买力平价计算后无量纲化的结果。[①]

2012年人均GDP的数据获得来自EPS中国城市数据库，购买力平价按4.186 2换算。

(2) 预期寿命指标

预期寿命指标是对人均预期寿命无量纲化的结果。城市预期寿命无法从统计年鉴上获取，2012年人均预期寿命主要是通过网络关键词搜索该城市人均预期寿命，主要的数据渠道有统计局对外公布的数据、疾控中心对外公布的数据，对于既没有统计局发布又没有疾控中心发布的，则通过对该城市《社会事业发展第十二个五年规划》或《社会事业发展与改革第十二个五年规划》或该城市的第十二个五年规划中提出的2015年人均预期寿命目标进行调整获得。对个别城市的人均预期寿命从上述渠道都无法获得2012年数据的，则采用最近一次报道提及的数据。

(3) 教育指标

教育指标是学校受教育指标和预期学校受教育年数指标的几何平均结果，它主要受到两个变量的影响，即人均受教育年限和预期教育年限。

$$人均受教育年限 = \Sigma P_i E_i / P \tag{3-15}$$

其中P_i具有i种文化程度的人口数，E_i为具有i种文化程度的人口受教育年数系数，本书在计算中采用大专以上文化程度教育年限系数为16，高中文化程度教育年限系数为12，初中文化程度教育年限系数为9，小学文化程度教育年限系数为6，文盲教育年限系数为0。i可根据我国的学制确定，P为该人口群体的总人数；P_i、E_i来自各城市2010年第六次人口普查统计公报。

预期受教育年限由学历教育各年级净入学率之和累加而得，计算方法为：

$$预期受教育年限 = \lambda_{小学} \times 6 + \lambda_{初中} \times 3 + \lambda_{高中} \times 3 + \lambda_{大学} \times 4 \tag{3-16}$$

---

① 根据联合国发布的计算收入指数的公式，2010年开始用人均国民收入（GNI）的购买力平价替代之前的人均国内生产总值（GDP）的购买力平价，但是由于中国城市统计年鉴中按照GDP来统计国民经济，所以本评估采用人均GDP的购买力平价来计算。从我国历史上看，人均GDP和人均GNI两者数量差异不到2%（余芳东杨红军解明明.我国人均GDP和人均GDI国际位次稳步提高.中国信息报.2011年5月18日.http://www.zgxxb.com.cn/xwzx/201105180007.shtml）。所以用人均GDP的购买力平价来替代人均GNI计算收入指数对数据计算的可靠性影响不大。

其中，λ_i 表示各年级的净入学率，i 的范围为 1—16 年级（不考虑幼儿园和研究生以上的教育）。但是由于各年级的净入学率难以精确统计，限于现有统计条件改用毛入学率近似计算。

各学历教育阶段的毛入学率主要通过查找该城市 2010～2013 年的《教育事业发展统计公报》、《国民经济与社会发展统计公报》、《教育事业发展第十二个五年规划》、《教育事业发展中长期规划》、《中长期教育改革与发展规划》获得并经整理。

3.2.2 城市生态投入指数及指标处理

城市生态投入指数包含资源消耗指数和污染排放指数两大类。

(1) 资源消耗指数

资源消耗指数由三个分指标构成：人均建成区面积衡量城市土地资源消耗（*ULRI*），人均消费标准煤衡量城市能源消耗量（*UECI*），人均供水量衡量城市水资源消耗（*UWCI*）。而资源消耗指数（*UECI*）则是上述三项基础指标数据无量纲化后的算术平均值。其中，*ULRI*、*UECI*、*UWCI* 分别为数据采集所获取的人均建成区面积、人均消费标准煤、人均供水量的无量纲结果。

具体指标的数据来源与计算说明如下：

人均建成区面积(*ULRI*)：人均建成区面积由建成区面积除以常住人口计算。其中建成区面积来自《中国城市统计年鉴 2013》，常住人口来自《中国城市统计年鉴 2013》和各城市出版的当地统计年鉴，如《上海统计年鉴 2013》。

人均消费标准煤(*UECI*)：人均消费标准煤由城市年度综合能耗除以常住人口计算。其中，大部分城市的年度综合能耗在当地 2013 年统计年鉴中都有涉及。没有涉及城市年度综合能耗的城市，我们将城市居民家庭用电量、液化气、天然气、石油、规模以上企业的能耗等各项能源消耗类别，依据国家标准《综合能耗计算通则》，对其进行了标准煤的折算，例如，0.122 9 千克标准煤/(kW·h)、0.257 1 千克标准煤/t、1.33 千克标准煤/m^3、1.714 3 千克标准煤/kg。常住人口的统计口径与前面一致。

人均供水量(*UWCI*)：人均供水量数据直接取自《中国城市统计年鉴 2013》。

(2) 污染排放指数

城市的生产和消费过程产生水污染物、大气污染物、固体废弃物等多种污染物。污染物排放量主要由一个城市的产业结构、技术水平、消费结构和消费水平、环境保护投入等多种因素决定。在一定的经济产出水平下，尽可能削减污染物产生和排放量，提高环境绩效，是城市可持续发展的重要维度。根据数据可得性和政策重要性原则，本书选取了六类主要污染物作为研究对象：即水污染物中的化学需氧量（COD）、氨氮；大气污染物中的二氧化硫、氮氧化物；以及固体废物中的工业固体废弃物和生活垃圾清运量。“十二五”国民经济与社会发展规划纲要对上述四类水污染物和大气污染物提出了明确的排放总量控制目标，因此，削减四类主要污染物排放量不仅对改善城市环境起到关键性作用，也是当前我国城市环境管理政策和可持续发展政策制定过程中必须考虑的因素。两类固体废物指标分别对应生产环节排放和生活环节废物产生总量，反映了城市经济系统向外界的物质输出规模。

六类污染物总量指标除以各城市常住人口总数，得到人均排放量指标，再经无量纲处理取算数平均值后，构建城市污染排放指数(UPDI)：

$$UPDI = \frac{1}{6}(UWP_{COD} + UWP_{N-NH_4} + UAP_{SO_2} + UAP_{NO_X} + USW_{Ind} + USW_{Hh}) \tag{3-17}$$

其中 UWP_{COD}、UWP_{N-NH_4}、UAP_{SO_2}、UAP_{NOx}、USW_{Ind} 和 USW_{Hh} 依次为人均化学需氧量排放量、人均氨氮排放量、人均二氧化硫排放量、人均氮氧化物排放量、人均工业固体废弃物产生量和人均生活垃圾清运量经无量纲处理后的指标值。

所有 35 个省会级城市的水污染物、大气污染物和工业固体废弃物排放/产生总量数据均来自《中国环境统计年鉴 2012》，生活垃圾清运量数据摘自各城市发布的 2012 年环境状况公报或 2013 年各城市统计年鉴中相应条目。长三角城市的所有六类指标主要来源于各城市发布的 2012 年环境状况公报，个别城市的个别指标有缺省。缺省指标包括扬州市、绍兴市和嘉兴市的氨氮排放量，以及绍兴市、嘉兴市的氮氧化物排放量。考虑到化学需氧量和氨氮排放量，以及二氧化硫和氮氧化物排放量之间具有一定相关性，因此通过估算获得确定指标。估算氮氧化物排放量时，以缺省城市的化学需氧量排放量乘以其他所有城市的"氨氮/化学需氧量"平均比值；估算氮氧化物排放量时，以缺省城市的二氧化硫排放量乘以其他所有城市的"氮氧化物/二氧化硫"平均比值。

3.2.3 城市可持续发展评估指标体系及基础数据

综上，构成本书的指标体系构架如图 3-2 所示。在此框架下，目标层为城市可持续发展评估，含可持续发展分类、可持续发展效率、发展模式与路径等 3 个子项。要素层包括城市生态投入指数(UEII)和城市人类发展指数(UHDI)2 项。指标层包括 3 项人类发展指标及 9 项生态投入指标。

本书从 35 个大中城市和长三角 16 个城市两方面搜集城市可持续发展评估的基础数据。其中，选择中国 30 个省会城市和直辖市以及 5 个计划单列市，共 35 个大中城市作为本期评估的样本城市。因数据获得的完整性原因，本书没有选择香港、澳门、台湾省的台北市和西藏自治区的拉萨市作为样本城市。长三角城市群最初是由江浙沪的 16 个城市组成，虽然目前长三角城市群的范围有所扩大，但是在研究长三角城市的报告和论文中还是习惯选择最初的 16 个城市，因此本书也选择了上海，江苏省的南京、苏州、扬州、镇江、泰州、无锡、常州、南通以及浙江省的杭州、宁波、湖州、嘉兴、舟山、绍兴和台州等 16 城市为长三角城市群的样本城市。

本期评估的基础数据主要源于 2012～2013 年统计年鉴及官方公布数据并经整理，各项基础指标的数据来源详见 3.2.1 和 3.2.2 中的指标来源说明。中国 35 个大中城市可持续发展评估指标和基础数据如表 3-1 所示。长三角地区 16 个城市可持续发展评估指标和基础数据如表 3-2 所示。

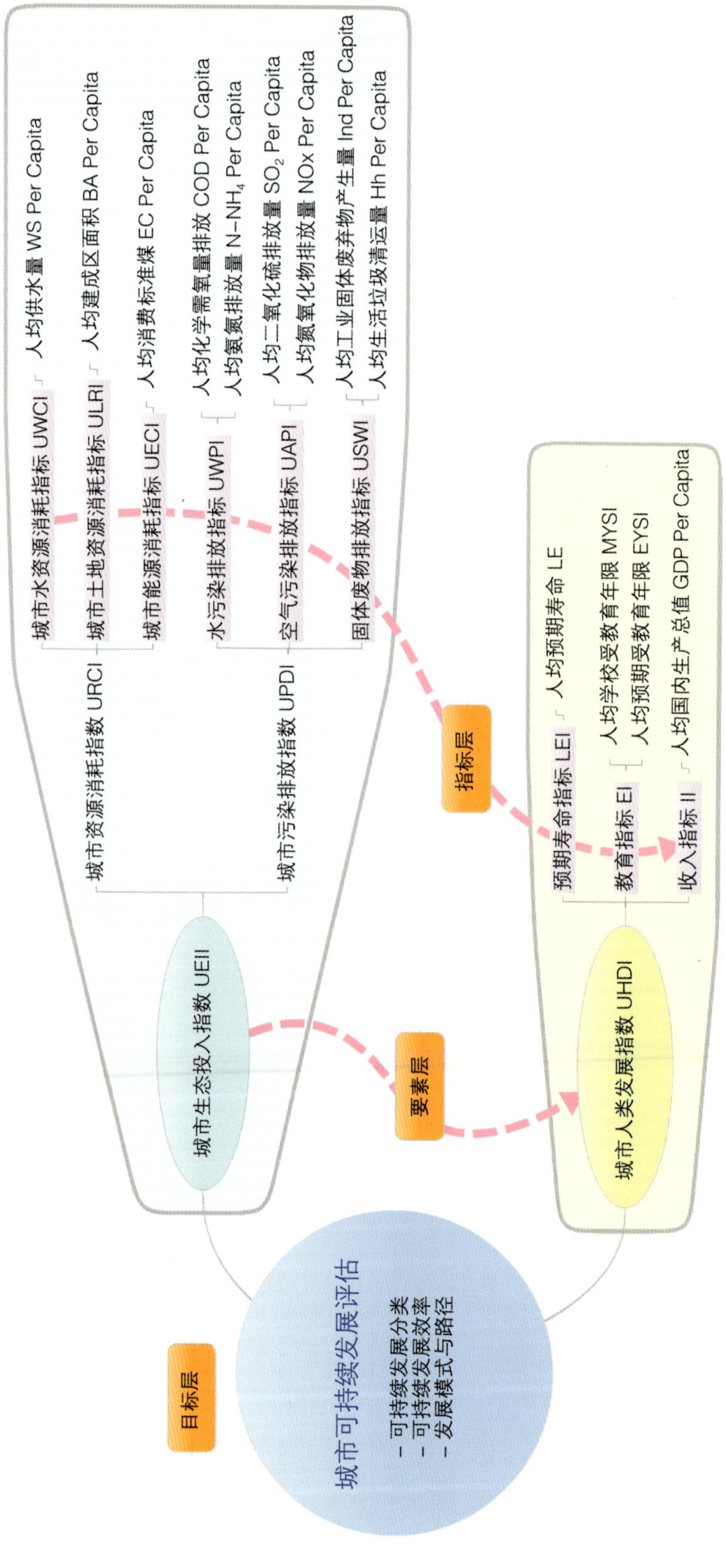

图 3-2 城市可持续发展评估指标体系

表 3-1　中国 35 个大中城市可持续发展指标一览

指标	人类发展指数				城市生态投入指数								
					资源消耗指数			污染排放指数					
城市	人均GDP（元）	人均预期寿命（年）	人均教育年限（年）	预期教育年限（年）	人均建成区面积（m^2/人）	人均消费标准煤（tce/人）	人均供水量（t）	人均化学需氧量排放量（kg/人）	人均氨氮排放量（kg/人）	人均二氧化硫排放量（kg/人）	人均氮氧化物排放量（kg/人）	人均工业固体废弃物产生量（t/人）	人均生活垃圾清运量（t/人）
北京	87 475	81.4	11.5	14.3	60.95	3.47	77.16	4.93	0.73	4.53	4.70	0.53	0.31
上海	85 373	82.4	10.6	14.3	65.64	4.77	130.07	8.55	1.83	9.58	12.76	0.92	0.30
广州	105 909	79.4	10.6	15.2	79.22	5.00	150.14	10.49	1.56	5.55	4.58	0.48	0.27
深圳	123 247	78.5	10.7	13.5	81.88	4.49	152.14	7.76	1.20	0.98	2.92	0.10	0.46
杭州	88 962	81.0	9.9	14.0	51.48	1.76	66.12	8.52	1.14	9.86	8.52	0.80	0.35
南京	88 525	80.3	10.8	11.8	80.02	11.15	148.78	10.90	1.90	14.92	15.10	1.98	0.28
天津	93 173	81.2	10.2	13.9	51.10	5.81	54.65	8.14	1.38	15.88	19.82	1.29	0.13
成都	57 624	77.9	9.8	13.1	36.39	3.13	53.61	8.57	1.03	4.31	4.16	0.41	0.17
武汉	79 482	79.3	10.9	13.0	51.38	4.18	120.11	11.14	1.45	10.45	10.61	1.36	0.22
青岛	82 680	80.7	9.7	13.5	43.00	1.94	44.66	3.84	0.80	11.42	8.88	0.98	0.23
宁波	86 228	80.3	8.9	14.4	37.96	11.04	60.63	8.95	1.85	19.23	34.41	1.63	0.18
厦门	77 392	79.7	10.1	15.8	71.93	3.57	97.35	8.29	1.73	5.38	3.50	0.31	0.22
重庆	38 914	75.7	7.9	12.6	35.72	2.81	32.56	9.46	1.37	19.18	9.39	1.06	0.11
大连	102 922	81.2	9.9	14.0	59.04	2.50	61.13	12.22	1.65	19.57	17.62	1.06	0.18
沈阳	80 480	77.8	11.5	13.4	55.29	1.68	68.82	5.70	1.91	13.51	10.28	0.86	0.30
长沙	89 903	77.8	10.2	14.1	44.20	1.47	58.74	10.51	1.29	3.30	2.90	0.15	0.24
西安	51 166	75.9	9.5	13.0	43.86	0.59	51.28	10.15	1.43	12.12	6.23	0.30	0.34

续 表

指标	人类发展指数				城市生态投入指数								
					资源消耗指数			污染排放指数					
城市	人均GDP（元）	人均预期寿命（年）	人均教育年限（年）	预期教育年限（年）	人均建成区面积（m^2/人）	人均消费标准煤（tce/人）	人均供水量（t）	人均化学需氧量排放量（kg/人）	人均氨氮排放量（kg/人）	人均二氧化硫排放量（kg/人）	人均氮氧化物排放量（kg/人）	人均工业固体废弃物产生量（t/人）	人均生活垃圾清运量（t/人）
郑州	62 054	74.8	10.3	12.7	41.31	6.20	39.67	4.73	1.06	13.23	17.13	1.66	0.19
济南	69 444	78.2	10.0	13.9	52.23	4.16	47.84	6.00	0.94	16.47	12.21	1.46	0.17
太原	54 440	80.4	10.8	13.4	72.60	16.16	72.85	3.87	0.88	31.17	26.61	6.53	0.35
长春	58 691	78.9	9.9	12.9	54.94	1.88	44.24	5.42	1.06	9.67	12.18	0.59	0.12
昆明	46 256	77.1	9.3	13.2	45.29	2.10	33.41	1.61	0.77	18.02	10.73	4.56	0.26
合肥	55 168	78.1	9.8	12.9	49.93	3.08	45.67	7.60	0.97	6.35	10.51	1.42	0.12
哈尔滨	45 810	75.8	9.7	12.7	36.03	1.67	36.36	10.06	1.56	10.61	10.46	0.54	0.12
福州	58 304	75.8	9.5	13.3	30.57	2.34	38.43	9.20	1.24	9.88	11.05	0.93	0.11
海口	38 634	78.3	10.3	12.3	57.94	1.12	89.09	2.69	1.64	0.89	0.25	0.03	0.33
南昌	58 715	76.5	10.0	12.8	40.94	1.32	77.55	10.32	1.54	8.70	4.85	0.37	0.12
石家庄	43 552	73.3	9.7	12.5	21.03	5.88	32.65	5.08	0.90	18.39	20.67	0.74	0.17
呼和浩特	84 534	72.0	10.0	13.1	72.16	9.24	47.14	9.41	1.19	35.74	56.39	3.86	0.21
乌鲁木齐	59 645	74.0	10.7	12.7	116.36	11.56	92.01	6.34	1.73	37.76	35.00	3.94	0.41
南宁	35 133	76.3	9.4	13.3	36.34	0.79	60.38	12.97	1.36	5.91	4.83	0.53	0.11
兰州	43 175	75.0	10.3	13.1	47.38	2.88	59.61	10.04	1.93	19.14	20.57	1.50	0.27
贵阳	38 447	74.9	9.4	12.4	51.69	3.13	53.61	7.35	0.94	22.20	5.50	2.52	0.20
银川	56 528	75.7	9.8	12.8	66.83	5.09	56.77	10.44	2.88	55.13	37.78	3.61	0.18
西宁	38 034	74.5	9.2	12.4	33.33	3.99	65.04	14.24	1.85	34.78	22.47	2.24	0.27

表 3-2 长三角 16 个城市可持续发展指标一览

指标	人类发展指数				城市生态投入指数								
					资源消耗指数			污染排放指数					
城市	人均GDP（元）	人均预期寿命（年）	人均教育年限（年）	预期教育年限（年）	人均建成区面积（m^2/人）	人均消费标准煤（tce/人）	人均供水量（t）	人均化学需氧量排放量（kg/人）	人均氨氮排放量（kg/人）	人均二氧化硫排放量（kg/人）	人均氮氧化物排放量（kg/人）	人均工业固体废弃物产生量（t/人）	人均生活垃圾清运量（t/人）
上海	85 373	82.4	10.6	14.3	65.64	4.77	130.07	8.55	1.83	9.58	12.76	0.92	0.30
南京	88 525	80.3	10.8	11.8	80.02	11.15	148.78	10.90	1.90	14.92	15.10	1.98	0.28
宁波	86 228	80.3	8.9	14.4	37.96	11.04	60.63	8.95	1.85	19.23	34.41	1.63	0.18
杭州	88 962	81.0	9.9	14.0	51.48	1.76	66.12	8.52	1.14	9.86	8.52	0.80	0.35
无锡	117 357	81.5	9.7	14.1	48.84	5.34	69.95	4.88	0.45	13.50	25.49	1.51	0.21
舟山	87 883	79.7	8.5	14.3	49.12	10.38	38.64	16.17	1.90	12.34	15.94	0.66	0.28
苏州	114 029	81.6	9.7	14.5	41.42	7.31	75.43	6.77	1.35	17.48	19.96	2.09	0.08
扬州	65 692	76.0	8.9	13.8	28.70	3.05	37.71	12.85	1.93	10.32	19.70	0.66	0.09
绍兴	82 966	80.1	8.7	14.3	23.28	2.07	23.84	14.20	2.13	12.17	16.80	0.83	0.12
南通	62 506	78.4	8.8	10.4	21.37	1.82	28.50	8.36	1.40	8.63	7.08	0.69	0.20
常州	85 039	77.6	9.4	14.1	39.02	3.15	58.46	3.33	0.70	5.20	10.26	1.03	0.11
湖州	57 350	80.1	8.4	14.0	30.45	2.25	30.70	9.48	1.54	14.03	20.27	0.64	0.21
嘉兴	63 704	80.4	8.4	13.9	19.82	2.63	21.18	6.15	0.92	16.87	23.28	1.16	0.14
镇江	83 650	76.8	9.5	14.2	37.97	3.74	50.94	1.89	0.12	22.30	25.91	2.34	0.17
泰州	58 378	76.1	8.5	14.0	16.55	2.65	16.64	23.52	2.91	12.79	16.64	0.97	0.11
台州	48 505	78.8	8.0	13.7	19.33	1.95	22.38	4.43	0.41	3.94	5.44	0.41	0.17

第二篇

中国35个大中城市可持续发展评估

4 中国35个大中城市生态投入指数排名与解读

城市可持续发展应遵循城市生态投入效率的原则，因而对城市生态投入的分析意义重大。城市生态投入分为资源消耗和污染排放两个方面，评估城市的资源消耗是当前"节能"政策的必然要求，而分析城市污染排放则直接回答城市"减排"的问题所在。

为判断、发现和掌握当前我国城市发展中生态投入的总体发展特征，本章节首先分析了全国35个大中城市生态投入指数的水平排名、区域分布，然后就资源消耗和污染排放两类分项指标状况深入解读35个城市的生态投入状况。

4.1 中国35个大中城市生态投入指数排名

4.1.1 城市生态投入指数排名

基于前述章节的城市生态投入指标体系和测算方法，对中国35个大中城市的资源消耗、污染排放水平和综合的生态投入水平进行定量分析，得到各个城市生态投入指数和资源消耗指数、污染排放指数的测算结果与排名，详见表4-1。

表4-1 中国35个大中城市生态投入指数及分项指数排名

城市	生态投入指数		资源消耗指数		污染排放指数	
	得分	排名	得分	排名	得分	排名
青岛	0.260	1	0.261	8	0.258	5
福州	0.263	2	0.220	2	0.306	9
长春	0.270	3	0.293	11	0.248	2
成都	0.271	4	0.286	10	0.256	4
哈尔滨	0.272	5	0.217	1	0.327	15
石家庄	0.280	6	0.253	7	0.308	10

续 表

城市	生态投入指数		资源消耗指数		污染排放指数	
	得分	排名	得分	排名	得分	排名
南宁	0.285	7	0.253	6	0.317	13
重庆	0.288	8	0.232	3	0.344	17
合肥	0.291	9	0.307	12	0.275	6
长沙	0.295	10	0.286	9	0.305	8
昆明	0.302	11	0.246	4	0.359	19
南昌	0.309	12	0.314	13	0.303	7
海口	0.316	13	0.384	22	0.248	1
西安	0.318	14	0.250	5	0.385	24
济南	0.325	15	0.340	19	0.310	11
郑州	0.326	16	0.333	18	0.319	14
北京	0.334	17	0.415	24	0.254	3
贵阳	0.345	18	0.330	17	0.361	20
杭州	0.348	19	0.329	16	0.367	22
沈阳	0.361	20	0.344	20	0.378	23
天津	0.374	21	0.386	23	0.362	21
大连	0.398	22	0.355	21	0.442	27
厦门	0.402	23	0.493	27	0.311	12
兰州	0.404	24	0.326	15	0.483	30
武汉	0.444	25	0.497	28	0.392	25
西宁	0.461	26	0.320	14	0.601	32
宁波	0.474	27	0.469	26	0.478	29
上海	0.488	28	0.571	30	0.404	26
深圳	0.501	29	0.660	32	0.341	16
广州	0.506	30	0.659	31	0.354	18
呼和浩特	0.563	31	0.501	29	0.626	33
银川	0.573	32	0.421	25	0.725	35
太原	0.630	33	0.701	33	0.560	31
南京	0.631	34	0.785	35	0.477	28
乌鲁木齐	0.707	35	0.773	34	0.640	34

生态投入指数越低，说明城市发展过程中的资源消耗和污染排放越少，城市的生态投入指数排名越靠前。

得分方面，35个大中城市生态投入指数得分区间为0.260～0.707，均值为0.389。其中资源消耗指数得分区间为0.217～0.785，均值为0.395；污染排放指数得分区间为0.248～0.725，均值为0.384。

排名方面，城市生态投入最低的10个城市分别是青岛、福州、长春、成都、哈尔滨、石家庄、南宁、重庆、合肥、长沙；排名11～25名的城市分别为昆明、南昌、海口、西安、济南、郑州、北京、贵阳、杭州、沈阳、天津、大连、厦门、兰州、武汉；生态投入排名最高10位的城市分别是西宁、宁波、上海、深圳、广州、呼和浩特、银川、太原、南京、乌鲁木齐。

从整体的排名情况来看，生态投入排名靠前的城市哈尔滨、石家庄、南宁、重庆等人均GDP都相对较低，在35个城市中位列后10位范围。除城市本身的资源禀赋和经济发展条件外，积极推进城市可持续发展建设，也是部分城市排名较前的重要原因。以成都为例，近年来大力推进国家级生态市建设，不断推进清洁生产、全面建设绿色生态廊道并改善环境质量。生态投入排名靠后的城市主要有两类：一类是东部上海、南京、宁波、深圳、广州等长三角、珠三角经济圈的领头城市，突出表现为资源消耗水平较高。以宁波为例，近年来经济发展和能源消费持续"双高"增长态势，2012年能源消耗总量达8 433万吨标准煤，现有的临港大型石化、钢铁项目能耗"效应"突出，节能降耗难度大成为当前制约宁波经济社会可持续发展的重要瓶颈。另一类是西宁、呼和浩特、银川等西部经济较发达城市，突出表现为污染排放水平较高。

4.1.2 城市生态投入水平分级

根据中国35个大中城市城市生态投入指数的得分区间0.260～0.707，以0.1为一个区间段大致可将中国35个大中城市的生态投入水平分为4个级别，分别代表四类不同程度的投入水平。

由表4-2可见，第Ⅰ级别城市的分值低于0.3，生态投入均值为0.278，包括青岛、福州、长春、成都、哈尔滨、石家庄、南宁、重庆、合肥以及长沙在内的10个城市，这些城市的生态投入水平相对最低；第Ⅱ级别城市的分值在0.30～0.40之间，生态投入均值为0.338，包括昆明、南昌、海口、西安、济南、郑州、北京、贵阳、杭州、沈阳、天津以及大连在内的12个城市，这些城市的生态投入水平相对较低，处于中下水平；第Ⅲ级别城市的分值在0.40～0.50之间，生态投入均值为0.441，包括厦门、兰州、宁波、武汉、西宁以及上海在内的6个城市，这些城市的生态投入水平一般，基本处于中等水平；第Ⅳ级别城市的分值在0.50以上，生态投入均值为0.587，具体包括深圳、广州、呼和浩特、银川、太原、南京以及乌鲁木齐在内的7个城市，这些城市的生态投入水平相对最高。

图4-1可见，我国35个大中城市生态投入水平分布并没有呈现明显的阶梯分布，具有一定的连续型分布特征。除第Ⅳ级别城市的生态投入水平显著高于其他级别外，第Ⅰ、Ⅱ、Ⅲ级别间投入水平差距相对较小。如第Ⅳ级别指数最高的乌鲁木齐与该级别指数最低的深圳，生态投入指数分别为0.501和0.707，组内差异为0.206，而第Ⅲ级别指数最高的上海与第Ⅰ级别指数最低的青岛分别为0.488和0.260，三个级别间的差异仅为0.228，与第Ⅳ级别的组内差异0.206接近。

表 4-2　中国 35 个大中城市生态投入水平分级情况

水平等级	城市	得分	排名	均值	个数	特征
第Ⅰ级别	青岛	0.260	1	0.278	10	低生态投入
	福州	0.263	2			
	长春	0.270	3			
	成都	0.271	4			
	哈尔滨	0.272	5			
	石家庄	0.280	6			
	南宁	0.285	7			
	重庆	0.288	8			
	合肥	0.291	9			
	长沙	0.295	10			
第Ⅱ级别	昆明	0.302	11	0.338	12	中低生态投入
	南昌	0.309	12			
	海口	0.316	13			
	西安	0.318	14			
	济南	0.325	15			
	郑州	0.326	16			
	北京	0.334	17			
	贵阳	0.345	18			
	杭州	0.348	19			
	沈阳	0.361	20			
	天津	0.374	21			
	大连	0.398	22			
第Ⅲ级别	厦门	0.402	23	0.446	6	中等生态投入
	兰州	0.404	24			
	武汉	0.444	25			
	西宁	0.461	26			
	宁波	0.474	27			
	上海	0.488	28			

续　表

水平等级	城市	得分	排名	均值	个数	特征
第Ⅳ级别	深圳	0.501	29	0.587	7	高生态投入
	广州	0.506	30			
	呼和浩特	0.563	31			
	银川	0.573	32			
	太原	0.630	33			
	南京	0.631	34			
	乌鲁木齐	0.707	35			

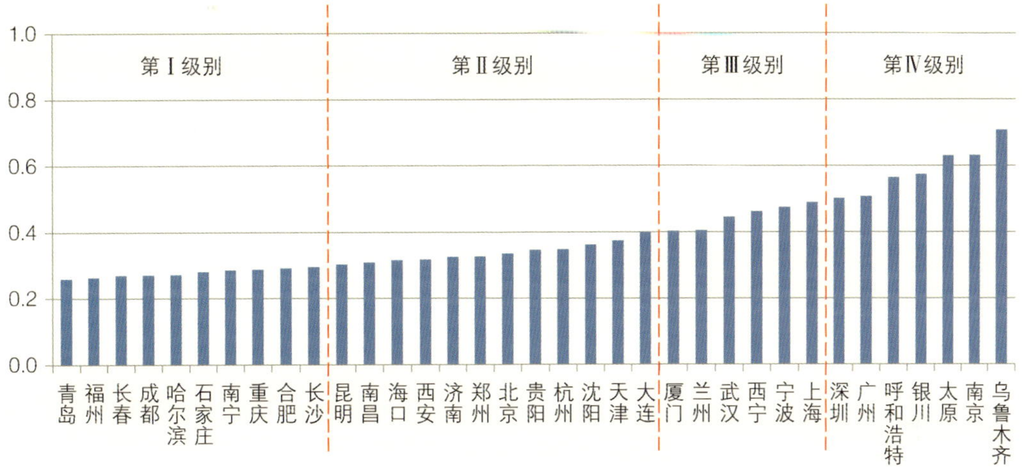

图 4-1　中国 35 个大中城市生态投入分级情况

4.2　中国 35 个大中城市生态投入指数区域分析

4.2.1　基于东中西划分视角

按照传统的东、中、西部划分标准，将 35 个大中城市进行归类，详见表 4-3。

表 4-3　中国 35 个大中城市东中西部划分情况

区域	城　　市	个数
东部	上海、北京、天津、杭州、南京、广州、深圳、大连、青岛、宁波、沈阳、济南、石家庄、厦门、福州、海口、南宁	17
中部	武汉、郑州、长沙、合肥、长春、南昌、哈尔滨、太原、呼和浩特	9
西部	重庆、西安、成都、昆明、乌鲁木齐、银川、兰州、贵阳、西宁	9

（1）生态投入指数区域分布情况

从各区域的排名分布情况来看：东部地区的 17 个城市中，有 23.5%的城市排名生态投入较低的前 10 位，有 47.06%的城市排名 11～25 位之间，剩下的 29.41 生态投入排名较高的最后 10 位；中部地区的 9 个城市中，有 44.4%的城市排名在前 10 位，有 33.33%的城市排名在 11～25 位之间，有 22.22%的城市排在最后 10 位；在西部地区的 9 个城市中，有 22.2%的城市排名在前 10 位，有 44.4%的城市排名在 11～25 位之间，剩下 33.33%的城市排名最后 10 位（图 4-2）。从各区域的平均水平来看，东部的生态投入均值为 0.385，中部为 0.378，西部为 0.408。

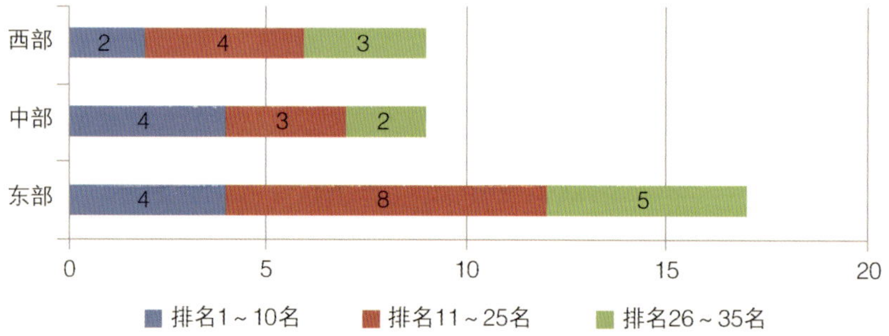

图 4-2　中国 35 个大中城市生态投入指数排名区域分布情况

由此可得，我国区域间生态投入水平差异不明显，呈现一定程度的均衡分布状况。即东中西部地区均存在一定比例生态投入水平高的城市，也均存在一定比例生态投入低的城市。相对而言，中部地区的生态投入水平排名靠前 10 的城市比例较高，例如长春、哈尔滨、合肥等；西部和东部地区生态投入水平排名在 11 到 25 名的城市比例略高。

（2）分项指标区域分布情况

水资源消耗指标方面，东部地区的水资源消耗高于中西部地区。东部地区的水资源消耗指标平均值为 0.534，中部和西部地区水资源消耗水平相对较低，均值分别为 0.396 和 0.364（图 4-3）。虽然东部水资源相对充足，但是水资源需求也较高，尤其是上海、广州、深圳、南京等大城市水资源消耗指标均高于 0.85；中部地区的水资源投入呈现明显的非均衡性，武汉水资源消耗指标较高 0.789，南昌、长沙、太原等在 0.35～0.55 范围，而郑州、长春、合肥、哈尔滨等城市的水资源消耗较小，指标值在 0.20～0.30 范围，可见中部各城市发展过程中水资源消耗程度存在差异。西部地区的水资源消耗指标普遍较低，基本都在 0.45 以下，仅乌鲁木齐的水资源消耗问题异常突出，指标值高达 0.607 远高于西部其他城市。土地资源消耗指标方面，三大区域的土地资源消耗水平差异较小，平均值均在 0.40 以上，东中西部地区的土地资源消耗指标均值分别为 0.473、0.443 和 0.455（图 4-3）。但东部地区内部差异较大，石家庄、福州等城市土地资源消耗指标值较低，为 0.181、0.263，而深圳、广州、南京等城市则较高，分别为 0.704，0.681，0.688。相对而言，中部和西部地区内部分化较小，除乌鲁木齐、太原和呼和浩特三个城市大于 0.6 外，其他城市土地资源消耗指标值基本在 0.3～0.5 之间。

能源消耗指标方面，三大区域指标平均值差异不大。东部和西部地区均值分别为 0.260 和 0.243，而中部地区略高，均值为 0.311（图 4-3）。东中西部地区除个别城市能源消耗指标高于0.5或低于0.1外，大多数城市的能源消耗指标均在0.1～0.4之间。这些个别城市主要是东部的南京、宁波(0.690, 0.683)和海口(0.069)；中部的太原、呼和浩特(1.000, 0.572)和长沙、南昌(0.091, 0.082)；西部的乌鲁木齐(0.715)和西安(0.036)。东中西部城市大部分能源消耗水平都较低，同时各区域内均有个别城市能源消耗指标较高或较低，可能与当前城市发展过程中区域内城市分工进一步深化有关。

水污染排放指标方面，东中西部地区差异较小，区域分布特征并不明显。西部地区水污染排放指标平均值为0.574，东部和中部略低，分别为0.520和0.498(图4-3)。东中西部地区内部各城市水污染排放指标均存在较大差异，例如东部地区南京和大连水污染指标较高，为0.713和0.716，而北京、青岛较低，为0.300和0.273；中部地区武汉、哈尔滨、南昌都高于0.6，而太原仅为0.288；西部地区的差异更为明显，银川和西宁都高于0.8，昆明则仅为0.191。

空气污染排放指标方面，东中西部均值呈现明显的阶梯分布且由东向西呈现递增趋势。东中西部地区空气污染指数均值分别是0.197、0.280和0.374(图4-3)。东部地区各城市空气污染指标都相对较低，指标值均在0.50以下；中部地区城市空气污染指标表现为两极分化，一方面太原和呼和浩特的指标值较高，另一方面武汉、长沙、长春、合肥、哈尔滨和南昌的指标值均低于0.20；西部地区虽然大多数城市空气污染排放指标值分布在0.1～0.5的范围，但由于乌鲁木齐和银川(0.653, 0.835)指标值较高，提升了区域均值。

固体废物排放指标方面，东中部地区差异不大，西部地区较高。东中西部地区固体废物排放指标均值分别为0.326、0.341、0.437(图4-3)。东部地区城市固体废物排放指标值基本在0.15～0.50范围内。中部地区太原的固体废物排放问题较为突出，对区域均值影响较大，若不计太原则中部其他城市的固体废物排放指标均值仅为0.275，较低。西部地区多数城市固体废物排放指标值均较高，昆明、乌鲁木齐、兰州、贵阳、银川和西宁等指标值均在0.40以上。

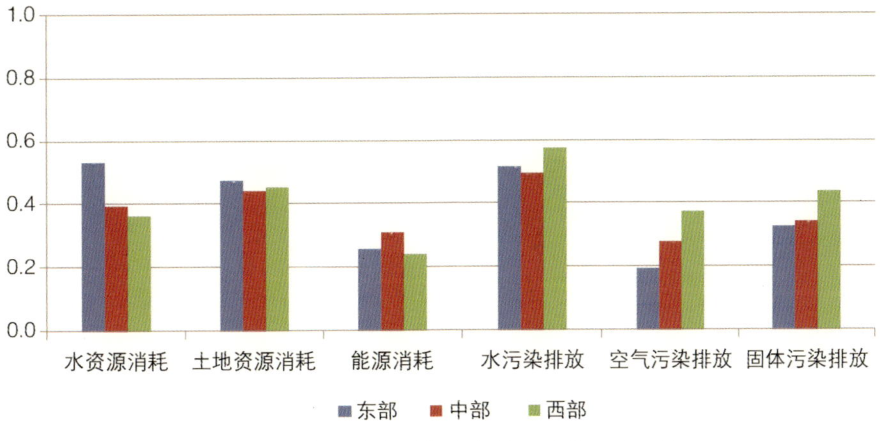

图4-3 中国东中西部生态投入平均水平比较

4.2.2 基于经济区划的视角

考虑到35个城市所在地区的经济发展水平存在较大差异，为进一步分析这些城市生态投入的区域特征，结合地理和经济条件将我国划分为：华东地区、华南地区、华中地区、华北地区、东北地区、西北地区和西南地区7大区域，并将35个城市分别划归到这些区域中，详见表4-4。

表4-4 中国35个大中城市经济区划划分情况

区域	城　　市	个数
华东地区	济南、青岛、南京、合肥、杭州、宁波、福州、厦门、上海	9
华南地区	广州、深圳、南宁、海口	4
华中地区	武汉、长沙、郑州、南昌	4
华北地区	北京、天津、石家庄、太原、呼和浩特	5
东北地区	沈阳、大连、长春、哈尔滨	4
西北地区	银川、乌鲁木齐、西宁、西安、兰州	5
西南地区	重庆、昆明、贵阳、成都	4

从生态投入的整体情况来看，西北、华北投入较高，华南紧随其后，华东、华中、东北处于中低水平，西南投入最低。由图4-4可得，西北地区的生态投入显著高于其他地区，均值为0.493，是中国35个大中城市平均水平(0.388)的1.3倍，这主要由于乌鲁木齐、银川(0.707，0.573)的投入水平都远高于其他地区，乌鲁木齐生态投入水平排名第35位，银川排名第32位；华北地区的生态投入水平也相对较高，均值为0.436，其中太原、呼和浩特的生态投入都较高，分别排名第33、31位；华南和华东地区的生态投入水平均值分别是0.402和0.384，两个地区均值处于中上水平，主要是由于深圳、广州、上海、南京、宁波、厦门等一二线大城市生态投入较高的影响，但同时这两组内部的差异也非常大，如青岛和福州的生态投入排名分别位居第1、2位。华中地区生态投入均值为0.344，除武汉为0.444较高外，其他城市都基本小于35个城市平均水平(0.388)。东北地区的生态投入水平均值为0.325，其中长春和哈尔滨两个城市的生态投入水平排名第3名和第5名。西南地区的生态投入最低，均值仅为0.302，成都、重庆、昆明和贵阳四城市的生态投入指数均排名分别是第4位、8位、11位、18位，均较靠前。

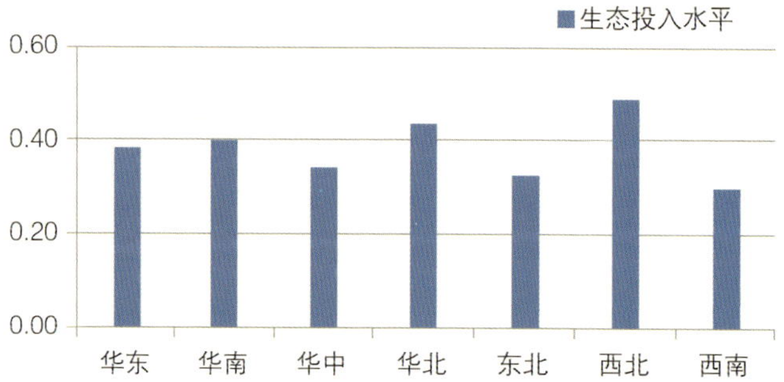

图4-4 经济区划生态投入平均水平比较

4.3 中国35个大中城市生态投入分项指标分析

4.3.1 资源消耗分项指标排名及差异程度分析

（1）资源消耗指标排名

对中国35个大中城市的资源消耗水平进行定量分析，得到各个城市水资源消耗、土地资源消耗、能源消耗三个分项指标的测算结果与排名，详见表4-5。

表4-5 中国35个大中城市资源消耗指数及分项指标排名

城市	资源消耗指数		水资源消耗指标		土地资源消耗指标		能源消耗指标	
	得分	排名	得分	排名	得分	排名	得分	排名
哈尔滨	0.217	1	0.239	4	0.310	5	0.103	6
福州	0.220	2	0.253	5	0.263	2	0.145	12
重庆	0.232	3	0.214	1	0.307	4	0.174	14
昆明	0.246	4	0.220	3	0.389	14	0.130	11
西安	0.250	5	0.337	12	0.377	12	0.036	1
南宁	0.253	6	0.397	19	0.312	6	0.049	2
石家庄	0.253	7	0.215	2	0.181	1	0.364	29
青岛	0.261	8	0.294	8	0.370	11	0.120	10
长沙	0.286	9	0.386	17	0.380	13	0.091	5
成都	0.286	10	0.352	14	0.313	7	0.194	17
长春	0.293	11	0.291	7	0.472	22	0.116	9
合肥	0.307	12	0.300	9	0.429	16	0.191	16
南昌	0.314	13	0.510	27	0.352	9	0.082	4
西宁	0.320	14	0.427	22	0.286	3	0.247	21
兰州	0.326	15	0.392	18	0.407	15	0.178	15
杭州	0.329	16	0.435	23	0.442	19	0.109	8
贵阳	0.330	17	0.352	13	0.444	20	0.194	18
郑州	0.333	18	0.261	6	0.355	10	0.384	30
济南	0.340	19	0.314	11	0.449	21	0.257	22

续 表

城市	资源消耗指数		水资源消耗指标		土地资源消耗指标		能源消耗指标	
	得分	排名	得分	排名	得分	排名	得分	排名
沈阳	0.344	20	0.452	24	0.475	23	0.104	7
大连	0.355	21	0.402	21	0.507	25	0.155	13
海口	0.384	22	0.586	28	0.498	24	0.069	3
天津	0.386	23	0.359	15	0.439	17	0.359	28
北京	0.415	24	0.507	26	0.524	26	0.215	19
银川	0.421	25	0.373	16	0.574	28	0.315	27
宁波	0.469	26	0.399	20	0.326	8	0.683	32
厦门	0.493	27	0.640	30	0.618	29	0.221	20
武汉	0.497	28	0.789	31	0.442	18	0.259	23
呼和浩特	0.501	29	0.310	10	0.620	30	0.572	31
上海	0.571	30	0.855	32	0.564	27	0.295	25
广州	0.659	31	0.987	34	0.681	32	0.309	26
深圳	0.660	32	1.000	35	0.704	34	0.278	24
太原	0.701	33	0.479	25	0.624	31	1.000	35
乌鲁木齐	0.773	34	0.605	29	1.000	35	0.715	34
南京	0.785	35	0.978	33	0.688	33	0.690	33

得分方面，35 个大中城市资源消耗指数得分区间为 0.217～0.785，均值为 0.395。其中水资源消耗指数得分区间为 0.214～1，均值为 0.455；土地资源消耗指数得分区间为 0.181～1，均值为 0.461；能源消耗指数得分区间为 0.036～1，均值为 0.269。

排名方面，城市资源消耗指数最低的 10 个城市分别是哈尔滨、福州、重庆、昆明、西安、南宁、石家庄、青岛、长沙、成都；排名 11～25 名的城市分别为长春、合肥、南昌、西宁、兰州、杭州、贵阳、郑州、济南、沈阳、大连、海口、天津、北京、银川；资源消耗指数最高的 10 个城市分别是宁波、厦门、武汉、呼和浩特、上海、广州、深圳、太原、乌鲁木齐、南京。

（2）资源消耗指数分项指标的差异程度分析

按资源消耗各分项指标排名的高低，以指标最高的城市为起点，分别顺时针绘制中国 35 个大中城市水资源消耗指标、土地资源消耗指标、能源消耗指标的玫瑰图（图 4－5、图 4－6、图 4－7）。从各城市资源消耗三个分项指标值的玫瑰图可见，中国 35 个大中城市的资源消耗情况如下：

■ **水资源消耗指标阶梯差异显著**

人均水资源消耗指标最低的10个城市分别是重庆、石家庄、昆明、哈尔滨、福州、郑州、长春、青岛、合肥、呼和浩特(图4-5)。这10个城市水资源消耗指标平均值为0.259,平均人均供水量为39.48 t。其中重庆、石家庄和昆明的人均供水量较低,分别为32.56 t、32.56 t和33.41 t,只有35个城市平均值69.15 t的将近一半。

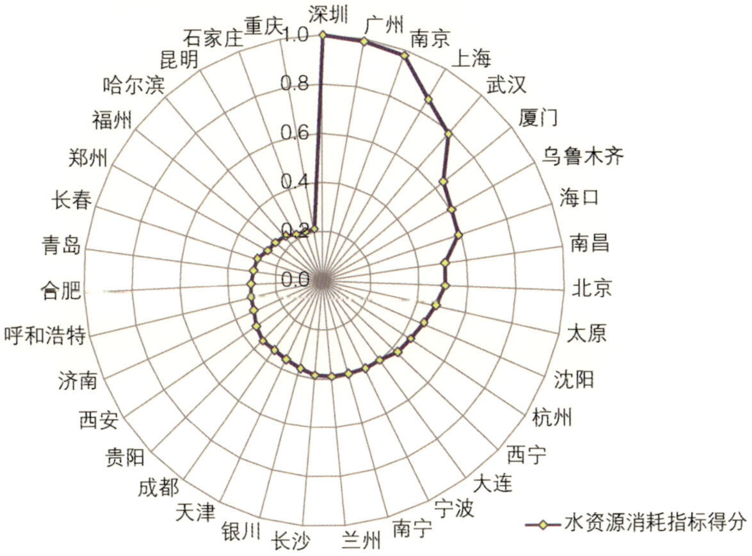

图4-5 中国35个大中城市水资源消耗分布玫瑰图

水资源消耗指标最高的10个城市分别是深圳、广州、南京、上海、武汉、厦门、乌鲁木齐、海口、南昌和北京(图4-5)。这10个城市水资源消耗指标平均值为0.609,平均人均供水量为109.75 t。除北京和乌鲁木齐外,其他城市大多处于长江、珠江以及南方主要支流流域,水资源相对充足。值得注意的是,作为京津冀、长三角、珠三角等经济圈的中心城市,北京、上海、深圳、广州、南京等城市人均水资源消耗指标都相对较高。

从水资源消耗指标的差异程度来看,我国35个大中城市呈显著地阶梯分布。第一梯队包括深圳、广州、南京、上海和武汉五大水资源高消耗城市,指标值均在0.80以上;第二梯队为水资源消耗水平处于中等的城市,包括厦门、乌鲁木齐、海口、南昌、北京等5个城市,指标值在0.50～0.80;第三梯队为水资源低投入城市,包括太原、沈阳、杭州等25个城市,指标值在0.50以下。

■ **土地资源消耗指标差异大**

土地资源资源消耗指标最低的10个城市分别是石家庄、福州、西宁、重庆、哈尔滨、南宁、成都、宁波、南昌和郑州(图4-6)。这10个城市土地资源消耗指标平均值为0.300,平均人均建成区面积为34.96 m^2。其中,石家庄、福州、西宁的人均建成区面积分别仅为21 m^2、31 m^2和33 m^2,低于35个城市的人均建成区面积值50.63 m^2。

土地资源消耗指标最高的10个城市分别是乌鲁木齐、深圳、南京、广州、太原、呼和浩特、厦门、银川、上海和北京(图4-6)。这10个城市土地资源消耗指标平均值为0.646,平均人均建成区面积为76.76 m^2。其中乌鲁木齐、深圳和南京的人均建成区面积分别为116 m^2、

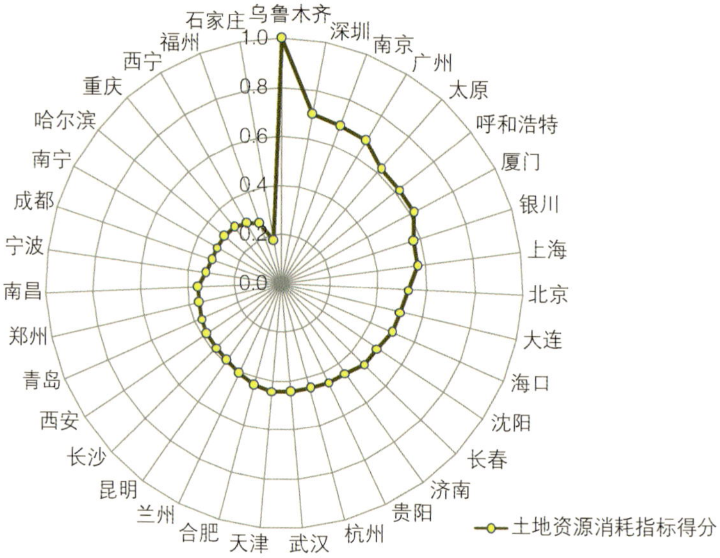

图 4-6　中国 35 个大中城市土地资源消耗分布玫瑰图

82 m² 和 80 m²，远高于 35 个城市的平均值 50.63 m²。

从土地资源消耗指标的差异程度来看，差异较为显著。其中，土地资源消耗指标最高的乌鲁木齐，人均建成区面积（116 m²）甚至是土地资源消耗指标最低的石家庄（21 m²）的将近 6 倍。

■ **能源消耗指标差异显著**

能源消耗指标最低的 10 个城市分别是西安、南宁、海口、南昌、长沙、哈尔滨、沈阳、杭州、长春和青岛（图 4-7）。这些城市的人均标准煤消耗基本在 2 t 以下，低于 35 个城市的平均值 4.34 t。尤其是西安，人均消费标准煤为 0.59 t，仅为中国 35 个大中城市平均水平的 14%。

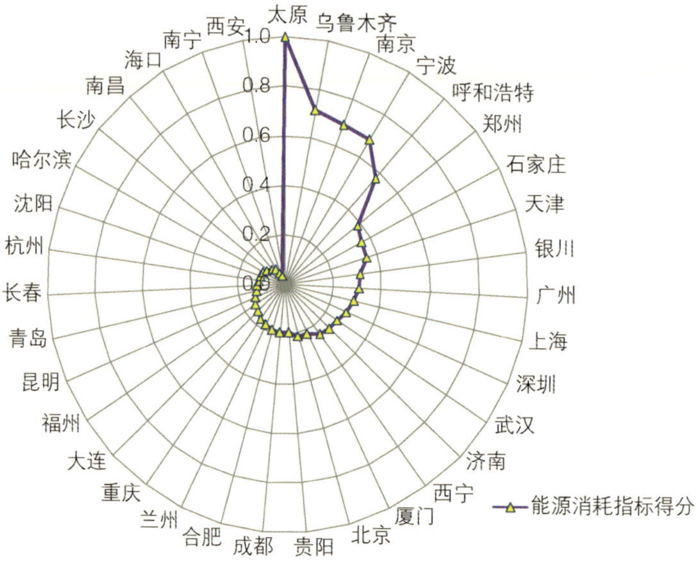

图 4-7　中国 35 个大中城市能源消耗分布玫瑰图

能源消耗指标最高的10个城市分别是太原、乌鲁木齐、南京、宁波、呼和浩特、郑州、石家庄、天津、银川和广州(图4-7)。这些城市的人均消费标准煤基本在5 t以上，其中太原、乌鲁木齐、南京、宁波、呼和浩特人均能耗消耗量远大于其他城市，人均消费标准煤量分别为16 t、12 t、11 t和9 t。

从能源消耗指标的差异程度来看，我国35个大中城市的能源消耗差异较为显著。能源消耗水平与城市主导产业及其能耗水平存在一定关联。例如，太原是中国重要工业基地之一，以能源、冶金、机械、化工为支柱产业，宁波临港重化工及能源基地的定位都使得这些城市能源消耗水平较高；相对而言，西安是丝绸之路经济带的经济、文化、商业中心，工业产业主要以高新技术产业和先进制造业为主，能耗水平相对较低。

4.3.2　污染排放分项指标排名及差异程度分析

(1) 污染排放指标排名

对中国35个大中城市的污染排放水平进行定量分析，得到各个城市水污染排放、空气污染排放、固体废物排放三个分项指标的测算结果与排名，详见表4-6。

表4-6　中国35个大中城市污染排放指数及分项指标排名

城市	污染排放指数		水污染排放指标		空气污染排放指标		固体废物排放指标	
	得分	排名	得分	排名	得分	排名	得分	排名
海口	0.248	1	0.379	9	0.010	1	0.354	20
长春	0.248	2	0.374	8	0.196	17	0.173	4
北京	0.254	3	0.300	4	0.083	6	0.378	21
成都	0.256	4	0.480	12	0.076	4	0.212	7
青岛	0.258	5	0.273	2	0.182	13	0.319	15
合肥	0.275	6	0.436	11	0.151	10	0.240	9
南昌	0.303	7	0.630	26	0.122	9	0.157	1
长沙	0.305	8	0.594	22	0.056	3	0.266	12
福州	0.306	9	0.539	19	0.188	14	0.192	5
石家庄	0.308	10	0.335	5	0.350	28	0.238	8
济南	0.310	11	0.373	7	0.258	22	0.298	14
厦门	0.311	12	0.592	21	0.080	5	0.261	11
南宁	0.317	13	0.693	31	0.096	8	0.163	2
郑州	0.319	14	0.351	6	0.272	25	0.333	18

续 表

城市	污染排放指数		水污染排放指标		空气污染排放指标		固体废物排放指标	
	得分	排名	得分	排名	得分	排名	得分	排名
哈尔滨	0.327	15	0.624	25	0.189	16	0.169	3
深圳	0.341	16	0.481	13	0.035	2	0.508	31
重庆	0.344	17	0.570	20	0.257	21	0.204	6
广州	0.354	18	0.639	28	0.091	7	0.332	17
昆明	0.359	19	0.191	1	0.259	23	0.626	33
贵阳	0.361	20	0.422	10	0.250	20	0.409	26
天津	0.362	21	0.525	16	0.320	26	0.240	10
杭州	0.367	22	0.497	14	0.165	11	0.438	27
沈阳	0.378	23	0.532	17	0.214	19	0.388	23
西安	0.385	24	0.605	23	0.165	12	0.385	22
武汉	0.392	25	0.644	29	0.189	15	0.344	19
上海	0.404	26	0.619	24	0.200	18	0.394	24
大连	0.442	27	0.716	33	0.334	27	0.276	13
南京	0.477	28	0.713	32	0.269	24	0.448	28
宁波	0.478	29	0.635	27	0.480	30	0.319	16
兰州	0.483	30	0.688	30	0.356	29	0.406	25
太原	0.560	31	0.288	3	0.519	32	0.873	35
西宁	0.601	32	0.822	34	0.515	31	0.468	29
呼和浩特	0.626	33	0.537	18	0.824	34	0.517	32
乌鲁木齐	0.640	34	0.523	15	0.653	33	0.746	34
银川	0.725	35	0.867	35	0.835	35	0.474	30

得分方面，35 个大中城市污染排放指数得分区间为 0.248～0.725，均值为 0.384。其中水污染排放指标得分区间为 0.191～0.867，均值为 0.528；空气污染排放指标得分区间为 0.010～0.835，均值为 0.264；固体废物排放指标得分区间为 0.157～0.873，均值为 0.359。

排名方面，城市污染排放指数最低的 10 个城市分别是海口、长春、北京、成都、青岛、合肥、南昌、长沙、福州、石家庄；排名 11～25 名的城市分别为济南、厦门、南宁、郑州、哈尔滨、深圳、重庆、广州、昆明、贵阳、天津、杭州、沈阳、西安、武汉；污染排放指数最高的 10 个城市分别是上海、大连、南京、宁波、兰州、太原、西宁、呼和浩特、乌鲁木齐、银川。

(2) 污染排放指数分项指标的差异程度分析

按污染排放指数排名的高低，以指数最高的城市为起点，分别顺时针绘制中国35个大中城市水污染排放指标、空气污染排放指标、固体废物排放指标的玫瑰图(图4－8、图4－9、图4－10)。从各城市污染排放三个分项指标的玫瑰图可见，中国35个大中城市的污染排放情况如下：

■ **水污染排放指标存在一定差异**

水污染排放指标最低的10个城市分别是昆明、青岛、太原、北京、石家庄、郑州、济南、长春、海口和贵阳(图4－8)。这些城市人均化学需氧量排放量基本在7.5 kg以内；人均氨氮排放量除海口为1.64 kg较高，基本在1 kg以下。其中昆明人均化学需氧量排放量和人均氨氮排放量两项都明显低于其他城市，分别是1.61 kg和0.77 kg，污染排放指标排名第一。反映出中央和地方政府高度重视下，滇池等水污染治理措施进一步落实，虽然污染治理过程漫长，但现阶段水污染排放总量已得到有效控制。

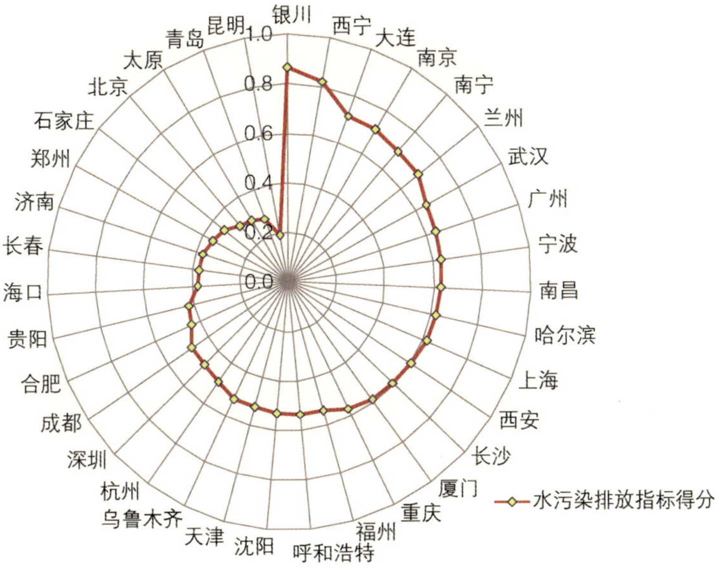

图4－8 中国35个大中城市水污染排放分布玫瑰图

水污染排放指数最高的10个城市分别是银川、西宁、大连、南京、南宁、兰州、武汉、广州、宁波和南昌(图4－8)。这些城市人均化学需氧量排放量基本都超过10 kg；人均氨氮排放量在1.36～2.88 kg之间。其中，西宁人均化学需氧量排放量高达14.2 kg，银川人均氨氮排放量高达2.88 kg，轻纺、冶金、化工行业带来的污染以及相应的污染治理设备措施不足是造成其水污染排放高的重要原因。

从水污染排放指标的差异程度来看，我国35个大中城市水污染排放呈渐变差异分布，70%以上的城市水污染排放指标都高于0.4。

■ **空气污染排放指标阶梯差异**

空气污染排放指标最低的10个城市分别是海口、深圳、长沙、成都、厦门、北京、广州、南宁、南昌和合肥(图4－9)。这些城市人均二氧化硫排放量和人均氮氧化物排放量均在10 kg以内。其中海口两项排放量都最低，分别是0.89 kg/人和0.25 kg/人，主要得益于其工业污染较小。

空气污染排放指标最高的 10 个城市分别是银川、呼和浩特、乌鲁木齐、太原、西宁、宁波、兰州、石家庄、大连、天津和郑州(图 4-9)。这些城市人均二氧化硫排放量和人均氮氧化物排放量均在 15 kg 以上。其中,银川和呼和浩特不仅两类污染物排放量均在 35 kg 以上,且其中一项还超过 50 kg,银川人均二氧化硫排放量和人均氮氧化物排放量分别为 55.13 kg 和 37.78 kg,呼和浩特分别为 35.74 kg 和 56.39 kg。

从空气污染排放指标差异程度来看,我国 35 个大中城市空气污染排放呈阶梯状分布。第一等级为银川、呼和浩特、乌鲁木齐、太原、西宁、宁波 6 个城市,其空气污染排放指标显著大于其他城市,在 0.4～0.85 区间内;第二等级为上海、沈阳、贵阳、重庆、济南、昆明、南京、郑州 8 个城市,空气污染排放指标在 0.2～0.3 之间;除此之外其他城市的空气污染排放指标均小于 0.2。

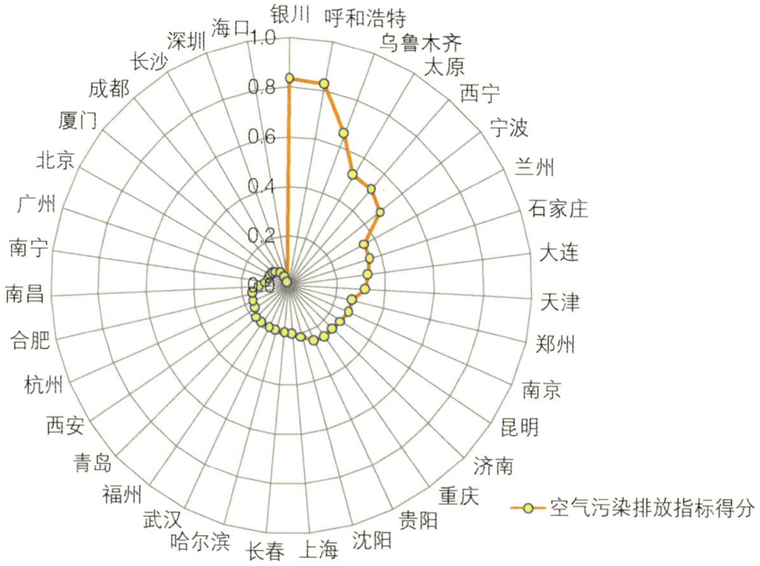

图 4-9 中国 35 个大中城市空气污染排放分布玫瑰图

■ **固体废物排放指标差异大**

固体废物排放指标最低的 10 个城市分别是南昌、南宁、哈尔滨、长春、福州、重庆、成都、石家庄、合肥和天津(图 4-10)。这 10 个城市固体废物排放指标值均小于 0.24,远低于 0.359 的均值。

固体废物排放指标最高的 10 个城市分别是太原、乌鲁木齐、昆明、呼和浩特、深圳、银川、西宁、南京、杭州和贵阳(图 4-10)。其中,太原人均工业固体废弃物产生量达到 6.53 t,是 35 个大中城市平均值的 4.5 倍。

从固体废物排放指标差异程度来看,我国 35 个大中城市固体废物排放差异显著。由于各城市人均生活垃圾清运量差异不大(0.11～0.46 t/人),故差异主要来自各城市在人均工业固体废弃物产生量上的差异(0.03～6.53 t/人)。工业固体废物主要来源包括采掘业产生的尾矿、煤矸石,电力、冶金行业产生的粉煤灰、炉渣等,因而此类行业占 GDP 比重较大城市工业固体废弃物产生量大也容易较大,例如太原就主要以煤炭开采、电力、钢铁为支柱产业的能源城市，固体废物排放指标达到0.873，位居第35位。

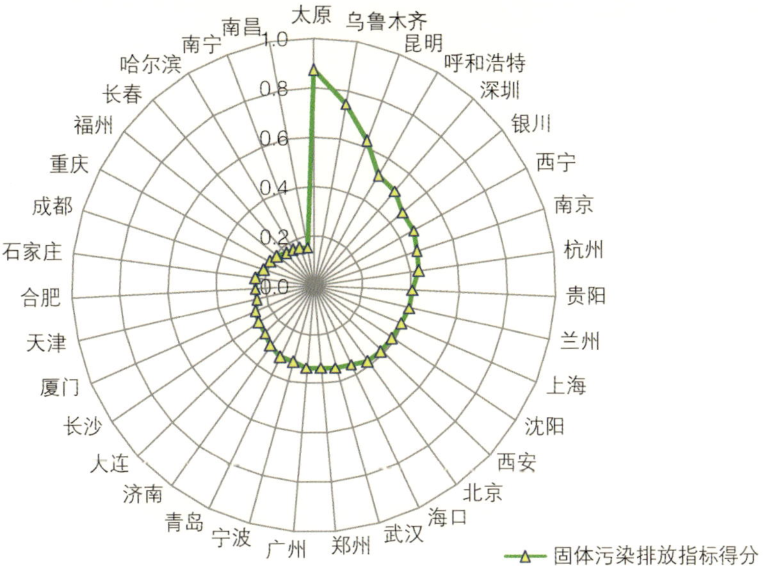

图4-10　中国35个大中城市固体污染排放分布玫瑰图

4.3.3　各城市分项指标玫瑰图分析

按生态投入排名的高低，采用玫瑰图的形式，以生态投入最高的乌鲁木齐为起点，顺时针绘制中国35个大中城市生态投入的资源消耗和污染排放分项指标得分的分布情况(图4-11)。

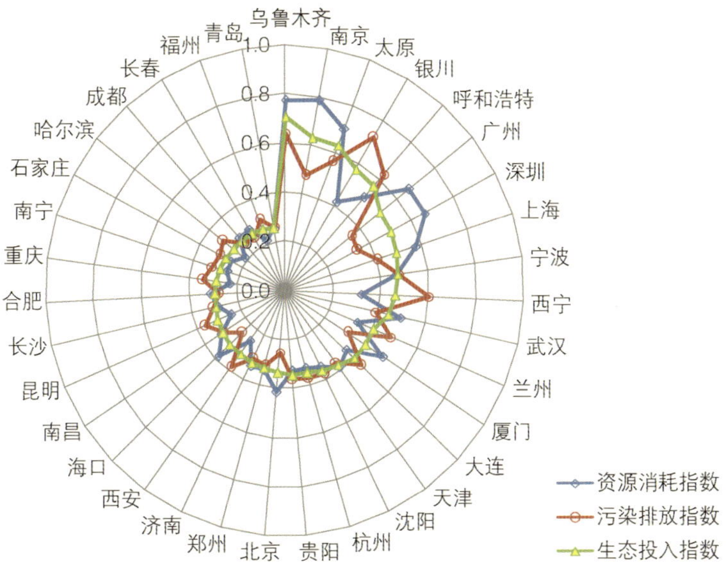

图4-11　中国35个大中城市资源消耗指数和污染排放指数分布玫瑰图

按资源消耗指数排名的高低，采用玫瑰图的形式，以资源消耗最高的南京为起点，顺时针绘制中国35个大中城市水资源消耗、土地资源消耗、能源消耗三个分项指标得分的分布情况(图4-12)。

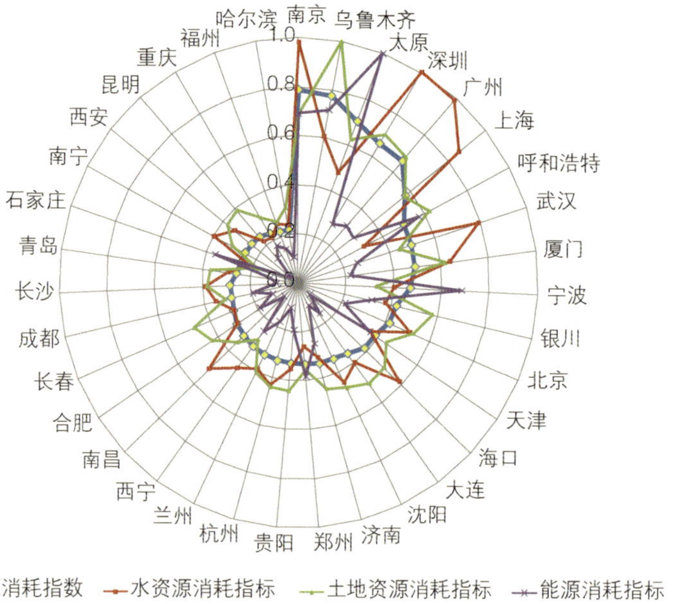

图4-12　中国35个大中城市资源消耗分项指标分布玫瑰图

按污染排放指数排名的高低，采用玫瑰图的形式，以污染排放最高的银川为起点，顺时针绘制中国35个大中城市水污染排放、空气污染排放、固体污染排放三个分项指标得分的分布情况(图4-13)。

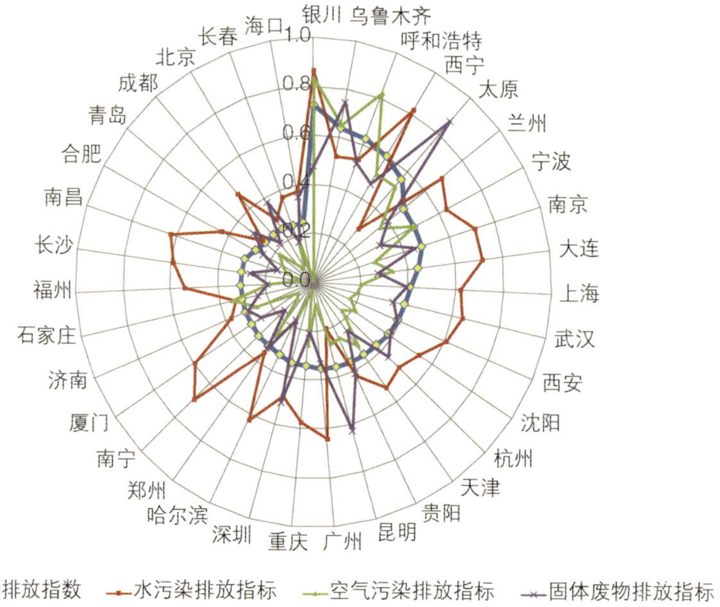

图4-13　中国35个大中城市污染排放分项指标分布玫瑰图

从以上各城市分项指标得分的玫瑰图可见，中国35个大中城市的生态投入主要有以下特征：

(1) 各城市生态投入均存在短板

本书从资源消耗和污染排放两个角度六个分项指数构建全面的生态投入评价指标体系。在水资源消耗、土地资源消耗、能源消耗、水污染排放、空气污染排放和固体废物排放六个分项的综合评价体系下，可以看到35个大中城市生态投入分项指标均存在短板。

一方面，如乌鲁木齐、南京、太原、银川等城市，多个分项指标在全国排名均靠后，生态投入问题突出。例如，乌鲁木齐生态投入指数排名第35位，水资源消耗、土地资源消耗、能源消耗、水污染排放、空气污染排放和固体废物排放六个分项，分别排名第29、35、34、15、33、34。其重化工产业结构不仅带来巨大资源消耗，而且由于这些产业大多依赖煤炭等传统能源，在能源消耗的同时还带来能源燃烧等造成的空气污染排放、固体废物排放问题。

另一方面，即使生态投入指数低、排名靠前的城市，也均有部分分项指标排名靠后。生态投入排名前十位的城市中，仅有青岛的资源消耗和污染排放六项指标单项均在各项指数的前15名以内，石家庄、哈尔滨、南宁等还有1～2个单项指标位于35个城市的倒数10名。以生态投入指数排名第6位的石家庄为例，石家庄的水资源消耗、土地资源消耗、水污染排放、固体废物排放指标分别排名第2、1、5和8位，而能源消耗和空气污染排放指标则排名第29和第28位。再例如，北京生态投入指数排名位居35个大中城市第17位，其水污染排放指标和空气污染排放指标分别位居第4和第6位，高于上海、广州、深圳等其他一线城市。近年北京严控大气污染、大力推进产业结构调整、加大对非法排污企业处罚力度，这些工作成绩突出，一定程度降低了北京的污染排放水平。但其水资源消耗、土地资源消耗、固体废物排放指标第26、26、21位的排名，则又指出了当前北京在资源节约、资源利用效率方面的不足。

可见，当前各城市可持续发展均存在不同程度、不同方面的压力。

(2) 城市间资源消耗与污染排放分项差异大

当前我国35个大中城市生态投入的短板受经济社会发展水平影响较大。从资源消耗和污染排放指数玫瑰图分析比较中，可以发现：一方面，深圳、广州、上海、北京四大一线城市以及南京、厦门等东部沿海经济发达城市资源消耗指数均显著大于污染排放指数0.1以上。反映出一线城市、东部主要大城市等资源消耗大，经济社会发展伴随着巨大的资源消耗并主要以资源消耗为代价，节约资源消耗问题突出。另一方面，重庆、西安、昆明、兰州、西宁、银川等二线及中西部相对欠发达地区城市污染排放指数则显著大于资源消耗指数0.1以上。说明该类城市经济发展过程中在污染排放方面是其主要的生态投入短板，污染治理的技术措施、管理制度方面的欠缺可能是当前降低生态投入的主要瓶颈，“减排”问题应引起高度重视。

5 中国35个大中城市人类发展指数排名与解读

1990年，联合国开发计划署（UNDP）创立了人类发展指数，即以“预期寿命、教育水准和生活质量”三项基础变量，按照一定的计算方法得出综合指标，计算世界各国的人类发展指数。所得出的指标在《人类发展报告》中发布，在指导发展中国家制定相应发展战略方面发挥极其重要的作用。本书基于中国发展水平较好的35个城市构建HDI指标体系、确定数据来源及处理方式，将成果与国际HDI发展水平等级作对比，能直观地感受中国大中城市相比于国际HDI水平的对比结果。本章主要针对中国35个大中城市的人类发展指数进行了研究，旨在通过从不同的划分视角及各分项指标来分析人类发展水平，以及在与国际水平的对比来衡量中国35个大中城市的人类发展水平。

5.1 中国35个大中城市人类发展指数排名

5.1.1 城市人类发展指数排名

根据前文提出的城市可持续发展的福利维度的指标——人类发展指数，从中国2012年城市统计年鉴、各地区统计年鉴中收集了北京、天津、石家庄、呼和浩特、太原、沈阳、长春、哈尔滨、上海、南京、杭州、宁波、合肥、福州、厦门、南昌、济南、青岛、郑州、武汉、长沙、广州、深圳、南宁、海口、重庆、成都、贵阳、昆明、西安、兰州、西宁、银川、乌鲁木齐和呼和浩特35个大中城市的人均预期寿命、人均受教育年限、人均GDP数据，并进行无量纲处理，采用三个指标的几何平均得到中国35个大中城市的人类发展指数排名及分项指标排名，结果详见表5-1。

从人类发展指数的测算结果来看，排名前5位的为北京、广州、上海、深圳四个一线城市以及大连。北京以人均受教育年限第1位及人均预期寿命第2的排名优势位列第1；广州以人均GDP与人均受教育年限均为第2位列人类发展指数排名第2；上海以人均预期寿命第1位的优势位列第3；深圳以人均GDP排名第1位列第4。

表5-1　中国35个大中城市的人类发展指数排名及分项指标排名

城市＼指标	人类发展指数		收入指标		预期寿命指标		教育指标	
	得分	排名	得分	排名	得分	排名	得分	排名
北京	0.847	1	0.765	8	0.971	2	0.819	1
广州	0.844	2	0.793	2	0.940	11	0.808	2
上海	0.839	3	0.762	10	0.988	1	0.784	5
深圳	0.832	4	0.814	1	0.925	14	0.766	7
大连	0.831	5	0.788	3	0.968	3	0.751	12
天津	0.828	6	0.774	4	0.968	3	0.758	10
厦门	0.828	6	0.748	15	0.944	10	0.803	3
杭州	0.822	8	0.768	6	0.965	5	0.750	13
沈阳	0.817	9	0.753	13	0.914	19	0.792	4
长沙	0.813	10	0.769	5	0.914	19	0.765	8
武汉	0.812	11	0.751	14	0.938	12	0.759	9
青岛	0.809	12	0.757	12	0.961	6	0.727	18
南京	0.808	13	0.767	7	0.953	9	0.721	21
宁波	0.807	14	0.763	9	0.955	8	0.721	20
太原	0.799	15	0.697	25	0.956	7	0.766	6
济南	0.797	16	0.732	16	0.921	16	0.752	11
长春	0.780	17	0.708	20	0.932	13	0.719	23
成都	0.776	18	0.705	22	0.917	18	0.722	19
合肥	0.773	19	0.699	24	0.920	17	0.719	22
呼和浩特	0.771	20	0.760	11	0.823	35	0.731	16
南昌	0.769	21	0.708	19	0.894	22	0.718	24
郑州	0.768	22	0.716	17	0.867	31	0.730	17
乌鲁木齐	0.767	23	0.710	18	0.854	33	0.744	14
福州	0.765	24	0.707	21	0.882	26	0.716	26
银川	0.762	25	0.703	23	0.882	27	0.715	27
西安	0.755	26	0.688	26	0.884	24	0.709	30
昆明	0.754	27	0.674	27	0.903	21	0.705	31
兰州	0.754	28	0.664	30	0.871	29	0.742	15

续 表

城市 \ 指标	人类发展指数		收入指标		预期寿命指标		教育指标	
	得分	排名	得分	排名	得分	排名	得分	排名
海口	0.754	29	0.648	32	0.922	15	0.717	25
哈尔滨	0.750	30	0.672	28	0.883	25	0.710	29
南宁	0.739	31	0.634	35	0.891	23	0.713	28
石家庄	0.733	32	0.665	29	0.843	34	0.701	32
贵阳	0.728	33	0.647	33	0.868	30	0.686	33
西宁	0.723	34	0.646	34	0.862	32	0.678	34
重庆	0.714	35	0.649	31	0.881	28	0.635	35

从人类发展指数的测算结果来看，排名前5位的为北京、广州、上海、深圳四个一线城市以及大连。北京以人均受教育年限第1位及人均预期寿命第2的排名优势位列第1；广州以人均GDP与人均受教育年限均为第2位列人类发展指数排名第2；上海以人均预期寿命第1位的优势位列第3；深圳以人均GDP排名第1位列第4。

人类发展指数与教育指标的排名相较其他两项更具有一致性，与收入指标的差异相对较大。此次将算术平均数改为几何平均数用来计算人类发展指数，其受极端值的影响较小，更加客观反映实际情况。

在表5-1中可以看出，最高人均GDP归属于深圳为123 247元/人，最低为南宁市35 133元/人，差距高达88 114元，人均GDP最高水平是最低水平的3.5倍之多。在我国的快速发展时期，从全国35个大中城市对比中可以看出，即使是对比全国较大的城市，城市间收入水平也呈现出不平衡的状态，存在着较大差距；人均预期寿命以最大值归属上海82.41年，最低为呼和浩特72年，最高最低差距为达10年，人均预期寿命主要由体质、遗传因素、生活条件等决定，全国的人均预期寿命均处于较高水平，但从排名中可看出，经济发展水平较高的城市人均预期寿命也较高，发达程度较低的偏远地区预期人均寿命也相应偏低，发达地区由于生活条件相对优越，且医疗条件完善，人均寿命相较其他城市更长；人均受教育年限中最大值归属北京市11.5年，最低为重庆市7.89年，最高最低差距为3.61年，重庆和宁波的数据甚至未达到九年义务教育的年限，除开统计因素，中国35个大中城市的人均受教育年限差异较明显，从数据中可以见得，经济发达地区人均受教育年限相对较高，同时城市所处的区域环境也有一定影响。

5.1.2 城市人类发展水平分级

为了更好地看出城市间人类发展水平级别，本书对中国35个大中城市的人类发展指数按照“组内差异小，组间差异大”的得分差值程度大小进行分级，一共分为4个级别，各个级别间的差异程度较大，其中第Ⅰ级别末位与第Ⅱ级别首位相差0.006、第Ⅱ级别末位与第Ⅲ级别首位相差0.017、第Ⅲ级别末位与第Ⅳ级别首位相差0.011，详见表5-2。

表5-2 中国35个大中城市人类发展水平分级情况

人类发展等级	城市	人类发展指数	指数排名	平均水平	城市个数
第Ⅰ级别	北京	0.847	1	0.836	7
	广州	0.844	2		
	上海	0.839	3		
	深圳	0.832	4		
	大连	0.831	5		
	天津	0.828	6		
	厦门	0.828	7		
第Ⅱ级别	杭州	0.822	8	0.809	9
	沈阳	0.817	9		
	长沙	0.813	10		
	武汉	0.812	11		
	青岛	0.809	12		
	南京	0.808	13		
	宁波	0.807	14		
	太原	0.799	15		
	济南	0.797	16		
第Ⅲ级别	长春	0.780	17	0.764	14
	成都	0.776	18		
	合肥	0.773	19		
	呼和浩特	0.771	20		
	南昌	0.769	21		
	郑州	0.768	22		
	乌鲁木齐	0.767	23		
	福州	0.765	24		
	银川	0.762	25		
	西安	0.755	26		
	昆明	0.754	27		
	兰州	0.754	27		

续　表

人类发展等级	城市	人类发展指数	指数排名	平均水平	城市个数
第Ⅲ级别	海口	0.754	27	0.764	14
	哈尔滨	0.750	30		
第Ⅳ级别	南宁	0.739	31	0.727	5
	石家庄	0.733	32		
	贵阳	0.728	33		
	西宁	0.723	34		
	重庆	0.714	35		

从表5-2的级别划分情况可以看出：

（1）排名前三的北京、广州、上海保持绝对优势，排名第4到第7的深圳、大连、天津和厦门略低于前三位，处于人类发展指数较高水平的第Ⅰ级别。第Ⅰ级别共7个城市，人类发展指数在0.828～0.847之间，组内存在一定差值，均值为0.836。

（2）位列第8到第16位的杭州、沈阳、长沙、武汉、青岛、南京、宁波、太原和济南9个城市，较第Ⅰ级别有一定差距，但组内差距较小，人类发展指数在0.797～0.822之间，均值为0.809，为第Ⅱ级别。

（3）位列第17到第30位的长春、成都、合肥、呼和浩特、南昌、郑州、乌鲁木齐、福州、银川、西安、昆明、兰州、海口、哈尔滨14个城市，人类发展指数在0.750～0.780之间，均值为0.764，为第Ⅲ级别。

（4）余下的五个城市：南宁、石家庄、贵阳、西宁、重庆的人类发展指数在0.700～0.739之间，均值较低为0.727，为第Ⅳ级别。

从图5-1中直观的可以看出，中国35个大中城市的人类发展水平总体较高，排名中，

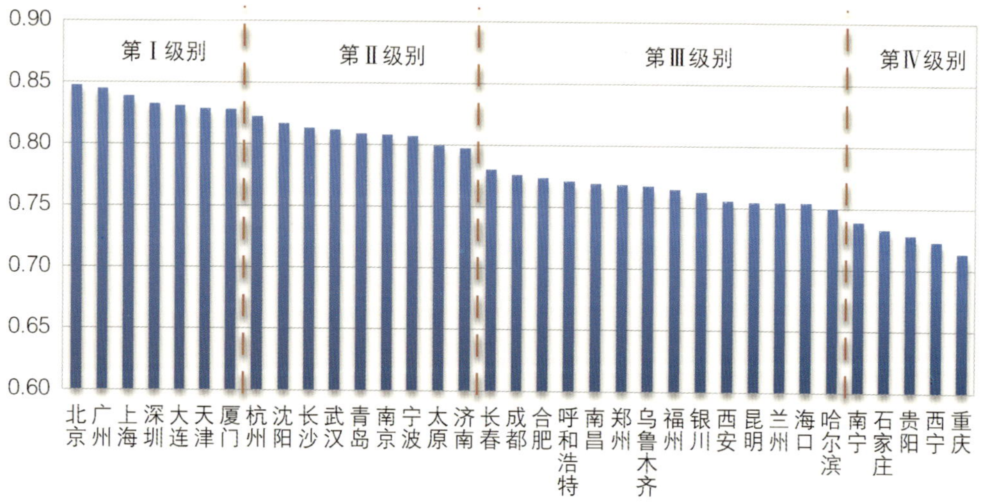

图5-1　中国35个大中城市人类发展水平分级

各级别城市的人类发展水平更是呈平缓坡度下降。不过虽然排名相邻的城市之间差距较小，但是对比位于不同级别城市的人类发展水平，其差距显而易见，因此35个大中城市的HDI差距也是可见一斑，若后3个组别的城市以第Ⅰ级别城市的人类发展水平作为标杆，仍有很大的提升空间。

5.2　中国35个大中城市人类发展指数区域分析

5.2.1　基于东中西部划分视角

为便于分析，将35个城市的按照传统东中西部划分(同本书第四章)，得到城市分类具体如下：东部一共17座城市，包括北京、天津、石家庄、沈阳、大连、上海、南京、杭州、宁波、福州、厦门、济南、青岛、广州、深圳、南宁、海口；中部9座，包括太原、呼和浩特、长春、哈尔滨、合肥、南昌、郑州、武汉、长沙；西部9座城市，包括重庆、成都、贵阳、昆明、西安、兰州、银川、西宁、乌鲁木齐。

将中国35个大中城市人类发展指数排名按照上述区域归类，按5座城市的刻度划分，得到东中西部城市排名分布的累计图，包括排名个数累积和排名比例累计，如图5－2所示。

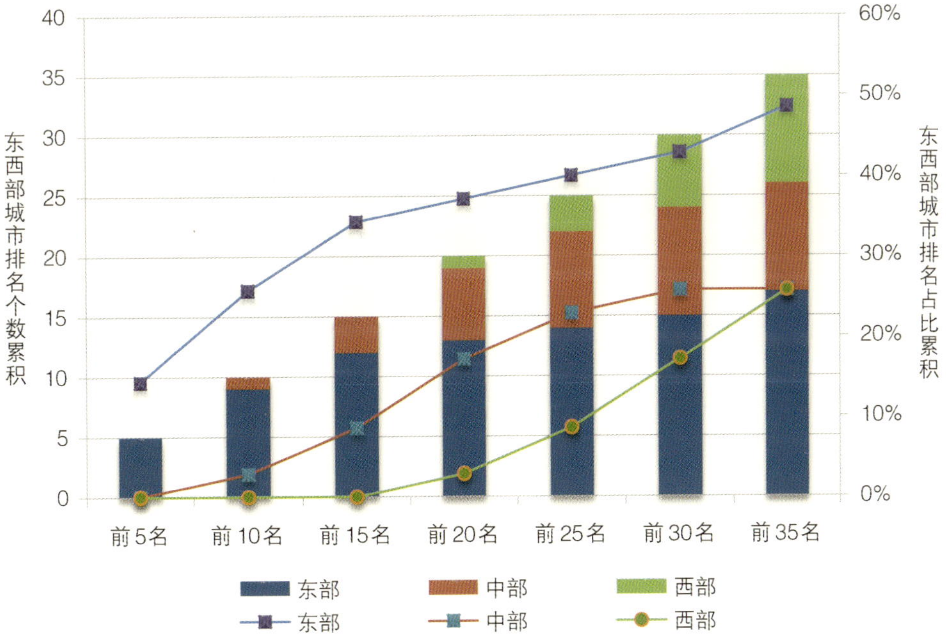

图5－2　东中西部城市人类发展指数排名分布的累计图

从城市排名个数的累计来看，前五强完全被东部城市占据，前十强东部城市占领9席，唯一中部城市长沙位列第10；前十五强中，东部城市占12席，中部城市增加两个席位，分别是排名11的武汉和排名15的太原，共占三席。西部城市没有入列前十五强，排名最靠前的西部城市是成都，位列第18。中部城市和西部城市集中排名17～35位。

从排名比例累计来看,在中国35个大中城市人类发展指数的排名中,东部17个城市,70%分布在前15名,人类发展指数整体排名靠前,但不乏靠后的城市,主要是济南位列16、福州为例第24、海口位列第29、南宁位列第31、石家庄位列第32;中部城市分布比较均匀,12个城市每5个刻度约1~2座,排名最后的三座城市为南昌位列第21、郑州位列第22、哈尔滨第30,说明中部城市内部差异较大;西部城市整体排名靠后,8座城市集中排名在20~35位间。

综上,我国东中西人类发展水平极度不均衡,东部城市与中西部已经拉开较大优势,排名遥遥领先。西部则整体水平落后;同时东、中部城市人类发展水平在区域内部之间差异显著。

5.2.2 基于经济区划视角

考虑到35城市所在地区之间的经济发展水平的巨大差异,为进一步分析中国35个大中城市人类发展指数的区域特征,报告结合地理和经济条件将中国内地划分为:华东地区、华南地区、华中地区、华北地区、西北地区、西南地区、东北地区等7大区域,并将35个城市分别归入到这些区域中,详见表4-3。排名前列的城市按照上述标准归类——以前十强和前二十强为例(如图5-3和图5-4)。华东地区的城市表现非常突出,不管是前十强还是前二十前都占到了40%的席位,前十强中入围有上海、南京、厦门、杭州,分别位列第4位、第6位、第7位、第8位;前二十强中入围还有济南、青岛、宁波、合肥,分别位列第13位、第15位、第18位、第19位。

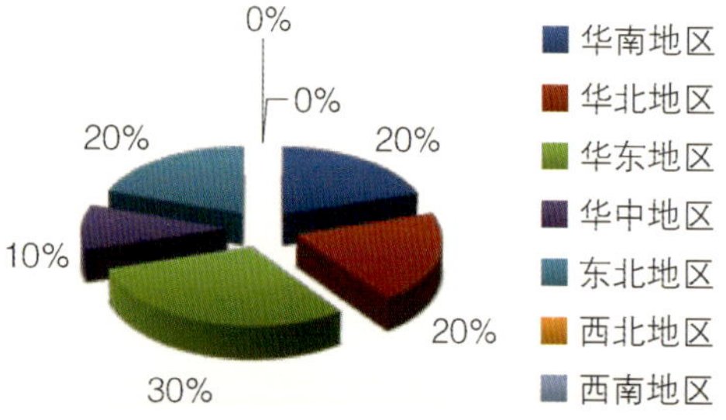

图5-3 前十强城市区域分布图

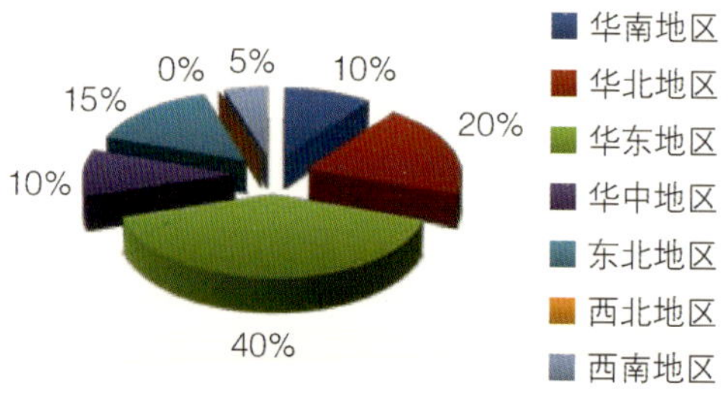

图5-4 前二十强城市区域分布图

华南地区的广州和深圳的人类发展指数排名位列第1位和第3位,但仅有这两个城市入围前10/20强,海口和南宁位列第29位和第31位,区域内部差距非常大;华中地区湖南、湖北的经济较好,排名最好的为位列第10的长沙,其次是位列第11的武汉;东北地区作为老工业基地,发展水平相较去年有所上升,大连排位上升至第5位,沈阳也进入十强排位第9,另外长春也有所上升位列第17位;西南地区排名最靠前的程度也仅位列18,属于35个大中城市的中下水平,西北地区排名最靠前的为第23名的乌鲁木齐,其余的西南地区、西北地区的城市均处于排名最末的十位之中,西南的重庆甚至位列最末。西南地区和西北地区开发程度较低,经济发展水平差,这对人类发展指数的三个指标影响都较为明显。

将城市人类发展指数按经济区划分类,呈现了"华东遥遥领先、华南华中内部差异巨大、东北稳中有进、西南西北落后"的总体格局。形成此格局的原因主要有三:首先,华东地区区域经济普遍较好，发育成型的大中城市数量较多，占据席位多且位次靠前；其次，除了华东地区之外的其他区域的城市数量比较均衡，华南地区在改革开放后经济地位迅速得到巩固，深圳、广州人类发展指数很好，但是位于华南的西部城市南宁和南部城市海口的地区经济发展没有迅速跟上，内部差距越拉越大；西北、西南地区地处偏远边疆，人口数量多、经济开发水平低、民族宗教问题复杂、地形限制突出等问题造成这些区域的人类发展指数排名靠后。

5.3 中国35个大中城市人类发展分项指标分析

5.3.1 各分项指标排名及差异程度分析

(1) 城市间收入和生活水平差距显著

人均GDP比较客观地反映了国家社会的经济发展水平和发展程度。人均GDP虽然不能直接等同于居民的人均收入和生活水平，但构成了一国居民人均收入和生活水平的主要物质基础，是提高居民人均收入水平、生活水平的重要参照指标。图5-5的柱状图显示了各个城市的人均GDP水平。

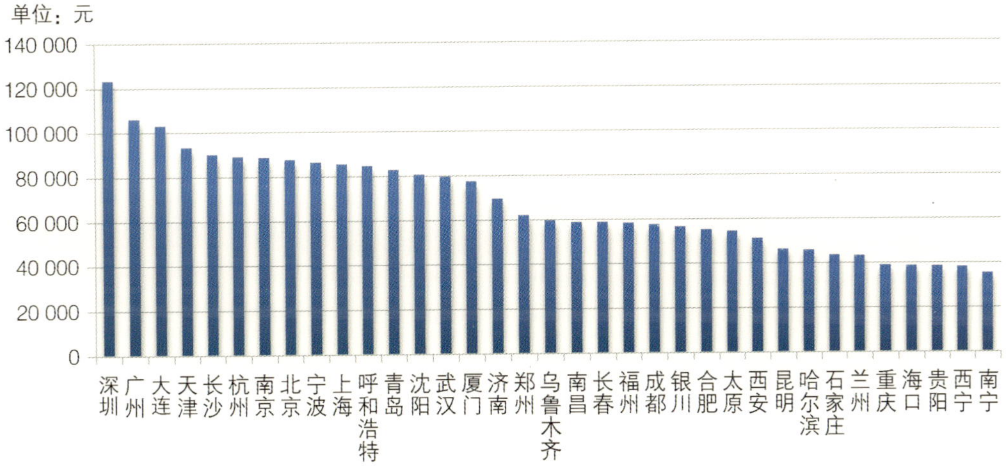

图5-5 中国35个大中城市人均GDP水平状况

从人均GDP单项指标来看，各城市人均GDP差距明显，总体呈现一线城市与经济特区城市人均收入水平较高、二三线城市人均收入水平较低，地域差异明显。按年平均汇率1美元=6.31元人民币计算，2012年中国共有27个省份的人均GDP超过4 000美元大关，深圳以人均GDP123 247元的绝对优势排第1，也位列人类发展指数第1，GDP排名中广州、大连、天津、长沙紧随其后。深圳、广州、大连、天津、长沙、杭州、南京、北京、宁波、上海、呼和浩特、青岛、沈阳13个城市的人均GDP均已超过8万元人民币，折合1.2万美元，接近富裕国家水平。

城市间差距以高差迅速拉开。位居第1的深圳人均GDP比其后的广州的多17 338元；排名第16和17的济南和郑州分别比排名15和16的厦门和济南少7 948元和7 930元；排名 27 的昆明较排名 26 的西安少 4 910 元；最末位南宁市人均 GDP 仅为 35 133 元，与倒数第二位的西宁相差 2 901 元、比深圳人均 GDP 少 88 114 元。

从地区差异来看，东中西部之间的经济水平差距极大。东部 17 城市人均 GDP 达到 79 261 元，最高的城市当属深圳 123 247 元；中部 9 个城市的人均 GDP 为 65 422 元，最高的为武汉 79 482 元；西部 9 个城市的人均 GDP 为 47 753.3 元，最高的为乌鲁木齐 59 654 元。

持续的资本投入是支撑城市经济长期增长的重要条件，也是提高当地居民收入的重要条件，是解释城市人均 GDP 差异的决定性因素；城市产业结构之间的差异是造成城市人均产出水平差异的重要原因。① 东部城市历史经济基础好、人才聚集、普遍借助区位优势和改革开放第一波经济热潮，并承接台湾、香港等地的产业转移迅速发展壮大，经过二三十年的发展，调整产业结构，大力发展经济附加值高度高的第三产业，形成目前人均 GDP 较高的局面。

（2）城市间国民健康水平差距大

人口学上所称的人均预期寿命，指的是现时预期寿命，即按照当前死亡率预测。从图 5-6 中可以看出，中国 35 个大中城市的人均预期寿命差异较小。经测算，中国 35 个大中城市人均预期寿命的平均达 77.71 岁，高于全国的人均预期寿命（约 74 岁）。② 排名前五的城市为上海、北京、大连、天津、杭州，其中上海的人均预期寿命为 81 岁。排名倒数前三的分别为呼和浩特市、石家庄和乌鲁木齐市，人均预期寿命分别为 72 岁、73.3 岁、74 岁。

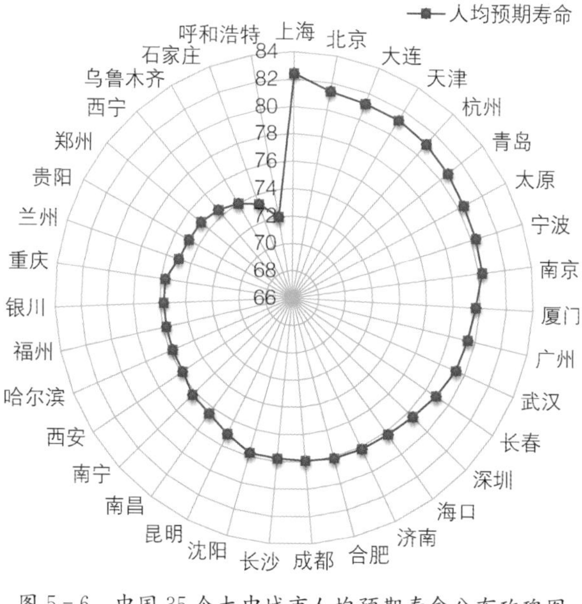

图 5-6　中国 35 个大中城市人均预期寿命分布玫瑰图

影响死亡率主要原因是遗传因素、社会稳定、经济社会发展、医疗卫生服务水平、人的行为及社会环境，其中人均 GDP 与人均预期寿命高度相关③，医疗卫生服务水平、人的行为及社会环境对死亡率影响较大，发达地区医疗水平更高，且人们更注重生活品质，相比之下，更

① 贾娜，周一星. 中国城市人均 GDP 差异影响因素的分析[J]. 区域发展，2006(08).

② 中华人民共和国国务院新闻办公室. 国家人权行动计划(2012—2015)，2012 年 6 月 11 日.

③ 徐鑫. 对中国人均寿命影响因素的信息加权集结的计量分析[J]. 统计与信息论坛，2011(07).

高的生活水平以及更发达的医疗保障使得发达地区的人均寿命更高一筹。[1] 根据卫生部报告，全球化、工业化、城镇化、老龄化等因素，使食品药品、饮水、职业等安全问题、吸烟等不健康的生活方式、环境污染的加剧，以及成为重大健康危险因素，对国民健康都构成威胁。[2] 同时，卫生体制方面的医疗卫生服务和公共卫生政策与实际需求之间仍存在较大差距，卫生资源总量仍然不足，结构不合理，卫生服务的公平性和可及性仍然较差，在这个大背景下，我国又面临地域差异、人群个体特征差异，使得我国的各地区人民的健康水平呈现出差距极大的结果。

（3）人均受教育年限差异不明显

经测算，2012年中国35个大中城市人均受教育年限的平均水平约为13.31年。从图5-7中可以看出，各城市的人均受教育年限的差异较小。

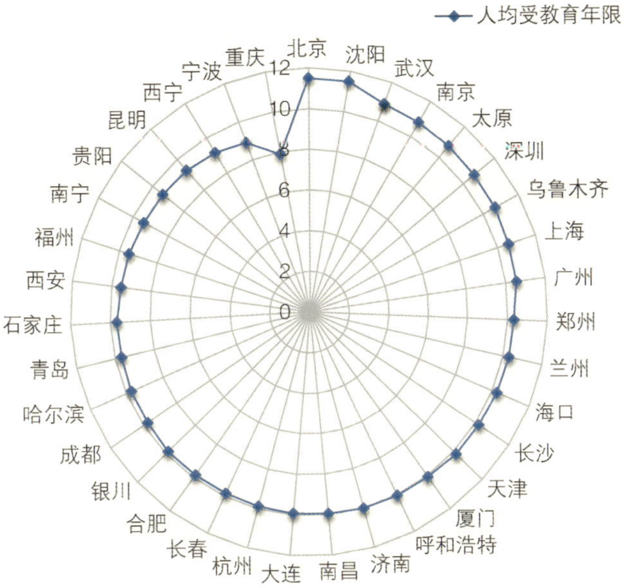

图5-7　中国35个大中城市人均受教育年限分布玫瑰图

中国社会科学院2009年9月8日发布的《人口与劳动绿皮书》指出九年义务教育普及率达到95%以上，青壮年文盲率下降到5%以下，高等教育毛入学率达到21%。但与美国、日本等发达国家相比，我国劳动年龄人口人均受教育年限[3]远远低于发达国家。2005年，美国该指标为13.63年，日本为12.9年，比我国高出5年左右。

影响人均受教育年限的主要因素有：人口因素、经济因素、经费因素、师资因素、城乡差异和性别差异等。[4] 图5-7的导致城市人均受教育年限低的原因，具体来说有以下几点：

第一，接受高中以上教育的人口比重低。要使人均受教育年限提高，在普及九年义务教育的基础上，大力发展高中以上教育。

其次是教育资源分布不均。在堪称中国当今最优质高等教育资源的44所“985工程”院

---

① 乔轶娟. 中国人均寿命影响因素计量分析[J]. 合作经济与科技，2009(11).

② 中华人民共和国卫生部. “健康中国2020”战略研究报告，2012年8月17日.

③ 指20～59岁人口群体中人均接受学历教育（不包括各种非学历培训）的年数。

④ 马玲玲，许德刚. 影响我国各地人均受教育年限水平的因素分析[J]. 中央民族大学学报（自然科学版），2009(11).

校中，位于东部地区的有 31 所，位于中部地区的有 6 所，位于西部地区的有 7 所。在 122 所“211 工程”院校中，位于东部地区的有 76 所，位于中部地区的有 17 所，位于西部地区的有 29 所。这与东部城市的排名靠前有直接联系。从总体上看，东部地区的优质高等教育资源最为集中，西部地区次之，而中部地区的优质高等教育资源最少。就数量而言，中部地区的优质高等教育资源明显落后于东部地区，和西部地区相比也存在一定的差距。从各个大区来看，北京是全国和华北地区受教育水平最高的城市，武汉是整个中西部地区受教育水平最高的城市，南京是长三角乃至中国南方受教育水平最高的城市。这些城市均为高等院校的集聚中心。

第三，城市发展水平与高学历人口集聚的马太效应明显。人均受教育年限排名靠前的城市多为高教中心城市或省会城市，排名前五的城市为北京、沈阳、武汉、南京、太原，其中北京人均受教育年限为 11.50 年。以北京为例，北京云集了近百所高校，教育资源尤其丰富，人才在京求学后一般选择留下发展，人均受教育年限较长，同时凸显出了北京作为政治、文化中心的定位。

值得关注的是太原以 10.76 年排名第 5、乌鲁木齐以 10.68 年排名第 6、郑州以 10.32 年排名第 10、兰州以 10.31 年排名第 11。这三个城市的发展水平在 35 个大中城市中并不突出，但人均教育年限均位列前茅，太原与乌鲁木齐较为突出。以下以太原和乌鲁木齐为例，分别分析二者的排名情况。

以太原为例，截至 2013 年的统计数据，太原所在的山西省常住人口为 3 753 万人，平均预期寿命达到 74.92 岁，人均受教育年限达到 9.16 年。从第六次人口普查的数据中看全省常住人口，具有大学（指大专以上）程度的人口为 311.4 万人；具有高中（含中专）程度的人口为 561.9 万人；具有初中程度的人口为 1 611.5 万人；具有小学文化程度的人口为 780.5 万人，这些人包括各类学校的毕业生、肄业生和在校生。同 2000 年相比，每 10 万人中具有大学程度的由 3 422 人上升为 8 721 人；具有高中程度的由 11 587 人上升为 15 733 人；具有初中程度的由 38 921 人上升为 45 126 人，人均受教育年限居中西部前列。可见山西省通过学前教育、初等教育、中等教育和高等教育形成层次合理、结构优化的国民教育体系提高了全省的教育水平，因此太原作为山西省的省会城市，人均教育年限较高是可以理解的。

其次，以乌鲁木齐为例，造成其排名较为靠前的部分原因为技术性统计因素。由于第六次人口普查将包括代管县市及农村人口在内的整个省级或地级行政区作为一个整体统计，所以城市受教育水平在技术层面上直接受到代管县市和农村人口的影响。乌鲁木齐由于代管农村人口较少（2013 年乌鲁木齐常住人口 346 万）的技术方面因素，排名超过上海、西安等传统高教科研中心和人才聚集地，具有类似情况的还包括兰州、呼和浩特等城市。因此，乌鲁木齐等城市受教育水平高居前列既有市区人群的受教育水平本身比较高的结构性因素，也有代管县市较少的技术性因素，其排名并不完全代表该城市受教育水平在全国城市中的排名位置。

重庆以 7.89 年排名末位，主要原因是 2013 年末重庆市辖区常住人口 2 970 万人，覆盖重庆市辖区，人口基数大，人均受教育年限较低。

5.3.2 各城市分项指标玫瑰图分析

按人类发展指数排名的高低，采用玫瑰图以排名第 1 的北京为起点，顺时针分布，清晰地给出中国35个大中城市人类发展指数分项指标的得分分布情况(图5-8)以及分项指标的排名分布情况(图5-9)。从图5-8中可以看出,中国35个大中城市的人类发展指标的排名受人均GDP的影响程度大,人均预期寿命和人均受教育年限影响程度较低,HDI的排名情况与收入水平指数排名趋于一致。以下将从三个分项指标之间的关系进行解读。

(1) 健康水平与收入水平趋势一致性高

从图5-8中可以看出,根据收入与健康水平的排名有一定相关性。总体而言,大多数

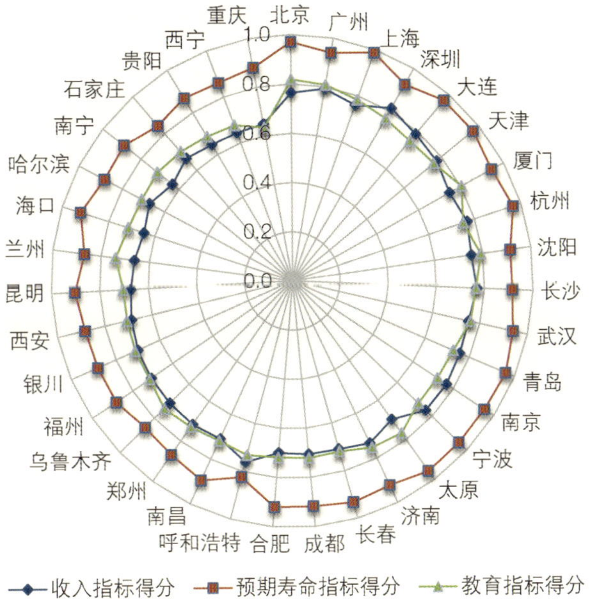

图5-8 中国35个大中城市人类发展指数分项指标分布玫瑰图

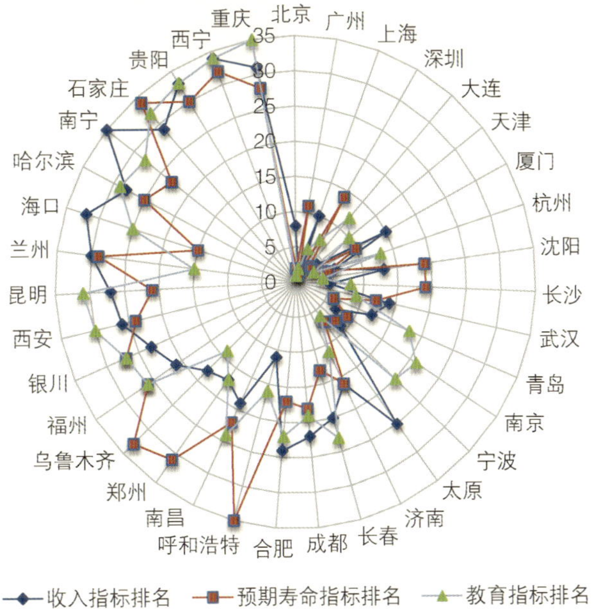

图5-9 中国35个大中城市人类发展指数分项指标排名分布玫瑰图

城市收入水平排名与健康水平排名具有一致性，排名相错在±5名的城市有20座。大连、天津、杭州、南京、宁波六个城市不仅收入水平排名靠前，同时健康水平排名协同一致，主要是由于城市的经济发展水平与发展程度较高，同时医疗服务水平较高、个人对健康关注度高且生活环境较好。

深圳、广州、长沙、呼和浩特、沈阳五个城市的收入水平排名较靠前，但对比健康水平排名分别落后13名、9名、14名、24名以及6名。这体现出：

第一，城市环境对人的身体健康有极大的影响。根据中国环境监测总站发布的全国重点城市空气质量状况，乌鲁木齐与呼和浩特的城市空气质量较差，污染指数较高，主要是可吸入颗粒物。

第二，医疗卫生服务水平一定程度上导致了死亡率较高。目前我国东中部，特别是上海、北京、武汉集中了更多资质顶尖的医院，也集聚了诸多医科大学和医学专家，而深圳作为新兴城市，三甲医院数量不多，乌鲁木齐和呼和浩特在医疗服务水平略差。

第三，经济快速发展的过程中，都市人群因工作过度劳累或是生活饮食不规律不合理等行为，导致死亡率上升。

青岛、宁波、厦门、成都、昆明、石家庄等城市的健康水平排名较收入水平排名更好。这些城市的共性特征是：作为长江中游城市群、长三角城市群、成渝经济圈的区域功能性中心城市，经济发展水平较好，城市基础设施和配套设施较完善，城市环境建设口碑好，整体环境舒适，即使收入水平不是最高，但人的身体状况、精神状况良好。

（2）教育水平与收入水平趋势一致性高

从图5-8中可以看出，大部分城市人均受教育年限的排名与人均GDP也较具有一致性，排名相错在±5名的城市有21座。

深圳、大连、天津的收入水平排名较好，但人均受教育年限的排名差，一方面是这些城市的教育资源相比北京、上海等资源聚集地略差，另一方面是这些城市在长三角、京津唐的辐射范围内，上一级城市对其人才吸引力强，同时吸引到的下一级城市、乡镇人员的人均受教育年限较短。

北京、沈阳、厦门、太原、兰州、南宁的人均GDP与人均受教育年限的排名差异较大。一方面是北京、沈阳、厦门的教育资源充分，本地居民教育普及程度较高；另一方面由于太原、兰州、南宁三个省会城市往往相比其他地区拥有更好的福利和社会保障环境，除了因为更好的发展机会迁往更大城市或国外，绝大多数贫困阶层和低教育水平居民多会选择留在当地，维持了这些城市的人均受教育年限较高的局面。

5.4 中国35个大中城市人类发展指数国际比较

联合国开发计划署于2011年11月在哥本哈根发布了题为《可持续性与平等：共享美好未来》的报告，其中对187个国家的2011年度数据进行人类发展指数的测算，将人类发展指数按分值和地区进行组别划分，详见表5-2与表5-3。

国际人类发展指数平均值为0.682，中国人类发展指数为0.687，排名101名。从表5-3中可以看出，中国人类发展指数值略高于国际平均值，属于中等人类发展水平。

表 5-3 UNDP 2011 人类发展指标组值分布表(按发展水平)

组别[①]	HDI 值	值范围	国家名次范围
极高人类发展水平	0.889	0.943~0.793	1 挪威—47 巴巴多斯
高人类发展水平	0.741	0.783~0.698	48 乌拉圭—94 突尼斯
中等人类发展水平	0.630	0.698~0.522	95 约旦—141 不丹
低人类发展水平	0.456	0.510~0.268	142 所罗门群岛—187 刚果民主国和国

资料来源:来自 UNDP 2011 人类发展报告:《可持续性与平等:共享美好未来》。

同时联合国的报告按地区进行分值组别的划分结果见表 5-4,欧洲和中亚的人类发展水平最高,为 0.751;撒哈拉以南非洲最低,为 0.463;东亚和太平洋地区的人类发展水平为 0.671,可见中国的中等人类发展水平 0.687 也略高于该地区的平均水平。

表 5-4 UNDP 2011 人类发展指标组值分布表(按地区)

地区	HDI 值	地区	HDI 值	地区	HDI 值
阿拉伯国家	0.641	欧洲和中亚	0.751	南亚	0.548
东亚和太平洋地区	0.671	拉丁美洲和加勒比地区	0.731	撒哈拉以南非洲	0.463

资料来源:来自 UNDP 2011 人类发展报告:《可持续性与平等:共享美好未来》

由于城市可持续发展评估 HDI 的指标体系、数据来源及处理方式,与联合国开发计划署公布的 HDI 不尽一致,中国 35 个大中城市人类发展指数平均值为 0.785,国际人类发展指数平均值为 0.682,二者虽有一定差距,但中国 35 个大中城市是中国发展水平较好的城市代表,可以接受中国 35 个大中城市人类发展指数值高的结果。因此认为可以将中国 35 个大中城市的 HDI 值范围与国际 HDI 发展水平的值范围作比较,直观感受中国大中城市相比于国际 HDI 水平等级的对比结果,详见表 5-5。

表 5-5 中国 35 个大中城市 HDI 与国际 HDI 对比

人类发展水平	国际 HDI 平均值及值范围	城市	城市 HDI 平均值及值范围	个数
极高	0.889 (0.943~0.793)	北京、广州、上海、深圳、大连、天津、厦门、杭州、沈阳、长沙、武汉、青岛、南京、宁波、太原、济南	0.821 (0.847~0.797)	16

① UNDP 2011 人类发展报告中指出,根据人类发展指数(HDI)四分位数法对国家进行分类:HDI 值处于最高 1/4 组则为极高人类发展组国家,HDI 值介于 51~75 为高人类发展组国家,HDI 值介于 26~50 为中等人类发展组国家,HDI 在最低 1/4 组为低人类发展组国家。

续 表

人类发展水平	国际 HDI 平均值及值范围	城市	城市 HDI 平均值及值范围	个数
高	0.741 (0.783～0.698)	长春、成都、合肥、呼和浩特、南昌、郑州、乌鲁木齐、福州、银川、西安、昆明、兰州、海口、哈尔滨、南宁、石家庄、贵阳、西宁、重庆	0.754 (0.780～0.714)	19
中等	0.630 (0.698～0.522)	—	—	—
低	0.456 (0.510～0.268)	—	—	—

中国35个大中城市HDI排名前四的北京、上海、广州、深圳保持绝对优势，人类发展指数在0.847～0.832之间，位列第5到第16的大连、天津、厦门、杭州、沈阳、长沙、武汉、青岛、南京、宁波、太原、济南12个城市较前四座城市有一定的差距，但是这12个城市之间差距不是特别大，人类发展指数在0.831～0.797之间，16座城市HDI均值为0.821，对比2011国际HDI的组值范围，这十座城市处于极高人类发展水平。

长春、成都、合肥、呼和浩特、南昌、郑州、乌鲁木齐、福州、银川、西安、昆明、兰州、海口、哈尔滨、南宁、石家庄、贵阳、西宁、重庆19个城市，总排名位列第16到35，人类发展指数在0.780～0.714之间，均值为0.754。略高于国际HDI平均水平0.741，属于高人类发展水平。

总体来看，中国的35个大中城市的人类发展水平较高。按照2012年的统计指标有45.7%(16个)的城市已经达极高人类发展水平阶段；剩下的19个城市超过国际人类发展指数平均值0.682，并且这35个城市均超过中国人类发展指数(0.687)。这24座城市大部分位于东部地区，占到了58%；中部城市有武汉、太原、长沙、呼和浩特、合肥、长春、南昌，且排名靠后；西部城市只有乌鲁木齐、西安、成都。中等发展水平的城市大部分为边远省份的省会城市，如哈尔滨、昆明、南宁、贵阳等，这些城市还需要加大城市的经济、教育、医疗卫生等多方面投入，以提升城市的人类发展水平。

6 中国35个大中城市可持续发展四象限分类与解读

6.1 中国35个大中城市可持续发展四象限分类

本书采用城市人类发展水平和城市生态投入水平两个维度对中国35个大中城市进行可持续发展的衡量，建立了基于可持续发展效率前沿面的城市发展评估模型。两轴四象限图能直观地表示各城市所处的区域和水平，有利于分析城市现状和提出改进路径。

以人类发展指数为X轴，生态投入指数为Y轴，建立城市可持续发展评估直角坐标系，描出35个城市的位置。国际上普遍使用人均生态足迹这一指数来衡量一个国家或城市对生态系统供给可再生资源与消纳废弃物这两大类生态服务的需求程度，包括建设用地和吸收人类活动产生的二氧化碳的用地。考虑到数据的可获得性，本书采用生态投入指数。为把这35个城市置于一个全球环境下来评估其可持续发展，需要建立一个全球生态投入的标杆。根据2.3节所做的分析测算，分别以国际生态投入平均水平线（直线 $y=0.500$）和高人类发展水平线（直线 $x=0.80$）为参照线，作出两轴四象限图，如图6-1所示。

在图6-1中，高人类发展水平线和国际生态投入平均水平线相交后将整个区域划分成4个区域（象限）：Ⅱ区中城市是可持续发展的城市，低投入获得高产出；Ⅰ区和Ⅲ区中的城市是欠可持续发展城市，低投入获得低产出或高投入获得高产出；Ⅳ区中的城市是不可持续发展的城市，高投入获得低产出。根据图6-1可以看出各城市所属的象限，各城市可持续发展分类见表6-1。

表6-1 中国35个大中城市可持续发展分类

象限区域	城市	投入产出特征	可持续发展水平
Ⅱ	天津、厦门、武汉、杭州、北京、上海、大连、宁波、沈阳、长沙、青岛	低投入高产出	可持续发展

续 表

象限区域	城市	投入产出特征	可持续发展水平
Ⅰ	合肥、南昌、成都、西安、哈尔滨、石家庄、南宁、福州、重庆、西宁、郑州、兰州、贵阳、长春、昆明、济南、海口、	低投入低产出	欠可持续发展
Ⅲ	南京、广州、深圳、太原	高投入高产出	
Ⅳ	乌鲁木齐、银川、呼和浩特	高投入低产出	不可持续发展

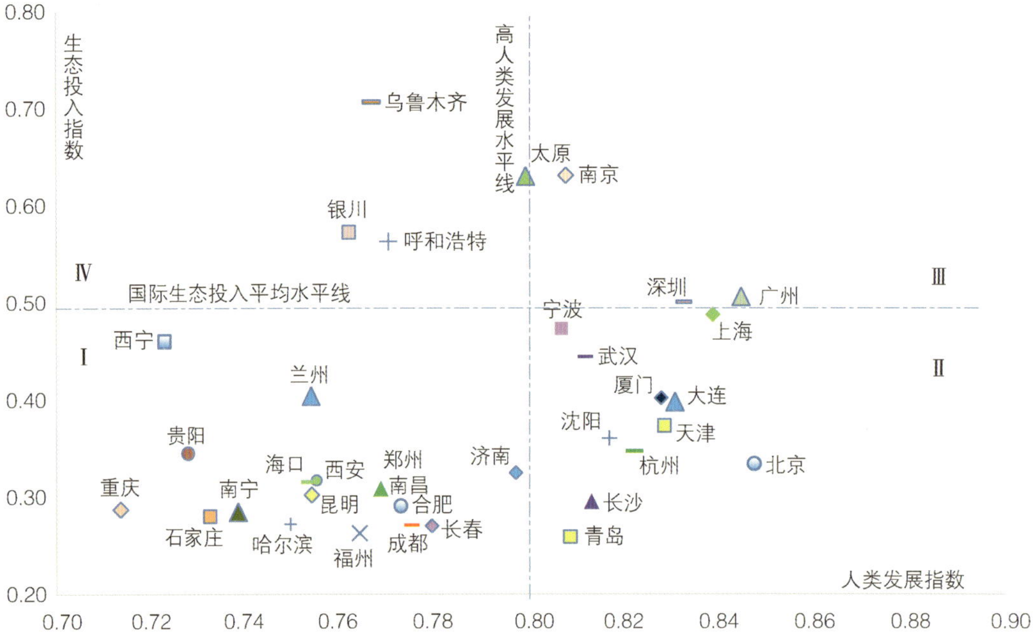

图 6-1 中国 35 个大中城市两轴四象限图

6.2 Ⅰ区:低投入低产出类城市及解读

6.2.1 城市特点

低投入低产出类城市表现为生态投入和人类发展都比较低。由图 6-1 可见,Ⅰ区中的合肥、南昌、成都、西安、哈尔滨、石家庄、南宁、福州、重庆、西宁、郑州、兰州、贵阳、长春、昆明、济南和海口这些欠可持续发展城市属于该类别。这些城市可持续发展现状的产生是基于各自不同的原因:除济南外,其余 16 个城市的人均 GDP 水平均低于全国平均水平,其中,海口、南宁、贵阳、西宁等城市的人均 GDP 水平明显低于全国平均水平;西安、长春、哈尔滨等城市人均消费标准煤数量较少;重庆、郑州、昆明等城市人均供水量较少;西宁、南宁、兰州等城市水污染排放指标大于全国平均水平;石家庄、兰州、西宁等城市空气污染排放指标大于全国平均水平；昆明、贵阳、西宁等城市固体废物排放指标大于全国平均水平。

6.2.2　典型城市解读——重庆

(1) 重庆市基本概况

重庆市位于中国内陆西南部、长江上游地区，是我国中心城市，四大直辖市之一，长江上游地区经济中心和金融中心，全国综合交通枢纽。从**资源状况**分析，重庆境内水及水能资源十分丰富，年平均水资源总量5 000亿立方米，其中地表水资源占绝大部分，矿产资源也比较丰富，特别是煤、天然气、铝土矿、盐矿、锶矿、锰矿和钡矿等的储量、品位在中国都有明显优势，西南铝业集团煤探明储量33亿吨，是中国南方煤炭生产的重要基地；从**经济发展和产业结构**上分析，重庆市2012年，实现地区生产总值(GDP)11 459亿元，三次产业的比重分别是第一产业8%，第二产业52%，第三产业40%(图6-2)，与其他直辖市，尤其是京沪两市的差距明显，首先是第一产业还相对较重，而第三产业比重则相对较轻，与其功能定位的第三项，即我国内陆重要的现代服业务基地的目标还有较大差距。从2012年重庆市三次产业贡献率来看，第一产业贡献率为3.1%，第二产业为66.3%，第三产业为30.6%，也可以说明重庆第二产业的快速发展是带动经济增长的主要力量，第三产业发展速度还有待提高；从**就业结构**角度分析，第一产业就业人员数比重过大(图6-3)。2012年重庆市的三产的就业人数之比为36.3∶25.9∶37.8，其中第一产业就业人数达到592.59万人次，占总就业人数的36.3%，相较于第一产业占总产值8%的比例，还有大量劳动力滞留在第一产业，相应也说明重庆第一产业仍处于劳动密集型的阶段，现代化程度较低。

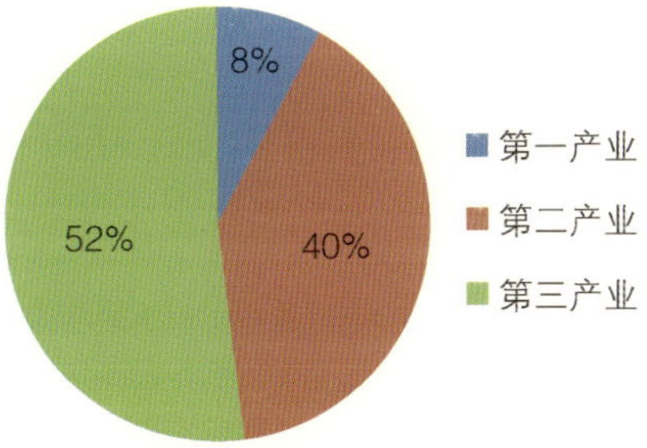

图6-2　2012年重庆市产业产值构成

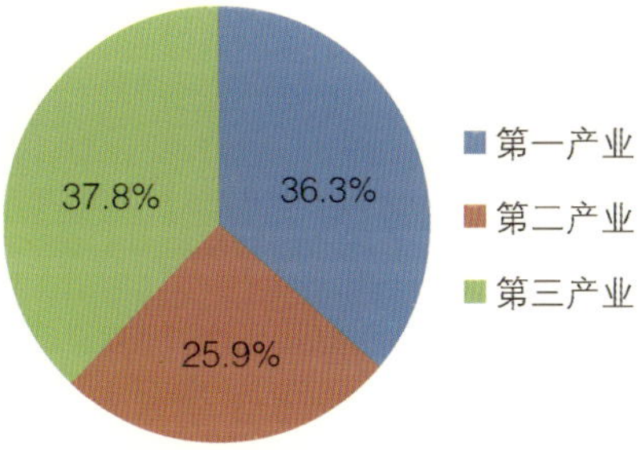

图6-3　2012年重庆市产业就业人数构成

作为落在Ⅰ区的17个城市之一，重庆市的人类发展指数和生态投入指数及其余各城市的投入产出情况见表6-2。

表6-2　Ⅰ区17个城市人类发展指数和生态投入指数一览表

城市	人类发展指数			生态投入指数					
	预期寿命指标	教育指标	收入指标	土地资源消耗指标	能源消耗指标	水资源消耗指标	水污染排放指标	空气污染排放指标	固体废物排放指标
成都	0.917	0.722	0.705	0.313	0.194	0.352	0.480	0.076	0.212
重庆	0.881	0.635	0.649	0.307	0.174	0.214	0.570	0.257	0.204

续 表

城市	人类发展指数			生态投入指数						
	预期寿命指标	教育指标	收入指标	土地资源消耗指标	能源消耗指标	水资源消耗指标	水污染排放指标	空气污染排放指标	固体废物排放指标
西安	0.884	0.709	0.688	0.377	0.036	0.337	0.605	0.165	0.385
郑州	0.867	0.730	0.716	0.355	0.384	0.261	0.351	0.272	0.333
济南	0.921	0.752	0.732	0.449	0.257	0.314	0.373	0.258	0.298
长春	0.932	0.719	0.708	0.472	0.116	0.291	0.374	0.196	0.173
昆明	0.903	0.705	0.674	0.389	0.130	0.220	0.191	0.259	0.626
合肥	0.920	0.719	0.699	0.429	0.191	0.300	0.436	0.151	0.240
哈尔滨	0.883	0.710	0.672	0.310	0.103	0.239	0.624	0.189	0.169
福州	0.882	0.716	0.707	0.263	0.145	0.253	0.539	0.188	0.192
海口	0.922	0.717	0.648	0.498	0.069	0.586	0.379	0.010	0.354
南昌	0.894	0.718	0.708	0.352	0.082	0.510	0.630	0.122	0.157
石家庄	0.843	0.701	0.665	0.181	0.364	0.215	0.335	0.350	0.238
南宁	0.891	0.713	0.634	0.312	0.049	0.397	0.693	0.096	0.163
兰州	0.871	0.742	0.664	0.407	0.178	0.392	0.688	0.356	0.406
贵阳	0.868	0.686	0.647	0.444	0.194	0.352	0.422	0.250	0.409
西宁	0.862	0.678	0.646	0.286	0.247	0.427	0.822	0.515	0.468

（2）重庆市生态投入与人类发展概况

重庆市可持续发展指数玫瑰图如图 6－4 所示。从生态投入角度，可以看出重庆市在人均建成区面积、人均能源消费量、人均供水量、人均氮氧化物排放量、人均工业固体废弃物产生量、人均生活垃圾清运量等指标上均低于中国的 35 个大中城市的平均水平，人均二氧化硫排放量、人均氨氮排放量、人均 COD 排放量高于中国的 35 个大中城市的平均水平。重庆的常住人口在 35 个城市中是最多的，这直接导致了其人均建成区面积的下降，另外，2012 年重庆的水污染排放指标为 0.57，高于 35 个城市的平均水平，人均供水量为 32.56 t，人均消费标准煤为 2.81 t，都处于全国较低水平。

从人类发展角度，人均 GDP、人均预期寿命、人均受教育年限均低于中国的 35 个大中城市平均水平。统计数据显示，重庆的人均受教育年限为 7.89 年，位于全国 35 个大中城市中的末位。造成这一现象有多种原因，其中重庆多山的自然条件阻碍了交通的建设，客观条件不利于教育事业的发展。重庆 2012 年的人均 GDP 为 38 914 元，大约为 35 个城市人均 GDP 的二分之一，这主要是重庆农村人口比重大导致的。因此，重庆市在人类发展中同其他城市的平均水平存在比较大的差距，在能源消耗、固体废弃物排放和土地资源消耗上低于

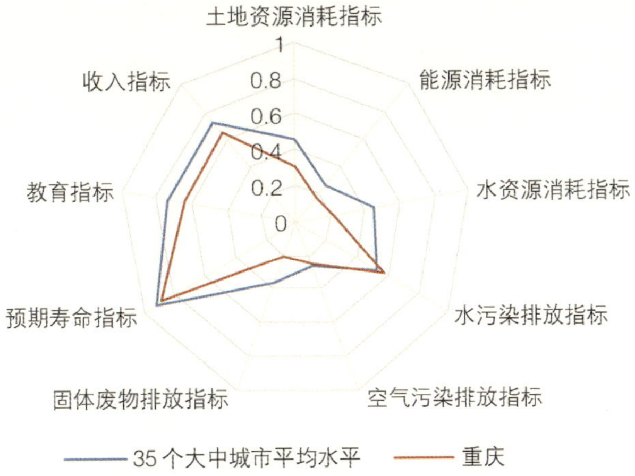

图6-4　重庆市可持续发展指数玫瑰图

平均水平，存在着扩容空间。要实现重庆城市的可持续发展，政府应加大经济投入，调整产业结构，积极改善环境质量，增强抵御自然灾害的能力，同时，加大科研和教育投入，重视教育事业的发展。

6.3　Ⅱ区：低投入高产出类城市及解读

6.3.1　城市特点

低投入高产出是城市可持续发展的最理想状态，表现为生态投入保持在一个较低水平，城市人类发展已达到高人类发展水平。Ⅱ区中的天津、厦门、武汉、杭州、北京、上海、大连、宁波、沈阳、长沙、青岛这11个城市属于该类别。可见，这些城市在力争HDI增长的同时，注重对水、地、能这些城市发展所必须的资源投入的控制，兼顾了社会发展和资源环境发展。目前，西方发达国家大部分城市正在尝试实施这种发展模式，如一些欧洲国家提出了在21世纪要实现经济增长一倍，而物质消耗和污染物排放量比现在减少一半的发展目标。

6.3.2　典型城市解读——北京

(1) 北京市基本概况

北京位于华北平原的北部，是我国的首都，四大直辖市之一，城市定位为政治中心、文化中心、国际交往中心和科技创新中心。从**资源角度**来看，北京是个资源紧缺的城市，在水、土地、能源、港口等传统的资源条件上存在劣势。北京市域总面积16 410.5平方公里，市辖区土地面积12 187平方公里。2012年，北京人均水资源量仅193.2立方米，不足全国人均占有量的1/11。同时，北京是内陆城市，没有内河航运及港口，工业运输成本较大；从**经济发展和产业结构**角度来讲，北京2012年GDP为17 801.00亿元，仅次于上海，居全国第二位，第三产业比重为76.9%，名列全国第一，但其第三产业呈现出“比重高、水平低”的外延式发展态势；与此同时，北京作为首都和国际化的大都市，对环境质量的要求标准都比较高，强化了北京城区和近郊发展工业的资源、环境约束，促使城区和近郊的工业不断外迁。因此北京市还应持续优化其生态投入和人类发展。

作为中国35个大中城市可持续发展效率DEA分析落在Ⅱ区的11个城市之一，北京的人类发展指数和生态投入指数及其余各城市的投入产出情况见表6-3。

表6-3 Ⅱ区11个城市人类发展指数和生态投入指数一览表

城市	人类发展指数			生态投入指数						
	预期寿命指标	教育指标	收入指标	土地资源消耗指标	能源消耗指标	水资源消耗指标	水污染排放指标	空气污染排放指标	固体废物排放指标
北京	0.971	0.819	0.765	0.524	0.215	0.507	0.300	0.083	0.378
上海	0.988	0.784	0.762	0.564	0.295	0.855	0.619	0.200	0.394
杭州	0.965	0.750	0.768	0.442	0.109	0.435	0.497	0.165	0.438
天津	0.968	0.758	0.774	0.439	0.359	0.359	0.525	0.320	0.240
武汉	0.938	0.759	0.751	0.442	0.259	0.789	0.644	0.189	0.344
青岛	0.961	0.727	0.757	0.370	0.120	0.294	0.273	0.182	0.319
宁波	0.955	0.721	0.763	0.326	0.683	0.399	0.635	0.480	0.319
厦门	0.944	0.803	0.748	0.618	0.221	0.640	0.592	0.080	0.261
大连	0.968	0.751	0.788	0.507	0.155	0.402	0.716	0.334	0.276
沈阳	0.914	0.792	0.753	0.475	0.104	0.452	0.532	0.214	0.388
长沙	0.914	0.765	0.769	0.380	0.091	0.386	0.594	0.056	0.266

(2) 北京市生态投入与人类发展概况

北京市可持续发展指数玫瑰图如图6-5所示。从生态投入角度，除了供水量和生活垃圾清运量略高于平均水平外，其他所有的指标均低于中国的35个大中城市的平均水平，因此，总体看来北京的生态投入水平较低。

从人类发展角度，收入指标、预期寿命指标、教育指标均高于中国的35个大中城市平均水平。根据统计数据，2012年北京市人均教育年限为11.5年，位居全国榜首。同时，北京市共有普通高等院校91所，其中包括北京大学、清华大学、中国人民大学等全国最为著名的学府，高等教育资源非常丰富。北京的收入指标和预期寿命指标均大于35个大中城市平均水平，位居全国前列。低水平的生态投入和高水平的人类发展说明了北京的城市可持续发展水平较高。当然也有需要进一步改进的地方，例如降低人均市辖区建设面积，提高土地集约复合利用，降低人均供水量和生活垃圾清运量等指标。

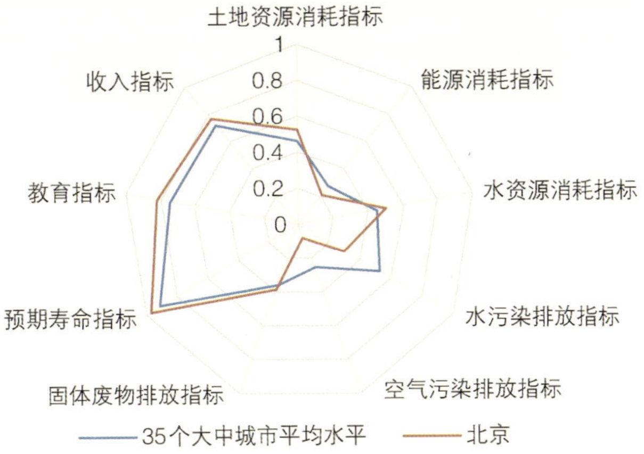

图6-5 北京市可持续发展指数玫瑰图

6.4 Ⅲ区:高投入高产出类城市及解读

6.4.1 城市特点

高投入高产出类城市表现为城市人类发展已经达到较高水平,但是生态投入超过了适度范围。由图6-1可见,Ⅲ区中的太原、南京、广州和深圳这四座欠可持续发展的城市属于该类别。

这些城市是通过化石能源消耗和线性的物质过程为特征的传统发展模式,即"一切照旧"的A模式来确保HDI增长,是资源消耗型、环境污染型和生态毁灭型的经济发展模式。城镇化的进程中,经济社会发展对土地、能源以及水资源的需求量显著增加,不合理的化石燃料利用和土地资源利用等人类活动也造成了生态投入的大幅上升,最终造成生态环境恶化、不可再生资源减少的后果。

该类城市的主要问题在于城市的发展过度依赖资源消耗,城市是通过高资源消耗和高环境污染来实现人类发展的高水平状态的,它以人为过度消耗地球自然资源为代价,其经济特征是"生产—分配—交换—消费"单向度的线性经济,表现为经济增长和环境压力同步发展,经济高效率的取得,以生态、资源和自然环境的巨大破坏为代价,发展中国家的大多数城市处于这种模式的发展状态。随着世界人口的不断增长,这种以经济增长为中心,以追求GDP为唯一目标的粗放型发展模式,将会造成城市人口过度膨胀、资源枯竭、环境急剧恶化、生态破坏日益严重、社会分化急速加剧等后果,人类文明将陷入困境。城市的可持续发展作为中国可持续发展的重要组成部分,其重要性迫切需要城市走低碳、资源节约型和环境友好型的绿色经济之路,如何在坚持维持城市人类发展水平甚至牺牲某些人类发展的基础上减少城市生态投入是这些城市需要思考的问题。

可持续发展强调城市发展的整体性,城市经济发展维度考虑城市经济的有效率的增长,城市社会发展维度考虑社会的公平和公正，城市环境维度考虑生态和谐，同时，它们三者之间的关系错综复杂，城镇化水平的提高离不开城市生态环境的支持，城市生态环境状况直接对城镇化发展产生制约和反馈作用，而这三个维度的发展目标不可能同时达到最优状态。因此，城市可持续发展目标不是机械地追求三个方面的最优化，而是要通过这三个目标之间的交互作用和协调平衡来实现在一定条件下三个维度相互配合的整体性最优。

6.4.2 典型城市解读——南京

(1) 南京市基本概况

南京地处长江下游，是江苏省会、副省级市，是长三角辐射带动中西部地区发展的重要门户城市，是中国重要的交通、港口、通讯枢纽，也是中国服务外包基地和国家软件出口创新基地。从**资源状况**上分析南京蕴藏着较丰富的矿产资源，境内已发现 54 种矿藏。铁、铜、铝、锌等 15 种矿储量江苏第一，4 种进入中国前 6 位。此外野生动物资源也比较丰富，人力资源也比较丰富，其人口受教育程度全国领先，大学文化程度人口比重为 26.11%，在副省级市中列第 1 位，低于北京(31.5%)，高于上海(21.9%)。城镇化率为 80.5%，排全国第 7 位，主城已完全城镇化；从**经济发展和产业结构**上分析，2013 年南京实现地区生产总值 8 011.78 亿元，列全国第十二位，产业结构比例为 2.3∶43.3∶54.4，第三产业比重位于国内第五，前四为北京、上海、广州、深圳。2014 年中国区域中心城市竞争力评估，南京仅次于深圳、广州。

南京作为落在Ⅲ区的 4 个城市之一，其人类发展指数和生态投入指数及其余各城市的投入产出情况见表 6-4。

表 6-4 Ⅲ区 4 个城市人类发展指数和生态投入指数一览表

城市	人类发展指数			生态投入指数						
	预期寿命指标	教育指标	收入指标	土地资源消耗指标	能源消耗指标	水资源消耗指标	水污染排放指标	空气污染排放指标	固体废物排放指标
广州	0.940	0.808	0.793	0.681	0.309	0.987	0.639	0.091	0.332
深圳	0.925	0.766	0.814	0.704	0.278	1.000	0.481	0.035	0.508
南京	0.953	0.721	0.767	0.688	0.690	0.978	0.713	0.269	0.448
太原	0.956	0.766	0.697	0.624	1.000	0.479	0.288	0.519	0.873

(2) 南京市生态投入与人类发展概况

如图 6-6 所示为南京市可持续发展指数玫瑰图。从生态投入角度，所有的指标均高于中国的 35 个大中城市的平均水平；从人类发展角度，人均 GDP、人均预期寿命、人均受教育年限略高于中国的 35 个大中城市平均水平。可以看出，南京的人均生态足迹已经超过承载能力，其人类发展也已经达到高人类发展水平，属于高投入高产出的状态，这样的发展方式是以生态的消耗为前提的不可持续的发展方式。目前，南京已积极采取多种转型措施，包

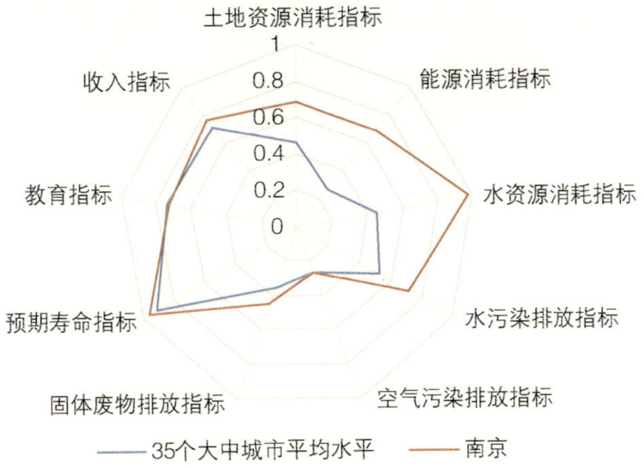

图 6-6 南京市可持续发展指数玫瑰图

括：构建节约型社会，提倡循环经济，控制城市过量消耗；增加土地利用类型；通过产业调整、控制人口等方法，提高资源利用率。南京市应该继续在维持高水平人类发展的前提下减少生态投入，提升可持续发展水平。

6.5 Ⅳ区：高投入低产出类城市及解读

6.5.1 城市特点

高投入低产出是城市可持续发展的最不理想状态，Ⅳ区中的不可持续发展城市乌鲁木齐、银川和呼和浩特属于该类别。

这一类别城市的发展现状主要是基于地理位置、经济基础、思想观念等特殊原因形成的：地理位置对城市经济发展具有重要影响，上海、广州等经济发展水平较高的城市都有较为优越的地理条件，物资和信息能够以这些城市为中心进行汇集和交换，而偏远地区的城市则可能因为交通不发达等原因造成对外信息交流的不流畅，这些都不利于经济的发展和社会的进步；薄弱的经济基础使得城市的建设需要在一个较低的起点上展开，这需要大量的资金和物质资料的投入；落后的思想观念则使得当地居民不重视教育或者是造成资源的不恰当使用，多种因素共同作用影响了这些城市的可持续发展。

6.5.2 典型城市解读——银川

(1) 银川市基本概况

银川市是宁夏回族自治区的省会城市，是一个以发展轻纺工业为主，机械、化工、建材工业协调发展的综合性工业城市。土地面积 9 025.38 平方公里，城市建成区面积 135.1 平方公里，从**资源状况角度**来看，银川资源富集，具有水、电、煤、土地等资源的组合优势，其境内天然湖泊众多，水利资源丰富。灵武矿区的煤炭、石油、天然气储量丰富，特别是煤炭储量以及其具有的高发热量、低灰、低硫、低磷等品质，在全自治区乃至全国也占有十分重要的地位。从**经济发展和产业结构**上分析，截至 2012 年底，银川市常住人口为 204.63 万人，城镇化率为 75.04%。在银川市常住人口中，城镇人口为 153.55 万人，农村人口为 51.07 万人。2012 年地区生产总值突破千亿元大关，达到 1 140.83 亿元；城镇居民人均可支配收入和农民人均纯收入分别达到 21 900 元和 8 068 元。近年来农业上提升“两强四优四新”产业竞争力；工业上形成了“一强四优五新”特色产业（以发展轻纺工业为主，机械、化工、建材工业协调发展）；服务业上着力打造“三个中心一个目的地”，是沿黄经济区核心城市、宁夏内陆开放型经济试验区龙头和现代化区域中心城市。

（2）银川市生态投入与人类发展概况

如图 6－7 所示为银川市可持续发展指数玫瑰图。从生态投入角度，可以看出银川市除了人均供水量、人均生活垃圾清运量略低于全国平均水平外，剩下的人均市建成区面积、人均能源消费量、人均氮氧化物排放量等 7 个指标均高于中国的 35 个大中城市的平均水平，人均二氧化硫排放量（55.13 kg/人）和人均工业固体废弃物产生量（3.61 t/人）在 35 个城市中最高。

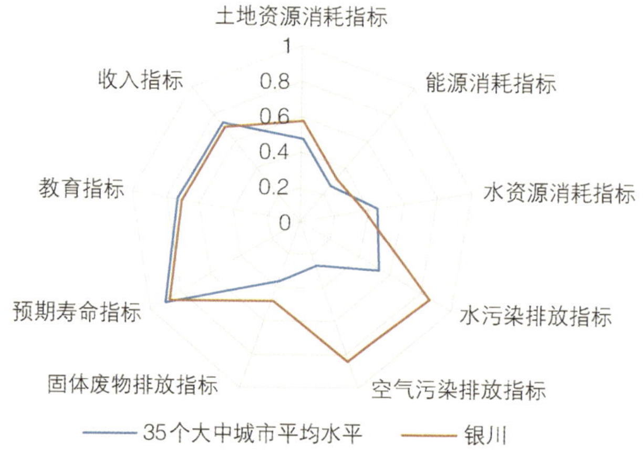

图 6－7　银川市可持续发展指数玫瑰图

从人类发展角度，人均 GDP、人均预期寿命、人均受教育年限比中国的 35 个大中城市平均水平略低，银川 2012 年人均 GDP 为 56 528 元，人类发展指数 HDI 为 0.762，处于中等偏下水平。人类发展指数之所以与全国 35 个大中城市平均水平差距不大，与人类发展指数本身相差不大有一定关系（生态投入指标极差为 0.447，人类发展指数极差为 0.134）。总的来说，银川市在城市生态投入上同其他城市的平均水平存在比较大的差距，在人类发展指标上与中国的 35 个大中城市相比，虽然没有比平均值低，但也没有优势。因此在改进路径上选择扩容、提质，不仅要提高城市经济发展的质量、优化产业结构，还要提高人类发展水平。

7 中国35个大中城市可持续发展效率排名与解读

目前，关于可持续发展效率的评价，已有的研究方法有很多，如层次分析法、灰色关联度法、模糊综合评判法等，但这些方法存在共通的缺点，即在确定指标权重时存在较强的主观性，很难排除人为因素所带来的偏差，并且这些方法只能做评价，不能对结果作相应的调整。① 而数据包络分析方法(DEA)无需任何权重假设，可排除人为因素影响，具有较强的客观性，同时还可以指出DEA无效的原因以及改进的方向和程度。基于以上这些独特的优势，DEA分析方法在效率评价中具有广泛的应用。

通过本书第四章到第六章，对中国35个大中城市生态投入指数和人类发展指数进行分析，并建立了城市可持续发展分类评估模型，以此为基础，本章主要针对中国35个大中城市可持续发展效率进行研究，从投入与产出角度运用DEA分析方法来评估各城市的可持续发展效率，同时给出效率优化改进方向。

7.1 中国35个大中城市可持续发展效率排名及分析

7.1.1 可持续发展效率排名

城市可持续发展分类评估模型能够确定各城市发展过程中在生态投入、人类发展方面的对比关系以及在模型中所处于的象限位置，但是仍不能解答城市生态投入和城市人类发展是否达到最优水平的问题。因此，本章在城市可持续发展分类评估模型的基础上，进一步给出城市可持续发展效率，即对城市生态投入所带来的人类发展水平提高的效率进行评估。

本书基于数据包络分析方法(DEA)，对城市生态投入指数和城市人类发展指数建立投入与产出的相对效率模型，得到可持续发展效率。中国35个大中城市生态投入指数、城市人类发展指数和可持续发展效率情况如表7－1所示。

① 武玉英，何喜军．基于DEA方法的北京可持续发展能力评价[J]．系统工程理论与实践，2006(03)：117－123.

表 7-1 中国 35 个大中城市生态投入指数、城市人类发展指数和可持续发展效率情况

城市	城市生态投入指数	城市人类发展指数	可持续发展效率	效率排名
北京	0.334	0.847	1.000	1
青岛	0.260	0.809	1.000	1
福州	0.263	0.765	0.986	3
长春	0.270	0.780	0.960	4
成都	0.271	0.776	0.957	5
哈尔滨	0.272	0.750	0.953	6
石家庄	0.280	0.733	0.926	7
南宁	0.285	0.739	0.910	8
长沙	0.295	0.813	0.908	9
重庆	0.288	0.714	0.902	10
合肥	0.291	0.773	0.892	11
昆明	0.302	0.754	0.858	12
南昌	0.309	0.769	0.841	13
海口	0.316	0.754	0.821	14
杭州	0.348	0.822	0.821	15
西安	0.318	0.755	0.817	16
济南	0.325	0.797	0.799	17
天津	0.374	0.828	0.797	18
郑州	0.326	0.768	0.796	19
沈阳	0.361	0.817	0.763	20
大连	0.398	0.831	0.759	21
贵阳	0.345	0.728	0.752	22
厦门	0.402	0.828	0.738	23
上海	0.488	0.839	0.651	24
广州	0.506	0.844	0.650	25
兰州	0.404	0.754	0.642	26
深圳	0.501	0.832	0.610	27
武汉	0.444	0.812	0.598	28

续 表

城市	城市生态投入指数	城市人类发展指数	可持续发展效率	效率排名
西宁	0.461	0.723	0.563	29
宁波	0.474	0.807	0.548	30
呼和浩特	0.563	0.771	0.461	31
银川	0.573	0.762	0.453	32
太原	0.630	0.799	0.412	33
南京	0.631	0.808	0.411	34
乌鲁木齐	0.707	0.767	0.367	35

可持续发展效率排名前 10 的城市依次为北京、青岛、福州、长春、成都、哈尔滨、石家庄、南宁、长沙和重庆，其中，北京、青岛的可持续发展效率为 1，位于可持续发展效率的前沿面上，而可持续发展效率相对落后的城市依次为乌鲁木齐、南京、太原。按照可持续发展效率排名的高低，采用玫瑰图以排名第 1 的北京为起点，逆时针分布，给出中国 35 个大中城市可持续发展效率、城市生态投入指数、城市人类发展指数的具体情况，如图 7 - 1 所示。

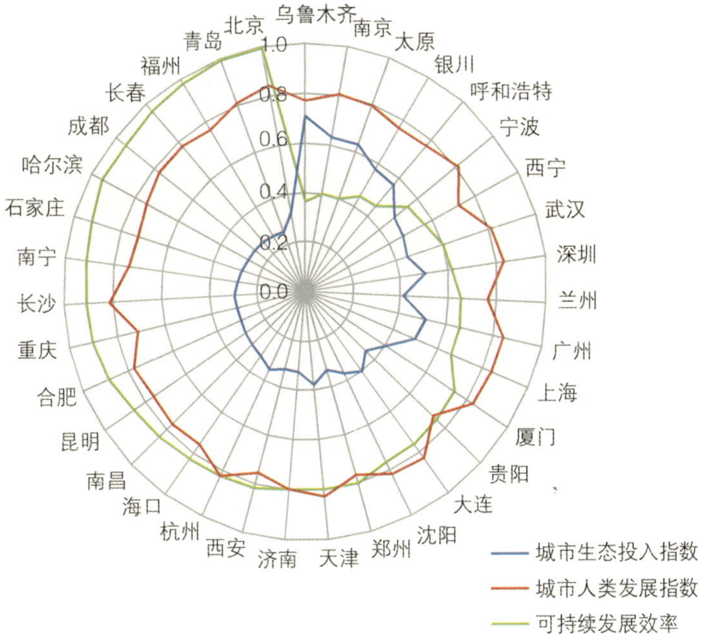

图 7 - 1　中国 35 个大中城市可持续发展效率玫瑰图

7.1.2　可持续发展效率区域分析

如前文所述按照传统东中西部划分标准把本书所研究的中国 35 个大中城市划分开来：

东部一共 17 座城市，中部 9 座，西部 9 座城市。下面，分别按照可持续发展效率排名的前 5，10，15，20，25，30，35 的次序来研究东中西部的地区分布情况。

首先，可持续发展效率排名的东中西部城市分布个数，如图 7-2 所示。中国 35 个大中城市可持续发展效率排名中前 5 名主要为东部城市，共 3 个，而中、西部城市各占 1 个；前 10 名东部城市占了 5 个，中部城市 3 个，西部城市 2 个；前 15 名东部城市占了 7 个，中部城市 5 个，西部城市 3 个；前 20 名东部城市占了 10 个，中部城市 6 个，西部城市 4 个；前 25 名东部城市占了 14 个，中部城市 6 个，西部城市 5 个；前 30 名东部城市占了 16 个，中部城市 7 个，西部城市 7 个；前 35 名中东部城市占了 17 个，中部城市 9 个，西部城市 9 个。从地区分布情况来看，东中部城市排名相对靠前，而西部城市排名相对落后。

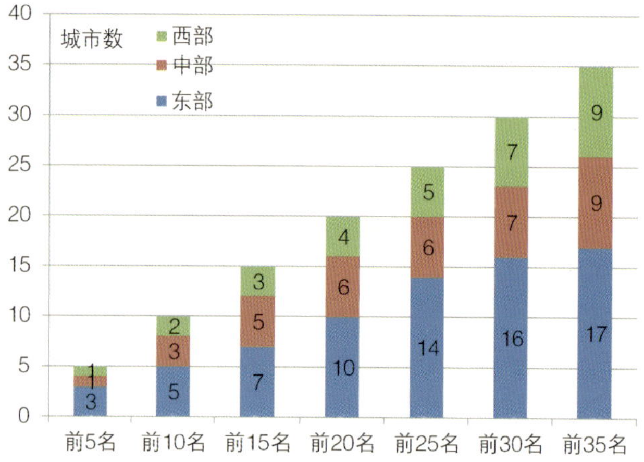

图 7-2 中国 35 个大中城市可持续发展效率排名地区分布图

其次，可持续发展效率排名的东中西部城市分布比例，如图 7-3 所示。可以看出可持续发展效率排名的前 5，10，15，20，25，30，35 中，大致都呈现出东部城市约占 50%～60%，中部城市约占 20%～30%，西部城市约占 20%～25%的规律。由此可以看出，整体上

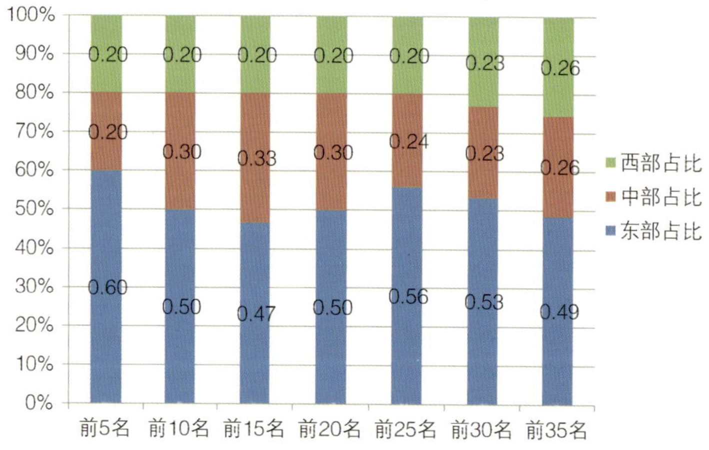

图 7-3 中国 35 个大中城市可持续发展效率排名地区占比图

在同一可持续发展效率水平中，东中西部城市的分布比例是保持相对均衡的。但若详细分析东、中、西部城市在各排名分类中的比例变化，可得：东部城市的比例总体呈现向下递减，表明东部城市整体排名相对靠前；中部城市的比例总体呈现先升后降，表明中部城市整体排名居于中间靠前位置；西部城市的比例总体呈现向上递增，表明西部城市整体排名相对靠后。

此外，用圆的面积代表城市可持续发展效率水平，如图 7－4 所示，面积越大，城市可持续发展效率越高，不同色彩代表城市可持续发展效率的不同等级分类，这将在 7.2 节中详细介绍。总体而言，可以看出可持续发展效率高及较高的城市多集中在东中部地区，而西部地区则相对落后。

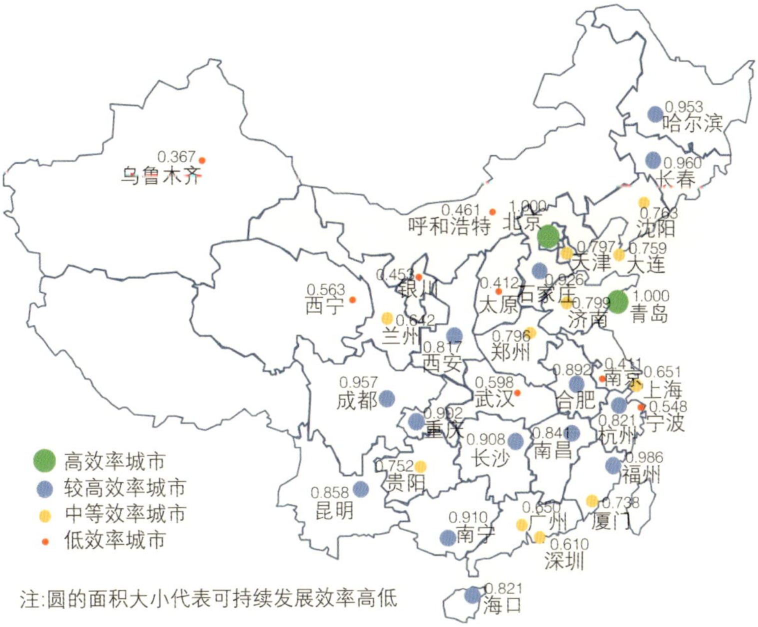

图 7－4　中国 35 个大中城市可持续发展效率分布图

7.2　中国 35 个大中城市可持续发展效率分类及解读

7.2.1　可持续发展效率分类

根据表 7－2 所示的城市可持续发展效率分类标准，将中国 35 个大中城市划分为四类：可持续发展低效率城市、中等效率城市、较高效率城市和高效率城市。

表 7－2　城市可持续发展效率分类标准

城市效率分类	低效率城市	中等效率城市	较高效率城市	高效率城市
效率值 E	$0.0 \leqslant E < 0.6$	$0.6 \leqslant E < 0.8$	$0.8 \leqslant E < 1.0$	$E = 1.0$

中国 35 个大中城市可持续发展效率分类如图 7－5 所示：

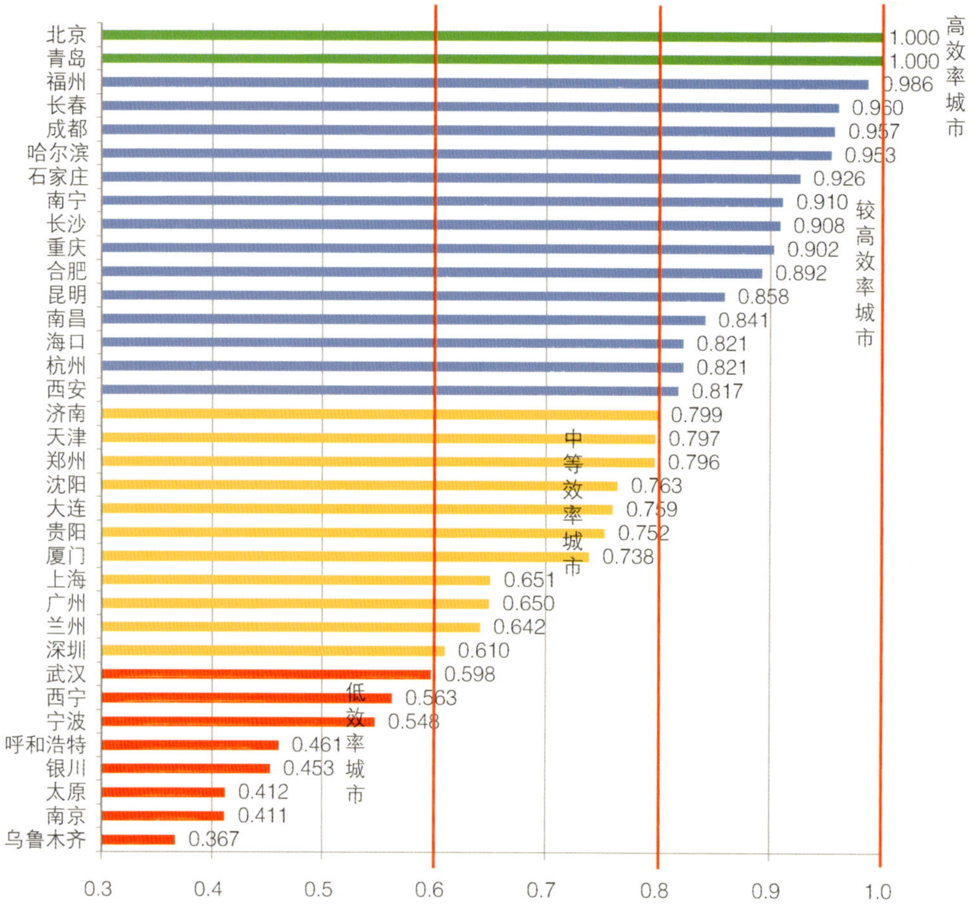

图 7－5 中国 35 个大中城市可持续发展效率分类图

7.2.2 可持续发展效率分类解读

可持续发展高效率的城市有 2 个，分别为北京和青岛，都位于我国东部地区。这两座城市都是低生态投入指数、高人类发展指数的典型城市。该分类城市在生态投入和人类发展之间的关系已达到相对最优。从其他相关报告来看，如：城市中国计划发布的《2013 城市可持续发展指数报告》，北京、青岛分别排名第 8 位和第 12 位。

具体来说，北京为我国的首都，拥有得天独厚的政治区位和政策优势，特别是近十多年中北京的第三产业和高新技术产业得到了长足的发展。据北京统计信息网的数据，2012 年北京的第三产业占比已达 76.5%，表明其产业结构在全国已处于领先地位。尤其值得注意的是北京的城市人类发展指数位列 35 个城市之首，说明其城市人类发展水平已经达到相对较高的程度；而青岛则是著名的国际滨海旅游度假胜地、中国十大最具幸福感城市之一，良好的生态环境为青岛的旅游业带来丰厚的收入，同时良好的生态环境也提升当地居民的幸福感，使城市的发展变得可持续。特别值得注意的是青岛的城市生态投入指数为 35 个城市的最低，低生态投入带来的高人类发展，使其获得高效率的可持续发展。

可持续发展较高效率的城市有14个，包括福州、长春、成都、哈尔滨、石家庄、南宁、长沙、重庆、合肥、昆明、南昌、海口、杭州和西安。这14个城市按地域划分有5个在东部地区、5个在中部地区、4个在西部地区。其中长沙、杭州为低生态投入指数、高人类发展指数的城市，其余则都为低生态投入指数、低人类发展指数的城市，因此，这些城市普遍具有生态投入都较低的特点。该分类城市在生态投入和人类发展之间的关系已达到相对较优。

其中，福州不仅在本书的可持续发展效率排名第三，并且在城市中国计划发布的《2013城市可持续发展指数报告》中，在全国185个入围评比的地级和县级城市中位列第七。这主要得益于福州在环保及污染减排方面的工作成效，2011年福州市主要污染物化学需氧量、二氧化硫、氨氮三项指标均达标，且氮氧化物增排速度低于全省水平。近年来福州对城市产业布局进行来了较大的调整，将位于中心城区的400多个企业搬迁到中心城区南北“两翼”的工业区内，实行工业有效聚集、污染集中控制。此外，在加快推进污水集中处理工程方面，通过加大投入、多渠道融资、部门共同推进等，目前全市新增污水处理能力50万吨/日，已实现县县建成一座以上污水处理厂的目标，年污水总处理量达到23 276万吨，比“十五”末翻了一番以上。可见，近几年福州在控制生态投入，特别是减少污染排放方面有了长足的进步，低投入的模式使其整体的可持续发展效率较高。

可持续发展中等效率的城市有11个，包括济南、天津、郑州、沈阳、大连、贵阳、厦门、上海、广州、兰州和深圳。这11个城市按地域划分有8个在东部地区，1个在中部地区，2个在西部地区。其中济南、郑州、贵阳、兰州为低生态投入指数、低人类发展指数的城市，天津、沈阳、大连、厦门、上海为低生态投入指数、高人类发展指数的城市，广州、深圳为高生态投入指数、高人类发展指数的城市。但总体而言，该分类城市在生态投入和人类发展之间的关系仅达到中等水平。

以天津为例，《天津市工业经济发展“十二五”规划》明确指出，“十二五”期间，天津工业万元增加值能耗将累计下降18%以上，工业万元增加值取水量下降到11立方米左右，工业用水重复利用率保持在93%以上，工业固体废弃物综合利用率保持98%，工业废气和废水排放稳定达标，建成一批循环经济示范园区。从实践层面来说，近两年天津市注重调整优化能源消费结构，进一步控制煤炭消费量，强化煤炭的清洁、低碳利用，大力发展清洁煤发电，积极推广“绿色煤电”技术，加大新能源汽车推广力度，力争使清洁能源和可再生能源的使用比例达到15%以上，切实努力做到城市生态的低投入。同时，天津也注重城市发展以及居民生活质量的提高，包括改善和提高老百姓的健康、知识普及、互联网普及、生活环境以及购买力等方面，体现天津市在经济发展的同时也做到了“以人为本”。天津在可持续发展道路上坚持走低投入、高产出的模式，是正确的未来发展路径，能够推动天津经济社会协调、持续、健康地较快发展。

可持续发展低效率的城市有8个，包括武汉、西宁、宁波、呼和浩特、银川、太原、南京和乌鲁木齐。这8个城市按地域划分有2个在东部地区，3个在中部地区，3个在西部地区。西宁为低生态投入指数、低人类发展指数的城市，武汉、宁波为低生态投入指数、高人类发展指数的城市，南京为高生态投入指数、高人类发展指数的城市，呼和浩特、银川、太原、乌鲁木齐为高生态投入指数、低人类发展指数的城市。该分类城市在生态投入和人类发展之间的关系仍处于较低水平。

其中,以乌鲁木齐为例,其可持续效率排名相对落后,分析其原因,乌鲁木齐的城市生态投入指数为 35 个城市最高,具体到分项指数,资源消耗和污染排放也相对处于最高水平。但这种高的投入并没有带来城市的高产出,城市人类发展指数远没有达到应有的水平,综合可持续发展效率低下。因此,乌鲁木齐市想要走出一条可持续发展的道路,必须转变其发展模式,不再过分依赖生态的投入,而是需要注重城市整体的发展水平,调整结构,拓宽经济发展方向,通过良性循环来带动城市较好较快地发展。就 2012 年乌鲁木齐市出台的一些政策而言,值得肯定的是城市相关部门已经意识到了城市人类发展的重要性,比如:乌鲁木齐市委、市政府把卫生事业作为一项重要的民生工程,加大在基层卫生、公共卫生、重大疾病防控、城镇居民医疗保险、城市医疗救助等方面中的投入力度,并与中央、自治区卫生事业建设项目有机互补,共同推进。总之,对于低效率城市而言,需要转变其固有的发展模式,才能实现绿色、有效的可持续发展。

7.3 中国 35 个大中城市可持续发展效率优化方向

根据城市生态投入指数和城市人类发展指数,通过数据包络分析方法(DEA)得到各城市的可持续发展效率,除北京和青岛外,其他城市都处于一种效率欠佳的状态,因此针对各城市的效率情况分析其效率改进的建议。中国 35 个大中城市可持续发展效率 DEA 分析如图 7-6 所示。

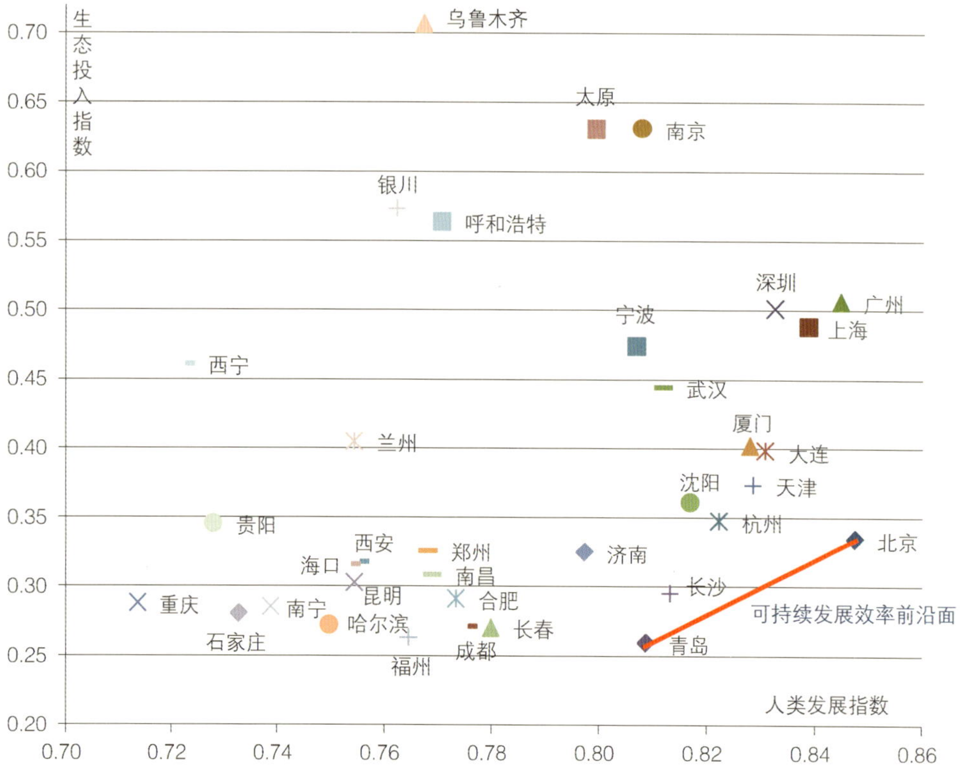

图 7-6 中国 35 个大中城市可持续发展效率 DEA 分析图

通过对中国35个大中城市可持续发展效率的分析，北京和青岛这两座城市在相应投入水平上产生了最高的城市人类发展水平，城市可持续发展效率相对最高（DEA 有效），并且在图 7-6 中这两座城市的连线构成了可持续发展效率的前沿面。

由图 7-6 可得出，越接近可持续发展效率前沿面的城市，可持续发展效率越高，如福州、长春、成都等城市。而距离可持续发展效率前沿面越远的城市，其城市可持续发展效率越低，如乌鲁木齐、南京、太原等城市。

从理论上，对于各城市的可持续发展效率改进应遵循以下原则：把非 DEA 有效的城市调整到 DEA 有效的可持续发展效率前沿面上；对于 DEA 有效的城市，则需沿着有效的可持续发展效率前沿面，控制投入与产出水平，城市生态投入向 0.5 以下，城市人类发展向 0.8 以上进行相应的调整。中国35个大中城市可持续发展效率优化方向如表 7-3 所示。

表 7-3 中国35个大中城市可持续发展效率优化方向表

城市	效率值	城市生态投入减少量	城市人类发展提高量
北京	1.000	0.000	0.000
青岛	1.000	0.000	0.000
福州	0.986	0.004	0.044
长春	0.960	0.011	0.029
成都	0.957	0.012	0.033
哈尔滨	0.953	0.013	0.059
石家庄	0.926	0.021	0.076
南宁	0.910	0.026	0.070
长沙	0.908	0.027	0.000
重庆	0.902	0.028	0.095
合肥	0.892	0.032	0.035
昆明	0.858	0.043	0.054
南昌	0.841	0.049	0.040
海口	0.821	0.056	0.055
杭州	0.821	0.062	0.000
西安	0.817	0.058	0.053
济南	0.799	0.065	0.011
天津	0.797	0.076	0.000
郑州	0.796	0.066	0.041
沈阳	0.763	0.086	0.000

续 表

城市	效率值	城市生态投入减少量	城市人类发展提高量
大连	0.759	0.096	0.000
贵阳	0.752	0.086	0.081
厦门	0.738	0.105	0.000
上海	0.651	0.170	0.000
广州	0.650	0.177	0.000
兰州	0.642	0.145	0.054
深圳	0.610	0.195	0.000
武汉	0.598	0.179	0.000
西宁	0.563	0.201	0.086
宁波	0.548	0.214	0.002
呼和浩特	0.461	0.304	0.038
银川	0.453	0.313	0.046
太原	0.412	0.371	0.009
南京	0.411	0.371	0.001
乌鲁木齐	0.367	0.447	0.042

针对不同的城市情况，在可持续发展效率改进的过程中，相应地给出减少城市生态投入或增加城市人类发展的建议。减少城市生态投入的具体措施包括：提高土地利用率、提高城市用水效率、减少能源消耗、控制污染排放（水污染、空气污染、城市固体废物污染）等。增加城市人类发展的具体措施包括：提高经济发展水平、提高居民健康水平和提高居民受教育水平等。例如：福州市目前的可持续发展效率为 0.986，属于较高效率城市，但和北京、青岛相比还需提高。具体来说，建议减少 0.004 的城市生态投入，并且提高 0.044 的城市人类发展。

8 中国35个大中城市可持续发展模式选择与改进路径

2003年美国著名绿色思想家莱斯特·布朗出版了《B模式—拯救地球,延续文明》系列著作。B模式的特征为低碳可再生能源和物质再生性利用,实质是要从追求更多的增长到追求更好的发展,关键是大幅度提高稀缺性自然资源的生产率。以诸大建教授为代表的中国学者指出B模式的许多思想和政策建议适用于发达国家的绿色转型,并提出了中国发展C模式,即在不超过发达国家人均生态损耗的意义上,提高中国人的经济社会发展水平;结合中国城市实际,本书又提出了D模式和S模式,完善了可持续发展的模式。本章对中国35个大中城市的可持续发展模式的选择和改进进行了研究,并在模式图中的每个区域选择了一个典型城市进行了深入分析,并提出了其改进路径。

8.1 中国35个大中城市可持续发展模式选择

中国从1996年开始就将可持续发展作为国家战略,在促进可持续发展的相关领域,如人口控制、节能减排、生态建设等方面,取得了一些成就,但是不可否认的是中国依然面临着复杂而严峻的多重挑战,在能源利用方面、经济增长方式方面都存在一些问题,在促进区域和城乡协调发展、在以改善民生为重点的社会建设和文化建设方面,也有明显的不足和差距。本书分析了中国35个大中城市的可持续发展情况,并将这些城市进行归类,针对每一类城市给出了相应的可持续发展建议指导城市未来发展。如图8-1所示。

在中国35个大中城市的分布图中加入高人类发展水平HDI=0.8[①]和世界生态投入平均水平0.500两条参照线,将坐标系划分为四个区域,以区分城市发展的投入和产出水平。本书把中国35个大中城市分为4类:低投入低产出的Ⅰ区,低投入高产出的Ⅱ区,高投入高产出的Ⅲ区和高投入低产出的Ⅳ区,针对每一区域城市的不同投入产出特点,给以不同的可持续发展路径建议,中国35个大中城市的可持续发展路径选择情况见表8-1。

---

① 联合国开发署界定,HDI高于0.8属于高人类发展水平。

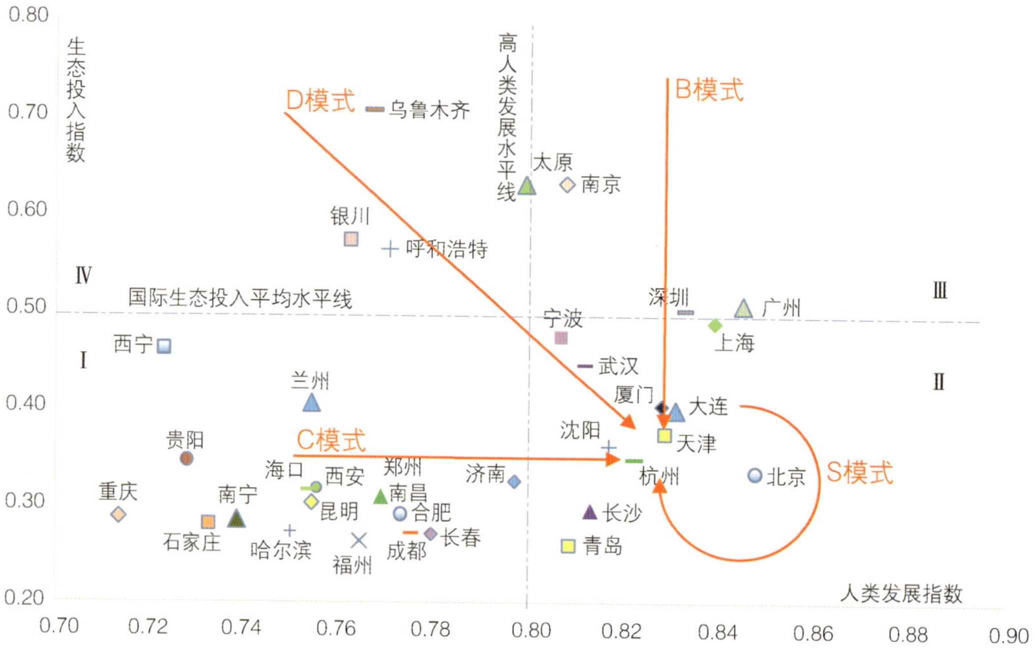

图 8-1 城市可持续发展分类与发展路径

表 8-1 城市可持续发展模式和路径选择

区域	发展模式选择	城　　市
Ⅰ区	C模式(扩容)	成都、合肥、南昌、西安、哈尔滨、石家庄、南宁、福州、重庆、西宁、郑州、兰州、贵阳、长春、昆明、济南、海口
Ⅱ区	S模式(优化)	北京、上海、天津、厦门、武汉、杭州、大连、宁波、沈阳、长沙、青岛
Ⅲ区	B模式(提质)	南京、广州、深圳、太原
Ⅳ区	D模式(提质+扩容)	乌鲁木齐、银川、呼和浩特

1) Ⅰ区城市实现可持续发展需要"扩容"

Ⅰ区中城市发展处于低投入低产出的状态，经济发展基本处于以生态消耗为代价的低水平发展阶段，经济发展质量不高，其人均GDP低于1万美元、人类发展指数低于0.8，均低于社会边界，目前我国重庆、成都、合肥、南昌等17个大中城市处于该区域，约占48.6%，说明中国城市整体发展水平仍待进一步提高。

因此未来的发展需要大幅度提高绿色增长的效率，否则很容易沿袭发达国家的褐色经济增长模式，突破生态承载力。该类城市应通过有生态效率的聪明增长来提高该区域城市人类发展，即应该在提高经济发展质量的前提下，实现扩大经济发展规模，保证经济社会发展速度跑赢生态投入的增长速度，逐步提高人类发展。因此这类城市应该选择继续人均生态投入水平与提高人类发展水平相对脱钩的城市发展C模式，在其改进路径的选择上选择扩容。

2）Ⅱ区城市实现可持续发展需“优化”

在Ⅱ区，北京、上海、天津等11个大中城市处于该区域，约占31.4%，它们都处于低投入高产出的发展时期，是城市可持续发展的理想状态，可持续发展水平较高。其中青岛、北京处于可持续发展效率前沿面上，投入与产出的相对效率较高，其他9个城市的相对效率仍有提升的空间。因此，该区域中的城市应该选择追求城市稳态发展的S模式，在其不断追求高质量发展的改进路径上选择不断优化。虽然目前在Ⅱ区中的城市可持续发展水平较高，但与国外可持续发展程度较高的城市相比还有差距，该类城市应该在保证当前城市人类发展的前提下，减少生态投入，提高效率，通过控制物质规模和限制空间来实现城市绿色转型。

3）Ⅲ区城市实现可持续发展需“提质”

Ⅲ区中的城市包括南京、广州、深圳、太原四个城市，其人类发展已经达到高人类发展水平，但是与此同时生态投入也超过了世界平均水平，这样的发展方式是以生态的消耗为前提的不可持续的发展方式，在未来改进路径中可以采用B模式，即在保持经济社会发展水平的同时实现物质消耗减量化，在生态承载力边界内发展，也就是说在保持和提高人类发展指数不减少的情况下减少资源环境的消耗回到生态承载力范围内。可以通过经济结构转型，提高能源利用效率，建立生态环境友好的绿色经济增长方式，逐步把生态投入减少到世界平均水平以下，过渡到低投入高产出的可持续发展模式，促进自身的可持续发展。

4）Ⅳ区城市实现可持续发展需“提质＋扩容”

在Ⅳ区中有乌鲁木齐、银川、呼和浩特三个城市，城市发展以高投入低产出为特点。城市投入了大量的生态资源、物质资源而并没有得到相应的经济回报和福利回报，显然这种投入产出模式是典型的不可持续发展的类型，处于一种低效率、低能力的一种发展陷阱状态。因此在该区域的城市应减少城市生态投入，提高城市人类发展，走城市可持续发展的D模式，在改进路径上选择提质、扩容，不仅要提高城市经济发展的质量、优化产业结构，还要提高人类发展水平。

8.2　Ⅰ区城市可持续发展改进路径

Ⅰ区中的城市都是暂时处于中等人类发展水平，城市人类发展有待进一步提升，可持续发展水平较低。在未来的可持续发展改进路径上，该类城市应通过有生态效率的聪明增长来提高该区域城市人类发展，即应该在提高经济发展质量和提升福利的前提下，实现扩大经济发展规模。

8.2.1　Ⅰ区城市可持续发展改进方向

Ⅰ区城市均未达到DEA有效，相对发展效率不足，仍存在改进的空间，效率平均值为0.846，其中效率值最高的是成都，为0.957，西宁最低，为0.563。按照两项综合指标的生态投入与人类发展优化调控方向如表8-2所示。

表 8-2　Ⅰ区城市可持续发展效率及改进量

序号	城市	可持续发展效率	生态投入减少量	人类发展提高量
1	成都	0.957	0.012	0.033
2	重庆	0.902	0.028	0.095
3	西安	0.817	0.058	0.053
4	郑州	0.796	0.066	0.041
5	济南	0.799	0.065	0.011
6	长春	0.960	0.011	0.029
7	昆明	0.858	0.043	0.054
8	合肥	0.892	0.032	0.035
9	哈尔滨	0.953	0.013	0.059
10	福州	0.986	0.004	0.044
11	海口	0.821	0.056	0.055
12	南昌	0.841	0.049	0.040
13	石家庄	0.926	0.021	0.076
14	南宁	0.910	0.026	0.070
15	兰州	0.642	0.145	0.054
16	贵阳	0.752	0.086	0.081
17	西宁	0.563	0.201	0.086

对表上数据进行分析，按照生态投入提高量进行排序，西宁、兰州、贵阳、郑州、济南、西安、海口 7 个城市，在进行基于 DEA 相对效率的改进时，生态投入改进量高于生态投入提高量的平均值(0.054)，其中西宁、兰州的改进量最大，分别为 0.201、0.145，在城市生态投入上的需要**较大的改进**；南昌、昆明、合肥、重庆、南宁、石家庄、哈尔滨、成都、长春、福州 10 个城市，在进行基于 DEA 相对效率的改进时，生态投入改进量低于生态投入提高量的平均值(0.054)，城市生态投入**改进相对较小**，其中成都、长春的改进量最少分别为 0.012、0.011。

按照城市人类发展水平提高量进行排序，重庆、西宁、贵阳、石家庄、南宁、哈尔滨、海口 7 个城市，在进行基于 DEA 相对效率的改进时，城市人类发展改进量高于城市人类发展提高量的平均值(0.054)，其中重庆、西宁的改进量最大，分别为 0.095、0.086，在城市人类发展上的需要有**较大的改进**；兰州、昆明、西安、福州、郑州、南昌、合肥、成都、长春、济南 10 个城市，在进行基于 DEA 相对效率的改进时，城市人类发展改进量低于城市人类发展提高量的平均值(0.054)，生态投入提高量**改进相对较小**，其中长春、济南的改进量最小，分别为 0.029、0.011。通过和生态投入改进量进行对比，发展西宁、贵阳和海口 3 个城市在生态投入和人类发展上均需要较大的改进。

按照生态投入改进和人类发展改进量的优先顺序来讲，成都、重庆、西安、郑州、济南、长春、昆明、合肥、哈尔滨、福州、海口、南昌、石家庄、南宁这九个城市，在进行基于DEA相对效率的改进时，**人类发展改进量大于生态投入**，其中重庆市相差最大为0.067，说明这些城市需要在当前生态投入水平上，着重关注城市人类发展水平的进一步提高，这样可以以最快的速度提升可持续发展水平，在模型上表现为各个散点水平向右运动，达到DEA有效；西安、郑州、济南、长春、昆明、合肥、哈尔滨、福州、海口、南昌、石家庄、南宁、兰州、贵阳、西宁这九个城市，在进行基于DEA相对效率的改进时，**生态投入改进量大于人类发展**，其中西宁市相差最大为0.115，这些未来改进过程应重点关注生态投入的减少，以达到发展前沿面，实现DEA有效。

Ⅰ区城市的各个散点通过改进达到发展前沿面之后，需要继续沿发展前沿面运动到Ⅱ区，以求实现低投入高产出的可持续发展。考虑到Ⅰ区城市，各自的人口、地理、经济情况各不相同，在向Ⅱ区改进中，必须找到适合自身情况的发展道路。但是，考虑到Ⅰ区城市发展所面临的共同特点：暂时处于中等人类发展水平，城市人类发展有待进一步提升，存在自然资源相对稀缺、环境压力不容乐观的发展瓶颈，整体采用C模式的改进路径，在保证城市人类发展的同时，力求生态投入的缓速增长。在采用C模式改进的城市发展过程中，要求资源环境消耗与经济社会增长相对地脱钩（所谓“精明增长”或“理性增长”），经济模式是以大幅度生产流量为社会提供充分的存量（即大量生产—合理消费—循环利用的准循环经济），产品的生产与消费是地方导向的，但有适度的全球化并且强调绿色竞争优势（生产与消费低足迹的物品）。发展管理基于长期的战略并采用变革型的回溯预测方法。在资源环境问题上，采取提高技术效率的方法，强调提高生产与建设中的资源生产率。下面选取了Ⅰ区中的典型城市重庆进行分析。

8.2.2 典型城市改进路径建议——重庆

（1）继续优化产业结构

鉴于重庆总体上落后于东部，遵循发展由低级到高级的客观规律和客观过程，重庆在全局上、在主体上、在主城以外的各区县，必须主要发展和继续优化中低端水平的产业、经济、技术、研发、教育等。产业是经济的基础，要大力发展中低端产业，积极承接东部地区产业升级转移出来的中低产业，积极引进和发展劳动密集型产业，积极引进和开发虽然不是高新的但却是适用的技术。推进电子信息、汽车、装备制造、综合化工、材料、能源和消费品制造等优势产业的集群式发展。产业集群优势突出，可以优化资源配置，提高物流效率，降低物流成本，推动生产、生活服务业协同发展。同时，重庆市还应积极推进信息化和工业化的深度融合，以信息化带动工业化，提升传统产业竞争力。

重庆市第三产业中基础性行业和传统行业所占的比重过大，新兴行业、高增加值行业比重过低，第三产业的发展总体上仍处于较低层次。重庆在批发零售业、交通运输、仓储及邮政业和住宿和餐饮业方面，比重较大，有一定的比较优势。而对于金融业而言，重庆金融业比重为6%，与北京的13.2%、上海的12%相比，还存在很大的差距。同样，在信息传输、计算机服务和软件业，房地产业方面，其比重较其他直辖市来讲，也处于比较劣势。可见，重庆市高端服务业所占比重过小，不能适应需求层次的日益提高，直接影响到第三产业的发展和升级，所以，需要大力发展现代服务业，尤其要不断完善为生产服务的物流、金融等行业。

(2) 重视节能减排

因为重庆市的人均二氧化硫排放量、人均氨氮排放量、人均COD排放量高于中国的35个大中城市的平均水平，因此重庆市应该重视节能减排。在重庆市重点发展的产业中，不少产业还处于高能耗、高污染发展阶段，不符合可持续发展中资源消耗低、环境污染少的要求。今后应该重视节能减排技术的研发和运用，合理使用资源，一方面要对高能耗产品进行限制，对超限额使用能源的企业实行能源加价，研究使用清洁能源、循环利用资源，降低产值能耗，减少工业"三废"排放；另一方面，可以从高科技材料、先进设备、高技术等方面全面进行经济增长方式的改变，降低单位产品产值排污量。运用新技术提高产品或建筑的节能效率，通过交通工具及设施改进技术减少交通运营中的能源损耗。在企业生产环节，引入绿色科技和先进管理理念，实现可持续发展的进一步优化。

(3) 缩小城乡差距

重庆集大城市、大农村、大山区和大库区于一身，内部发展不平衡性十分突出，主城发展水平较高，但城乡之间、一圈两翼之间的差距悬殊，城镇居民人均可支配收入25 216元，为农民人均纯收入8 332元的3倍，而按照国际标准，城乡居民收入差距的合理范围是2∶1。重庆市2012年的城镇化率58.34%，发展不平衡十分突出。具体体现在城乡公共服务水平不均衡上，尤其是农村教育、医疗、社会保障等社会事业与城市的差距有扩大的趋势。应通过城乡结合，协调发展，逐步实现生产要素的合理流动和优化组合，促使生产力在城市和乡村之间合理分布，从而使城市和乡村连为一体的城乡经济联系的形式。通过社会保障、医疗卫生、公共文化等领域方面的投入，让农民和城里人享受平等的权利和社会保障，均等化的公共服务和同质化的生活条件；在教育方面，应稳定普通本科教育，巩固义务教育，大力发展各层次的职业教育，增加教育的公平性，提高劳动力素质。

8.3 Ⅱ区城市可持续发展改进路径

8.3.1 Ⅱ区城市可持续发展改进方向

城市生态投入和人类发展共同决定了城市发展过程中可持续发展效率。从图8-1中可以看出，Ⅱ区的城市可持续发展效率高于高人类发展水平0.8和低于国际平均生态投入水平0.500。在同效率产出水平上，35个城市中Ⅱ区域城市依靠较少的生态投入取得了超规模的经济效益，相对地走出了一条低生态投入高发展效率的可持续发展之路。根据前文对中国35个大中城市可持续发展效率DEA分析，发现有2个城市DEA有效，城市可持续发展效率相对最高，分别是北京、青岛。在中国35个大中城市范围内的技术水平条件和自身的生态投入产出绩效比较中，这两个城市得到最优的可持续发展效率，达到了范围内极值。2个城市的连线形成了可持续发展效率前沿面，这一条曲线包罗了所有城市效率值。

表8-3 Ⅱ区城市可持续发展效率及改进量

序号	城市	可持续发展效率	生态投入减少量	人类发展提高量
1	北京	1.000	0.000	0.000
2	上海	0.651	0.170	0.000
3	杭州	0.821	0.062	0.000
4	天津	0.797	0.076	0.000
5	武汉	0.598	0.179	0.000
6	青岛	1.000	0.000	0.000
7	宁波	0.578	0.214	0.000
8	厦门	0.738	0.105	0.000
9	大连	0.759	0.096	0.000
10	沈阳	0.763	0.086	0.000
11	长沙	0.908	0.027	0.000

对表上数据进行分析发现，位于该区域的城市人类发展的改进量比较少，大多数为0，相对于Ⅰ区城市的生态投入改进量来讲，Ⅱ区的城市生态投入改进量较大，平均值达到了0.90，其中宁波、武汉、上海、厦门、大连5个城市，在进行基于DEA相对效率的改进时，生态投入改进量高于该区域生态投入提高量的平均值（0.090）改进量，其中宁波、武汉和上海的改进量较大，分别为0.185、0.179和0.170，在城市生态投入上的需要**较大的改进**；沈阳、天津、杭州、长沙4个城市在进行基于DEA相对效率的改进时，生态投入改进量低于生态投入提高量的平均值（0.090），但是相对于其他城市来讲，仍需要较大的城市生态投入改进。在四象限图中直观的表现为垂直向下移动，维持城市人类发展水平不变，减少生态投入，到达可持续发展效率前沿面。

Ⅱ区的城市可持续发展改进路径——优化，参照前文所提追求城市稳态发展的S模式，在其不断追求高质量发展的改进路径上选择不断优化。该区域中的城市应首先优化城市生态投入，通过利用可再生能源、提升能效、走生态经济发展模式。然后在保持高福利水平和低投入水平的状态下，进一步优化可持续发展的空间和路径。这个空间从两个方向来实现：以现有的福利水平降低投入、以不增长（负增长）或是较低增长的投入水平来获得更高的福利水平。优化的路径包括调整产业结构和生活消费需求，优化对能源的需求结构；推动科技进步，开发可再生能源，优化能源使用效率；实行消除贫困、消除地区差异的公共政策，努力扩大并提升全社会的医疗、社会保障、教育受惠面及程度，提升全社会的福利水平等。

8.3.2 典型城市改进路径建议——北京

（1）发展绿色经济

作为实现可持续发展的重要手段之一，绿色经济要求通过增加人力资本和减少自然资本消耗来实现经济发展。北京市可以运用绿色经济中自然资本消耗规模要控制、资源分配要公平、资源生产率要提高的一般原理和量变关系，构建三位一体的政策体系来推动绿色转型。第一是绿色经济的生态规模政策。对耕地、能源等重要的自然资本。要实行总量控制，形成倒逼机制，限制 GDP 的规模和速度过快增长。第二是绿色经济的分配公平政策。每个人都有发展的机会，要把资源环境总量按照人口平均分配列各区域。初始分配体现公平，特别是贫穷人口的生态权利。第三是绿色经济的效率提高政策。通过提高技术和管理水平，提高资源环境的生产率。自然资源要通过市场机制配置到最有效率的地方去。① 要尽可能提高生态效率，用较少的生态足迹增加实现有质量的经济社会发展。

（2）实现第二产业梯度转移和升级

在当前北京市经济出现整体增速放缓、结构深度调整和升级的环境下，北京市工业已进入了从政策驱动到调结构、提质量、重升级来促发展的动力转换期。与此同时，2014 年习近平总书记亲自谋划京津冀协同发展，强调该区域的发展要坚持优势互补、互利共赢、扎实推进。京津冀一体化涉及面非常广，产业的协同发展则是其中非常重要的一个方面。北京市在第二产业梯度转移和升级的过程中，一方面要发展自己的优势产业，如燃气生产和供应业、工艺品及其他制造业、通信设备、计算机、仪器仪表及文化办公用机械制造业等，利用高新技术特别是信息技术和先进适用技术改造提升传统产业，提高现代制造业发展水平；另一方面要发展高端装备制造、新能源、节能环保和临空经济、现代物流等附加值高、科技含量高的高端产业，着力培育名优品牌，积极发展都市型工业。同时也要提升自主创新驱动水平，坚持把加强自主创新和技术进步作为转型升级的关键环节，推动北京市工业由主要依靠物质资源消耗向主要依靠技术进步、高素质人力资源和管理创新的转变。

（3）发展广义服务行业

2013 年北京市的三产结构为 0.8：22.3：76.9，第三产业比重名列全国第一，其中商务服务、科技服务业等现代服务业比较发达。北京市下一步的重点一是继续发展现代服务业，注重服务能级的提升，生产性服务业与高端服务业的发展成为城市发展的重点，加强“四化”方面的发展，即产业高端化、布局集聚化、企业总部化、业态融合化，使经济增长与城市功能的完善相统一，与生态环境的改善相统一，与市民生活水平的提升相统一；二是调整就业结构，使之与产业结构相匹配，解决北京市就业中的深层次问题，在经济结构调整中实现就业结构的优化，引导合理配置劳动力资源，使之与产业结构的演进相协调；三是在发展基于人工劳动的服务经济（狭义的第三产业）的同时，探索发展基于物质产品的服务经济以及基于生态功能的服务经济。基于物质产品的服务经济强调要获得产品的服务，并不一定非要拥有产品不可，而是可以采取租用、借用、第三方支付等多种形式。基于自然的服务包括了自然资源供给、环境净化能力，生态给生活的美感与愉悦等，很大程度上是无法由人工劳动与物质产品所替代的。通过发展广义服务行业，提高北京市的生活品质与发展质量。

（4）控制人口数量，增加财政投入

在资源和空间的双重限制下，北京市要想可持续发展，必须控制人口数量，提升人口素

① 诸大建.从“里约+20”看绿色经济新理念和新趋势[J].中国人口·资源与环境，2012.22(9)：1-7.

质。首先在整体上要疏解中心城人口，促进人口向新城和小城镇集中；其次在中心城层面，要严格控制中心城人口规模，进一步疏解旧城人口；第三个层面则是关注区域协调和生态环境改善，保证城市有足够的吸纳人才的能力。而在人口结构与素质方面，整体上要提升人口素质，优化人口结构，保障公共服务。

其次，北京市还应增加教育、医疗卫生和社会保障方面的财政投入。2013 年北京市地方公共财政预算支出 1 839.0 亿元，其中教育支出 327.2 亿元，占比 18%，社会保障和就业支出 185.5 亿元，占比 10%，医疗卫生支出 147.0 亿元，占比 8%，三项总占比 36%（图 8-2）。但就教育经支出来看，国际上按照人均国民收入为标准划分的中低收入国家的预算内教育经费占 GDP 的比例 3.5%，而北京市 2013 年该指标为 1.84%，说明北京市教育财政投入比例远低于世界同类国家；2013 年中国在医疗卫生总支出占 GDP 百分比的世界排名中占 145 位，因此即使北京在我国城市医疗卫生支出占比较大，但是同国际相比，仍需要加大投入力度。要坚持公平的原则，重视流动人口的教育、医疗和保障方面的投入；要建立健全城乡一体化发展机制，努力实现区域资源的均衡发展。

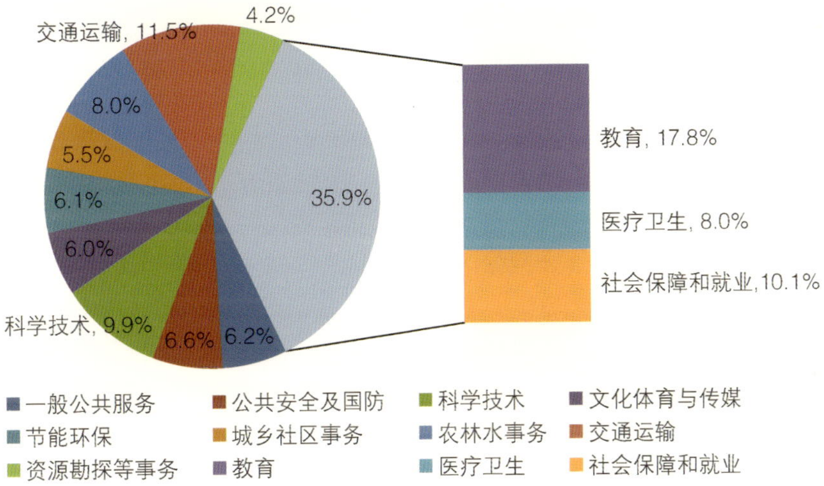

图 8-2 北京市 2013 年公共财政预算支出

8.4 Ⅲ区城市可持续发展改进路径

8.4.1 Ⅲ区城市可持续发展改进方向

按照国际平均水平划分，Ⅲ区的四个城市（广州、深圳、南京、太原）均处于高生态投入高产出的欠可持续发展阶段，其经济发展水平较高，但同时也伴随着较大的生态投入。在进行基于 DEA 相对效率的改进时，该类城市也要求城市生态投入方面的改进，且改进量比较大，广州、深圳、南京、太原的生态投入改进量分别为 0.177、0.195、0.371、0.371（表 8-4）。

表 8-4 Ⅲ区城市可持续发展效率及改进量

序号	城市	可持续发展效率	生态投入减少量	人类发展提高量
1	广州	0.650	0.177	0.000
2	深圳	0.610	0.195	0.000
3	南京	0.411	0.371	0.000
4	太原	0.412	0.371	0.000

该类城市的发展属于A模式，是自然生态系统对于城市经济社会系统的增长不存在限制的状况下发展起来的。城市发展以持续地发展流量、不断地扩大存量为特征，经济模式是典型的大量生产—大量消费—大量抛弃的线形经济，产品的生产与消费是全球导向的并且强调比较优势，然而这样的发展模式在当前自然资本成为城市发展的新的稀缺或限制因素的情况下受到了严重的挑战，因此城市发展应该转换模式，采用B模式，即提质。

按照布朗的理论，B模式就是减物质化发展模式，表现为经济仍继续增长，而物质能源投入呈零增长甚至负增长趋势，经济发展和物质能源投入之间逐渐脱钩，继而达到强可持续发展的状态。B模式认为自然生态系统对于城市经济社会系统的增长存在着严格限制的城市模式，物质消耗要求与经济社会增长实现绝对脱钩(所谓减物质化城市)，城市对技术创新可以缓冲人与自然矛盾的态度是谨慎的。城市中的经济模式是有效地利用存量，发展流量只是为了补充存量的折旧(即按照订单按需生产—合理消费—没有排放的循环经济)，产品的生产与消费是地方导向的并且强调绿色竞争优势。结合城市的发展来讲，应在物质能源投入和环境压力零增长或负增长的前提下实现经济的持续增长。具体来说，可分两大阶段：第一阶段：通过开发清洁能源、发展循环经济以及产业结构的进一步调整等措施，实现生态投入的显著减少，大大提高生态投入效率，在此基础上促进经济的持续发展；第二阶段：进一步完善生态投入与经济发展的协调关系，逐渐实现经济与物质能源投入之间完全“脱钩”。

8.4.2 典型城市改进路径建议——南京

(1) 科学制定低碳政策

随着经济总量的继续扩大和居民消费需求的不断升级，资源能源短缺、环境压力增大和发展成本的不断上升已成为南京可持续发展面临的双重约束，突破资源环境的双重约束也成为其亟待解决的问题。南京市应科学制定低碳政策，以充分发展政府和市场的作用，建立有效的激励约束制度环境，促进经济主体的生产和消费向低碳化转变。政策的制定可包括以下几个层面：第一，制定低碳能源政策，包括可再生能源、节能、能源技术等，鼓励可再生能源和清洁能源发展，降低化石能源比重，调整能源结构；第二，制定低碳技术政策，包括提高能源效率政策，高效充分利用现有能源，着重减少对化石能源的依赖，逐步用新能源替换传统非可再生资源，鼓励发展碳减排技术、碳封存技术、碳捕获技术，降低二氧化碳等温室气体和其他污染物的排放，促进低碳技术创新；此外，还应制定低碳产业政策，如鼓励低碳产业发展、低碳产品生产，限制高碳产品的生产与进入等，优化产业结构，打造产业核心竞争力；最后，还应制定低碳消费政策，如绿色包装、绿色采购、绿色交通、绿色居住等，以建立低碳消费模式和生活方式。

(2) 优化城市空间布局

南京市的人均市辖区建设面积指数比35个大中城市的平均值高出0.227，空间集约利用度不够，应进一步优化城市的空间结构布局。从人口分布看城市空间结构，主城人口过度集中，边缘人口过度分散。人口分布的极化同时造成了产业分布的极化，同时发展中存在的社会空间的分异、生态环保的要求和古城风貌的保护等问题也日趋显现。对此，南京市可以从产业空间布局，居住空间调整、交通条件的改善、生态环境的保护以及城市扩展的方式方面进行优化，以实现南京城市空间的紧凑布局目标。例如要大力挖潜土地的利用程度，使城市土地的扩张方式逐渐转变为集约扩张型，尤其要提高建设用地的利用率；优化城镇布局，促进大中小城市和小城镇合理分工、功能互补和集约发展，着力培育壮大城镇群和城市圈；确立基于资源优势的发展方向，合理布局现代农业、先进制造业、现代服务业、基础设施和民生项目，科学安排土地利用结构，推进南京市的空间结构优化。

(3) 提升人民生活福利水平

如图8-3所示为2012年南京市公共财政预算支出各项目比例，南京市2012年公共财政预算支出总数为769.66亿元，其中教育支出124.99亿元，占比16.2%，社会保障和就业支出74.07亿元，占比9.6%，医疗卫生支出45.34亿元，占比5.9%，三项总占比31.8%。以投入最多的教育来分析，虽然南京市的人口受教育程度较高，但就教育经支出来看，国际上按照人均国民收入为标准划分的中低收入国家的预算内教育经费占GDP的比例3.5%，而南京市2013年该指标为1.56%，说明南京市的教育财政投入仍需改善。

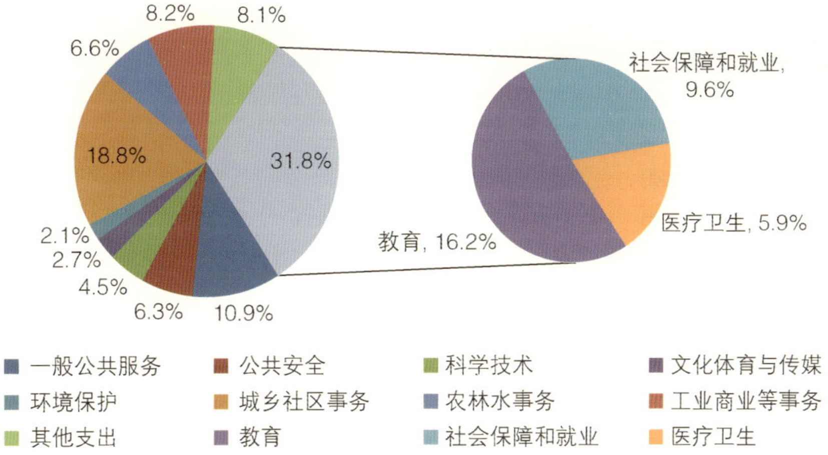

图8-3 南京市2012年公共财政预算支出

提升人民生活福利水平可以从以下几个方面来改善：首先增加公共教育投入，并且向农村教育倾斜，向薄弱学校倾斜。坚持基础教育为重点，农村教育是南京教育的一块"短板"，应在教育经费投入上给予了倾斜，缩小城乡教育差距。教育投资"软""硬"兼施，既要建设舒适的校园，配备现代化的教育设施，还应注意培养高质量的教师和优质的管理。通过优化教育投入结构，大力推进基础教育均衡发展，尽可能为每个市民提供平等的受教育机会；同时，还应提高医疗卫生方面的投入。用于改善医疗卫生条件，提高医疗技术水平，建设医疗服务体系，建设高水平医疗机构和完善基层卫生服务，配备足够并且便捷的卫生服务机构。完善基本药物制度及相关配套政策。加大医务人员培训，强化医疗服务人员的素质。健全社会保障体系，让更多的人能享受到医疗服务。

8.5 Ⅳ区城市可持续发展改进路径

8.5.1 Ⅳ区城市可持续发展改进方向

Ⅳ区城市高投入低产出，城市在投入了一定的生态资源之后并没有得到相应的产出回报，处于一种低效率的发展状态，是典型的不可持续发展类型。在进行基于 DEA 相对效率的改进时，该区域内的城市既需要在人类发展上进行改进，也需要在城市生态投入上进行改进，且在四个区域中改进量最大。呼和浩特、乌鲁木齐、银川城市生态投入改进量分别为 0.304、0.447 和 0.313，见表 8－5。

针对这一类城市建议采取 D 模式，城市的经济仍保持快速增长，资源消耗和污染先减速增长，然后再趋于稳定，最后在科技水平达到一定程度后大幅度地减少资源消耗和污染物的排放，不仅要提高城市经济发展的质量，优化产业结构，而且还要停止一些低效率又损害经济健康发展的增长方式，即采取"扩容、提质"的措施，走城市可持续发展的 D 模式。

表 8－5 Ⅳ区城市可持续发展效率及改进量

序号	城市	可持续发展效率	生态投入减少量	人类发展提高量
1	呼和浩特	0.461	0.304	0.038
2	乌鲁木齐	0.367	0.447	0.042
3	银川	0.453	0.313	0.046

8.5.2 典型城市改进路径建议——银川

(1) 提高土地集约利用度

首先，从土地利用结构上来说，参照《城市用地分类与规划建设用地标准》，银川市城市用地结构中居住用地比例和人均单项指标均超出了国家标准的上限，人均建设用地属于Ⅲ级，反映了银川市土地利用松散，集约利用程度较差的现状；从土地利用强度来讲，银川市人口密度从 2008 年的 173 人/km^2 增加到 2012 年的 227 人/km^2，但还远低于中国城市范围内人口密度(847 人/km^2)；从建筑物总体情况来看，银川市楼层普遍偏低，其城市平均建筑容积率为 0.260，远远低于全国平均水平 0.342，更是低于发达国家建筑容积率①；从土地产出

① 田广星. 宁夏沿黄城市带土地集约利用研究——以银川市为例[J]. 湖北农业科学，2013(4)：1531－1532.

效率来看，银川市地均GDP为2 503万元/km²，远低于中国城市地均GDP的平均水平2 995万元/km²，可见从土地利用结构，土地利用强度和土地产出效率各个方面，银川市在土地集约利用上都有比较大的提升空间，其城市土地经济效益和城市可持续发展水平都有待提高。

因此，在未来银川市建设中，要通过优化土地利用结构，调整各种用地类型之间的比例，增加土地的复合利用；加强土地的使用强度，主城区要降低空间成本，紧凑发展，提高人口密度，同时增加地块的容积率，增加建筑面积，增加土地投入，提高土地利用效益，同时也要坚持生态导向的原则，注重生态网络的建设，将城市建设对生态环境的破坏降低到最低水平。此外，还应不断完善城市基础设施建设水平，在今后土地利用中要不断提高土地的经济效益，同时也要通过人居环境的建设和生态环境提高城市土地利用生态和社会效益，从而实现对城市土地利用高效率和可持续。

（2）调整区域产业结构

2012年银川三次产业结构比为4.4∶54.0∶41.6，对经济增长的贡献率分别为1.7%、63.7%、34.6%，可见相对于第一、第三产业，银川市的第二产业具有绝对优势。主要是因为银川市矿产资源丰富，且具有储量大，质量优，热值高等特点，适合开采加工为优质燃煤、活性炭以及烯烃等工业产品，因此银川市支柱产业主要以煤炭型和能源型工业为主。虽然近年来，食品加工业有很大发展，但仍处于从属地位。资源依赖使得经济发展与环境之间的不协调加剧，生态足迹不断加大。

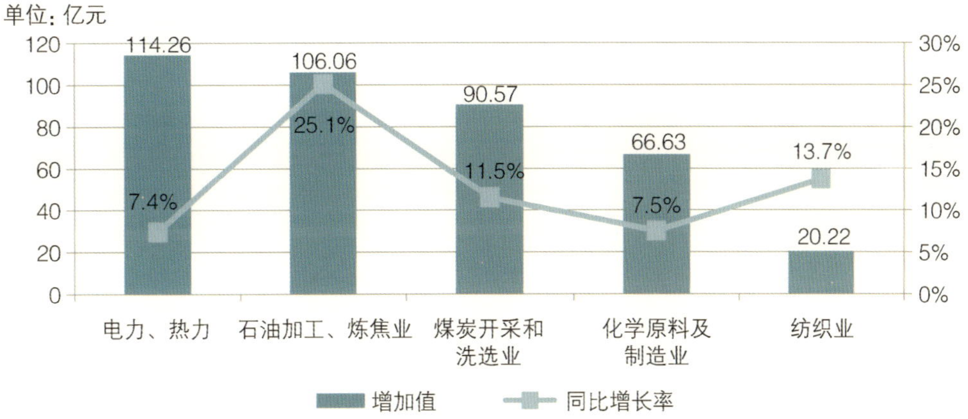

图8-4　银川市2012年主要工业产值增加值及增长率

为避免出现因资源匮乏而带来的经济停滞，同时也为了城市的可持续发展，银川市应提高资源利用效率，由单一产业独大，发展为多产业并存，具体来说，可分为以下几点：首先，发展优势产业，提高能源、化工、机械、冶金等这些优势和支柱行业的技术水平和生产规模，加快这些行业的技术创新和生产力，降低单位产值污染物排放强度，继续淘汰和关闭浪费资源、污染环境的落后工艺、设备和企业，大力发展节能、降耗、减污的工业产业；其次，发展新型产业，探索发展新能源、先进装备、新材料、生物与医疗等领域；此外，还可把园区经济作为实现经济跨越式发展的主要载体，来提高工业产能，优化生态投入。例如可以把宁东能源化工基地作为引领银川市产业发展的重要基础，打造全国一流的大型煤炭基地、煤化工产业基地、“西电东送”火电基地和循环经济示范区。把银川生态纺织园作为宁东能源化工基地的延伸区，形成上下游产业一体化的全新现代化生态环保集约型纺织工业基地。同时，把银川经济技术开发区作为引领新装备制造等新兴产业高地；把高新技术产业开发区（灵武羊绒产业园）作为优化经济结构、加快发展方式转变的实验中心；把银川科技园作为破解科技、人才瓶颈、创建国家创新型城市的重要抓手，利用“五大经济园区”大力发展循环经济与低碳经济。

随着银川市城市品级的提高，第三产业所引发的裂变效应正在逐步显现。然而，第三产业虽然起到了至关重要的作用，但仍然无法与工业经济相比。因此，银川第三产业的发展，不仅面对逐渐扩大基本面的命题，更有转型升级，改变传统结构的使命。银川市一方面可以将服务业与工业的发展结合起来。例如，通过发展生产性服务业培育制造业核心竞争优势，围绕重点产业打造“制造—服务”产业链和产业集群，通过信息交换和知识分享增加盈利、提高价值链的整体运作效率及企业绩效，不断增强企业核心竞争力。另一方面，可加快现代物流、金融债券、文化创意、电子商务、总部经济等现代服务业，改造提升传统商业，推动文化旅游融合发展，扩大规模，提升服务业档次。

（3）降低能耗，加大污染治理

因为资源禀赋，煤炭资源是银川市工业产业的主流消费能源，而且随着银川市工业企业的发展和数量的增加，煤炭资源的消耗量也在逐年增加；且银川市煤炭资源消耗排名靠前的产业主要为能源产业，非金属矿物制品业等一些以煤炭作为其重要能源或原料的产业，该类型产业具有高耗能、重污染的特点，易于引起环境污染，特别是大气环境的污染。2012 年宁夏地区生产总值能耗为 2.28 t 标准煤/万元，全国排名第一，是全国平均水平（1.04）的 2.29 倍，可以从侧面说明银川市重能耗的特点；此外，银川市除了以煤炭资源为主体的能源生产与消耗外，制药、造纸、化工等占有较大比重，造成大气与水体环境污染压力增大，出现大气污染，水体富营养化以及水质变差等环境问题。

为从根本上解决污染问题，工业企业的节能减排、能源结构调整、环境综合整治、环境能力建设等举措必须加快推进。在社会层面，需要加强政府层的政策导向，由政策法规入手，进一步完善相关法案；对于高污染、高能耗的企业，应给予限期治理的处罚，在技术改革有难度的情况下，应进行关闭和迁移。对于进行了过程改善、产品创新、产品替代、经济转型的企业，政府应给予相应的奖励，如减免税费、发文褒奖、进行企业宣传等，充分调动企业的积极性和自主性。企业应进行体制与管理创新、科学与技术创新；普通民众需要摆脱传统价值观念的影响，并充分认识到发展的本质在于生活质量和福利水平的提高，培养节约观念，杜绝高消费、高浪费。

（4）加大公共财政投入

2013 年银川市公共财政预算收入 134.60 亿元，公共财政预算支出 220.53 亿元，教育、医疗卫生、社会保障方面的支出占该城市公共财政支出的比重比较少，为 20.70%，其中教育支出为 12.2%、医疗卫生支出增长 5.1%、社会保障和就业支出增长 9.6%。因此，银川市需要加强教育体系建设、重视医疗卫生水平提升、积极改善人民生活环境、切实有效地提升人民文化体育水平、认真落实环境卫生保护等影响人类综合素质的其他方面因素的改善，建立和完善惠及民生的体制机制，稳定扩大就业、建设公租房、改革农民工户籍制度和增加农民财产性收入等多项民生工作，使城乡养老、医疗保险实现全覆盖，保证银川市综合发展水平的持续稳定提高，实现和谐、可持续发展。

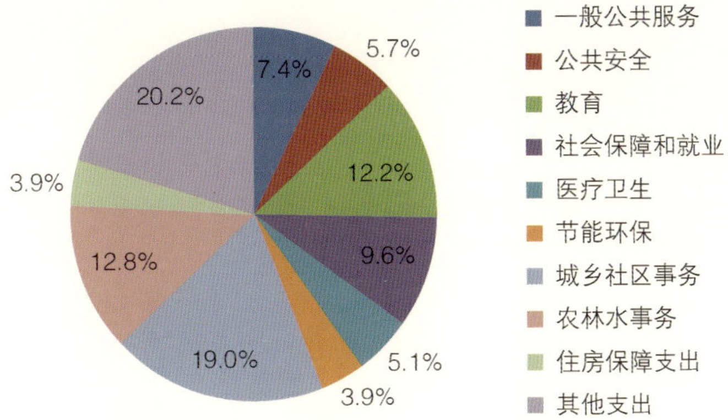

图 8-5 银川市2013年公共财政预算支出

8.6 城市可持续发展的国际最佳实践

城市可持续发展是人类发展共同的主题，需要各个国家的共同协作和努力。自20世纪以来，很多国家在修正可持续发展战略、制定相关规划、开发新能源、完善环保立法以及国际合作与援助等方面采取了一些积极行动，将更多地从关注人口增长和人均物质消耗增长，转向物质消耗稳定状态下的福利增长。强调增长应该在环境承载能力之内展开，发展中国家需要增长，发达国家需要稳态，当物质消耗达到自然极限的时候就应该更多地从增长转向发展。

国际上最佳的可持续发展实践案例可以从两个层面来分析，一是从城市整体角度看，二是专业领域角度。城市整体角度以伦敦和纽约为典型。专业领域从交通、能源、建筑等三个领域分析。

8.6.1 国际可持续发展最佳实践①

(1) 城市层面最佳实践案例

■ **伦敦市：绿色综合交通的典范**

无论是私人还是公共交通工具，不管是巴士、地铁、铁路还是公路、各种交通模式均有其自身优势。伦敦市内各种交通模式的智能集成是“全面交通解决方案”的实施范例：区域和国家级的铁路网络、公共城郊交通系统以及机场快线的有效对接，并引入了停车与交通诱导系统以及交通拥堵收费机制。仅仅过了几个月，车流就降低了37%。通过区域列车乘客可以更快地到达其目的地，环境压力也大大降低。这也是其他受到交通问题困扰的城市可以借鉴的一条途径，而且可能是唯一的途径。只有综合、智能的解决方案才能使多种交通方式高效而便捷地结合在一起，以保障未来世界大城市交通的顺畅、通达。作为绿色综合交通的

① 本节案例主要由西门子亚洲城市能力中心提供并经作者整理。

典范,伦敦通过多层级的立体交通体系和智能高效的交通管理来构建其绿色综合交通。具体来说,伦敦一方面构建了高密度、网络化的立体交通体系。伦敦的市郊铁路保障了外围新城与主城之间的交通往来,繁密的地铁线路为出行者提供了便捷的市中心的公共交通服务,区域和国家级的铁路网络、公共城郊交通系统以及机场快线之间进行了有效对接,为伦敦市民提供了从个人交通向公共交通转换的有力支撑。伦敦的立体交通中最为重要的组成部分就是综合枢纽,采用 P+R 的模式设置,不但有效抑制了私人轿车进入市中心区,也能保证市郊居民能在 1 小时内到达市中心办公地。而其公共交通成功的要素在于:由一个统一的交通机构,即伦敦交通署,负责所有公共交通和道路的交通规划和决策,而交通服务的实际运营则按合同,由承包的私营公司进行(伦敦地铁除外);在行政上对伦敦交通署实行单一管理,实行由市民选举产生的伦敦市长负责制。[①]

另一方面,伦敦市也制定了一些绿色交通的促进政策,主要政策有:鼓励人们使用真正的绿色交通方式——步行和自行车;道路拥挤收费;大力提升公共交通的服务水平等。伦敦的道路拥挤收费做得非常成功。伦敦拥挤收费系统的主要特点有:实行区域通行许可证;区域牌照;工作场所停车费的征集;多走廊实施;应用多媒体技术加快实施进度;摄像头技术能够提供更大范围的监控;能够区别不同的车辆类型;支付方便;可以在出行当天付款。通过实施拥堵收费系统,进一步缓解市中心交通压力,道路交通的速度提升 37%,道路交通流量降低约 40%,每年降低 15 万吨二氧化碳排量,NOx,PM 排放量减少了 13%～15%;出行时间节省 17%。[②]

绿色综合交通:多层级的立体公交体系和高效智能的交通管理

城际列车:优化郊区和市中心的连接
希思罗快线:连接机场和市中心的快速轨道
城市拥堵收费:减少市中心的个人交通流量
基于卫星的公交车追踪系统:实时、准确的公车定位和乘客信息服务
设定"低排放区":摄像头确保排放的降低
混合驱动的公交车:创新驱动技术,大大降低污染物排放

优化市区与郊区的高效连接,降低个人通勤交通流量,使大伦敦区域的交通效率大大提高。通过实施拥堵收费系统,进一步缓解市中心交通压力,道路交通的速度提升 37%,道路交通流量降低约 40%,每年降低 15 万吨二氧化碳排量,出行时间节省 17%。

图 8-6 伦敦市绿色综合交通

■ **纽约市:智慧弹性的城市安全保障**

2012 年的超级飓风"桑迪"夺去了 41 名纽约人的生命,致使超过 80 万纽约市居民无电可用,仅财产和经济损失就高达 190 亿美元左右。不仅如此,纽约近年来已经遭遇了越来越多的极端天气事件。因此,为了增强其基础设施的灾害承受能力,纽约市市长布隆伯格发起了一项斥资 200 亿美元的计划,以投资建设强韧型设施,加强纽约市的防御力量。报告概述了诸多计划,包括修订建筑法规,以保护关键型基础设施,以及投资修建防洪设施,如防洪

① 卡米拉.维恩,沈璐.大伦敦交通策略与城市发展[J].上海城市规划,2012(2):56-57.

② Paulo Sergio Custodio.绿色交通相关问题概述[J].城市交通,2007(4):35.

堤、堤坝和导流洞封堵头等，以保护纽约市绵延520英里的海岸线。纽约运用的先进基础设施技术包括低损耗的高压直流输电、分布式能源和微型电网、强韧型楼宇技术应用、高效可靠的地铁信号控制系统等。纽约州可以说是分布式能源的先锋，率先提出要在政策上全面向分布式能源靠拢。它从1978年开始提出应用分布式热电联产，随着政府陆续出台优惠税收政策、天然气的不断普及以及新型燃气发电技术的研究利用，分布式能源得到了一定的发展。位于纽约布朗克斯的Coop城，依靠本地一座4万千瓦热电联产电厂(CHP)，并结合智能电网技术的应用，形成区域微电网，可以在紧急情况发生时脱离电网独立运行。通过利用清洁能源，为整个区域超过60 000个居民提供可靠的电力、热水、暖气和空调。多余的电力还可以出售给当地的电力公司，大大减少了投资回报周期。2012年的超级飓风“桑迪”期间，当周边大部分区域无电可用时，Coop城的居民却拥有可靠的电力、暖气和自来水供应，依靠其自有微型电网，Coop城得以保持正常供电。

另外一个已经改善了纽约市的灾害承受能力的大型项目，是能够跨越很远的距离，以极低的损耗输送电力的高压直流输电线路(HVDC)。自2013年6月起，通过一条高压直流背靠背输电线路将新泽西电网与纽约市电网连接起来，以根据需要向纽约市输送66万千瓦的补充电力。虽然新泽西电网与纽约市电网之间早已实现互连，但这条背靠背输电线路在提高输电容量的同时，还具备快速响应功能，对两侧电网都能起到稳定作用，可降低电力断供风险。

同时，待2014年年初落成时，世界贸易中心一号楼(1 WTC)将成为强韧型楼宇技术的典范。通过可靠、高效的配电系统实现了电路保护，这将有助于确保为这栋纽约市最高的建筑物提供稳定、可靠的电力。此外，当出现过压时，该系统可以立即关断电源。通过自动化技术应用，在紧急情况发生时，也能够确保世界贸易中心一号楼的紧急通风系统能够可靠运转。

纽约市：面向未来的弹性城市，保障城市安全

HVDC连接新泽西于纽约电网：在提高输电容量的同时，还具备快速响应功能，对两侧电网都能起到稳定作用，可降低电力断供风险。

世贸中心1号楼强韧型楼宇技术应用：提供稳定、可靠的电力，当出现过压时，系统可以立即关断电源，同时通过自动化技术确保紧急通风系统的可靠运转。

Coop区域分布式能源和微型电网：通过本地热电联产电厂，结合智能电网技术的应用，形成区域微电网，可在紧急情况发生时脱离电网独立运行。

高效可靠的地铁信号控制系统：提高发车频率，降低了对轨道沿线设备的需求。通过实时追踪多达220辆列车，密切监控各种事件，发生紧急状况时快速响应。

图8-7 纽约市可持续发展主要措施

作为570万纽约市民日常生活中不可或缺的一部分，纽约市地铁系统早在一个多世纪以前就已经投入运行，是全世界最老的地铁系统之一，必须不断升级。往返于曼哈顿Chelsea与布鲁克林Canarsie之间的L号线地铁应用了基于无线技术的信号控制系统，使列车与列车之间以及列车与控制中心之间能够相互通信。这个系统为提高发车频率创造了条件，降低了对轨道沿线设备的需求，并且能够将地面设备安装在更加安全的位置。如有洪灾预警，可以提前将沿轨道部署的电台设备转移到安全的地方。同时，通过一个综合的地铁

IT 管理系统，实时追踪多达 220 辆列车，密切监控各种事件，当发生紧急状况时快速做出响应。譬如，通过疏散隧道内的列车，或者让列车从受影响的线路改道其他安全线路。

除了运用坚韧性基础设施的新技术外，纽约市通过市场化的方式对区域地标性建筑进行节能改造，辅以绿色建筑的财政激励措施。在纽约，现有建筑的气体排放占到了城市温室气体排放总量的 50%—80%，为了降低建筑能耗，纽约市对区域地标性建筑进行节能改造。以纽约帝国大厦为例，它采用了“膝盖”原则，即在成本收益曲线斜率发生最大转折的点上，进行现有设备的改良和效率提升。其节能措施主要分为三个方面：①改造基础设施，直接减少能耗。通过对窗户、照明、插座、隔热装置这些大厦基础设施的改造直接减少能耗。措施包括将现有 6 500 扇玻璃窗更换为隔热玻璃并加装蒸汽散热器，同时改造大厦的通风系统、插座和照明系统；②提高既有装备的效率。对空气过滤装置和制冷机等既有装备进行改造。将现有的超过 300 个空气过滤装置换成更少、更新、更高效的空气过滤装置，同时更换现有制冷机的部分零部件，有效地提供能效利用率和制冷机的可控性；③调节节能系统。控制和监视能源的实际使用情况，对节能系统进行调节以适应条件的变化。鼓励现有租户在大楼节能的持续性方面做出努力、按需控制换气系统、优化暖通空调（HVAC）系统的运行效率并提供有关电能使用的更多细节。预计工程完工后将为该地标性建筑节能近 40%，每年节省 440 万美元能源费。此外，纽约市还建立了能源规划局和能源效率机构，加强能源和建筑规范，优化激励机制。通过对购买高效耗能器具的用户，新建节能住宅的开发商、设计者和业主，节能建筑设备等进行补贴和税收减免，同时配以“能源之星”标识等关键性配套政策措施，来推进建筑节能。

（2）专业领域最佳实践案例

■ **智能交通**

从交通角度来讲，城市一方面可通过交通体系和智能高效的交通管理来改善现有交通，另一方面，也可通过配套政策来限制整体交通规模。柏林是通过综合集成的智能交通管理系统来进行交通节能。柏林交通控制中心，先是通过公私合作机制，利用线圈、视频、浮动车等技术建立了覆盖道路、公交、出租车等多模式交通的立体化检测系统，将柏林私人和公共交通、商业运输等所有的交通要素集成到了一个城市交通管理系统中，监控柏林超过 1 500 km 的道路网络；监控并可实时调整柏林市约 2 000 个交叉口的信号控制；通过主要设置在柏林高速公路上的 9 个可变信息板系统，进行实时交通信息的发布，并且将交通信息实时传输到区域主管部门。

柏林：综合集成的智能交通管理系统

- 集成交通要素：利用线圈、视频、浮动车等技术；
- 监控：道路网络、交叉口的信号控制；
- 在线的信息服务：路径规划、实时交通状态信息及停车服务等；
- 交通流预测：短期、中期、长期；
- 预测街道污染情况：采集关键点环境数据

基于该综合集成的智能交通管理系统，实现了交通信号控制优化、可变车道管理、实时信息服务、勤务管理、公交优先信号等多种交通管理功能。

图 8-8 柏林综合集成的智能交通管理系统

同时，柏林交通控制中心提供多类在线的信息服务，包括为私人及公共交通提供路径规划、实时交通状态信息及停车服务等。柏林交通控制中心也是德国第一个能够提供多模式动态路径规划服务的系统，可以将私人交通与公共交通整合到一次出行路径中，以便出行者能够规划其最合理的出发时间；同时也集成了交通事件及道路施工的信息。随着手机设备及卫星定位系统的逐渐普及，相关信息可以直接下载到用户的车辆导航系统或手机中；柏林交通控制中心可以通过覆盖全部交通基础设施的交通数据来进行短期、中期、长期的交通流预测。通过使用一个交通仿真程序，柏林交通控制中心能够提供未来15～30 min的交通状态预测，并且每5～15 min更新一次当前估计状态及交通流预测信息，并且通过分析交通状态，能够预测交通流量、旅行时间及网络通行能力。同时，通过采集柏林道路网络中关键点的实时交通流数据及环境数据，并将其整合进一个交通控制中心的决策支持系统，可以预测柏林每条街道的污染情况。总之，基于交通管理系统，柏林交通控制中心实现了交通信号控制优化、可变车道管理、可变限速管理、实时信息服务（广播、可变信息板、车载终端等多种方式）、勤务管理、大型活动管理、公交优先信号等多种交通管理功能。

■ **绿色能源**

杜塞尔多夫Lausward电厂：全球最高效、最环保的燃气蒸汽联合循环电厂

■ 燃气轮机：输出功率相当于22台大型喷气式客机发动机的输出功率总和，结合一台安装在下游位置的蒸汽轮机，一套机组即可实现高达59.5万千瓦的发电量，这是世界首创；

■ 发电效率：电厂的发电效率将达到61%以上，这将打破“Ulrich Hartmann”联合循环电厂创下的60.75%的发电效率纪录；

■ 废热回收：在一个附加工艺流程中，电厂的废热将被用于杜塞尔多夫市集中供暖。为此目的而采集的30万千瓦热能将创下燃气轮机发电设备所能回收的热能总量的世界纪录。

这座电厂的年二氧化碳排放量会低于全球发电厂平均二氧化碳排放量约70万吨。这相当于大约35万辆乘用车每年行驶1.5万公里所排放的二氧化碳总量。

图8-9 杜塞尔多夫Lausward电厂特点

从绿色能源角度来讲，虽然世界各国都把开发利用新能源作为解决能源和环境安全的重要措施和途径，但是不可否认，目前新能源开发利用仍面临比较大的瓶颈制约。因此，如何通过技术创新体系改进现有能源利用方式也是目前非常重要的一个方面。杜塞尔多夫Lausward电厂是全球最高效、最环保的燃气蒸汽联合循环电厂，发电效率将达到61%以上，计划于2016年开始发电供热。这座电厂将配备燃气轮机、蒸汽轮机以及额外的废热回收系统。它的燃气轮机输出功率相当于22台大型喷气式客机发动机的输出功率总和，其重量相当于一架空客A380满油情况下的重量。结合一台安装在下游位置的蒸汽轮机，杜塞尔多夫电厂的一套机组即可实现高达59.5万千瓦的发电量，这是世界首创。此外，电厂的发电效率将达到61%以上——这将打破巴伐利亚州伊士尔京镇建造的“Ulrich Hartmann”联合循环电厂创下的60.75%的发电效率纪录。在一个附加工艺流程中，电厂的废热将被用于杜塞尔多夫市集中供暖。为此目的而采集的30万千瓦热能将创下燃气轮机发电设备所能回收的热能总量的世界纪录。非常值得一提的是，它可以在 30 分钟内达到满负荷发电量。并网发电后，电厂可以实现高达 85%的总体天然气燃烧效率。因此，这座电厂的年二氧化碳排放量会低于全球发电厂平均二氧化碳排放量约 70 万吨。这相当于大约 35 万辆乘用车每年行驶 1.5 万公里所排放的二氧化碳总量。

■ **建筑节能**

首先，是新旧建筑的节能方面，纽约市的帝国大厦是既有单体建筑节能改造的典型案例，上文已分析，不再赘述。在城市层面，也有系统化进行整体节能改造的例子，如柏林。针对全市 164 座政府拥有的公共建筑，包括学校、医院、办公楼、体育设施等，政府通过合同能源管理的方式进行整体的节能改造，改造前的能源成本约为每年 1 720 万欧元，通过各领域节能技术的应用(整体能源管理系统、供热法规更新、改造空调通风系统、更换高效照明系统、高效节水设施、智能控制系统等)，每年可以节省 530 万欧元的能源费用。12 年的合同期限内共节省 6 360 万欧元的能源费用。通过这样市场化的方式进行城市级公共建筑的节能改造，柏林市总共减少了 348 000 t 的二氧化碳排放，也为未来发展低碳城市建立了技术可行、经济可行、市场认可的发展模式。

马尔默市西海港地区：可再生能源的城市住宅区

■ 用电：楼顶的太阳能加上区域风机；

■ 供热及制冷：地热+太阳能；

■ 雨水：导流明渠，汇流大海；

■ 厨房垃圾回收：被加工生成沼气

图 8-10　马尔默市西海港地区：可再生能源的城市住宅区

对于新建建筑住区的节能减排，瑞典马尔默市西海港地区是全世界最大的 100%使用可再生能源的城市住宅区，已建成的区域内有 1 600 户、约 5 000 人生活于此，西海港地区北面 3 公里处的一座 2 兆瓦的风机加上楼顶上的太阳能发电板基本可以满足区域内的用电需求。在供热及制冷方面，地热占 60%，太阳能占 20%～30%，剩下的是海水能量交换；此外，还有它的厨房垃圾回收系统也非常先进。住户把剩饭剩菜倒在楼层专用垃圾箱，这些厨房垃圾就会顺着专门回收厨余的管道，送往巨大的储藏罐内，再由专用垃圾车运到郊区的垃圾清空站。经过专业处理，这些厨房垃圾最终被加工生成沼气，成为替代汽油的生物燃油或者生物燃气。

而对于单体公共建筑，坐落于伦敦皇家维多利亚码头的“水晶”是一座“与智能电网高效整合的智能建筑”，体现了未来建筑作为整个城市能源网络有机组成部分的方向，它同时获得 LEED 和 BREEAM 的绿色建筑最高奖项。通过创新技术，它可利用太阳能、风能以及地源热泵进行自主发电。在建筑内拥有一个未来可持续发展城市的展示厅，向人们展示了助力于城市可持续发展的现代技术，以及目前世界上最大最全面的绿色解决方案组合。“水晶”融合了雨水收集、太阳能加热和创新的楼宇管理系统，可自动控制并管理能源，楼宇运行和基础设施以实现更高效、更舒适的目标。包括被动式技术在内的绿色设计，为建筑提供了良好的隔热性能，也将能效提高到了一个新的水平。同时，它还设有为电动汽车充电的充电站，为邻近区域的电动汽车用户提供服务。

“水晶”：面向未来，与智能电网高效整合的智能建筑

1. 世界一流的楼宇管理
2. 自然光的广泛使用
3. 低能耗混合模式通风
4. 智能的全电式建筑
5. 雨水收集与回收
6. 污水处理与循环
7. 最高效的供热/冷设计
8. 节水景观设计

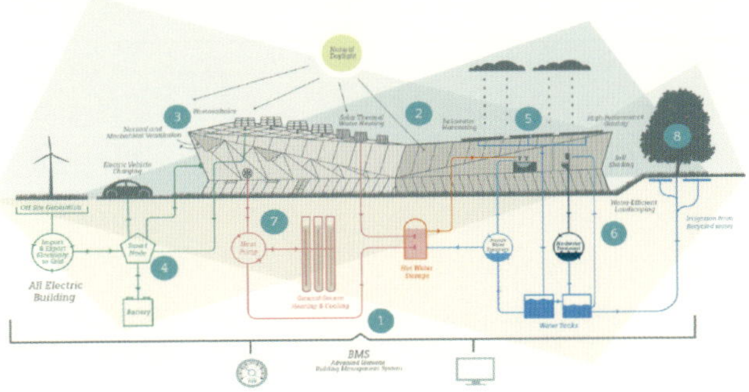

图 8-11 “水晶”：面向未来，与智能电网高效整合的智能建筑

8.6.2 典型城市最佳实践方案

借鉴国际城市化最佳实践和优秀案例，参考新的城市化理念和技术，根据城市的具体情况，结合不同发展模式和改进路径的特点，各个城市应因地制宜地选择具体的措施和政策。

首先，分析重庆市，根据《重庆市现有公共建筑能耗状况调研报告》表明，95%的既有建筑节能“差”，而且大量的公共建筑空调、照明耗能逐年递增，所以重庆市应该对既有建筑和新建筑进行节能改造，并出台相关的措施促进节能改造。在其产业结构中，虽然重庆市第三产业比重较高，但是其中基础性行业和传统行业所占的比重过大，并且在重庆市重点发展的产业中，有不少产业还处于高能耗、高污染发展阶段，因此，还应进一步提升工业效率，同时大力发展现代服务业。

北京市可持续发展状况相对比较好，但是还有很多问题不容忽视，比如交通拥挤、能源过度消耗等。北京市应借鉴伦敦拥堵收费、柏林综合集成的智能交通管理系统等相关的经验，推进交通系统综合化、集成化。同时，为了保障城市安全，更好为核心功能（政治中心、文化中心、国际交往中心和科技创新中心）服务，还应借鉴纽约Coop区域分布式能源和微型电网、高效可靠的地铁信号控制系统等，推进智能电网的构建，实现电网的可靠、安全、经济、高效、环境友好和使用安全等多重目标。

南京市属于高投入高产出的以生态的消耗为前提的不可持续的发展方式。因此，南京应该在环境承载能力之内发展，同时实现福利增长。南京市的整体能耗当中，工业的比重很大，约占65%左右。因此，南京市应通过产业转移和升级提质并重的方式，促进工业的现代化以及工业行业的节能减排，并开展重点能耗行业和企业的节能减排；此外，南京的交通的能源消耗量也非常大，因此一方面要完善公共交通网络的覆盖率和便捷程度，推广绿色交通；另一方面要借鉴新加坡、东京和中国台湾等地区，建立以公共交通（TOD）为导向的开发模式、P+R的模式，完善、优化用地功能布局，提高职住平衡指数。还可以借鉴柏林综合智能交通管理体系的经验，来优化城市交通管理系统，提升道路基础设施效率；最后，南京市还

应优化能源结构，选择性采用电热冷三联供的区域供能方式、智能电网或微网技术等来提高能源利用效率和灵活性，同时增加对清洁能源和可再生能源的利用。

银川市人均 COD 排放量、人均二氧化硫排放量、人均氨氮排放量远高于中国的 35 个大中城市的平均水平，并且其土地集约利用度不够，集约复合利用和建设空间潜力很大，因此，在城市未来的建设中，应加强对新建筑节能减排的要求，增加建筑对太阳能等可再生能源的应用，从源头上推进建筑节能；此外，银川市的重工业比重比较大，能源消耗以煤炭为主，具有高耗能、重污染的特点，易于引起环境污染，特别是大气环境的污染，为从根本上解决污染问题，银川市应进一步调整产业结构，降低能耗，督促工业企业的节能减排。

表 8-6 典型城市潜在最佳实践方案

区域	城市	发展模式选择	潜在最佳实践方案
Ⅰ区	重庆	C 模式(扩容)	既有建筑和新建筑节能改造 进一步提升工业效率
Ⅱ区	北京	S 模式(优化)	推进交通系统综合化、集成化 推进智能电网的构建
Ⅲ区	南京	B 模式(提质)	改善产业结构，开展节能减排试点 完善交通体系，优化交通管理系统 优化能源结构，提升能源利用效率
Ⅳ区	银川	D 模式(提质+扩容)	新建筑节能减排 调整产业结构，降低能耗

第三篇

长三角 16 个城市可持续发展评估

9 长三角16个城市生态投入指数排名与解读

本章节首先分析了长三角16个城市生态投入指数的水平排名、区域分布，然后就资源消耗和污染排放两类分项指标状况深入解读16个城市的生态投入状况，并与全国35个大中城市进行了比较。

9.1 长三角16个城市生态投入指数排名与解读

9.1.1 城市生态投入指数排名

基于城市生态投入指标体系和测算方法，对长三角16个城市的资源消耗、污染排放水平和综合的生态投入水平进行定量分析，得到各个城市生态投入指数和资源消耗指数、污染排放指数的测算结果与排名，详见表9-1。

表9-1 长三角16个城市生态投入指数及分项指数排名

城市	生态投入指数		资源消耗指数		污染排放指数	
	得分	排名	得分	排名	得分	排名
台州	0.204	1	0.189	2	0.219	1
南通	0.295	2	0.207	3	0.384	3
常州	0.333	3	0.388	9	0.279	2
嘉兴	0.347	4	0.209	4	0.486	6
绍兴	0.361	5	0.212	5	0.509	10
扬州	0.378	6	0.295	7	0.461	4
湖州	0.384	7	0.263	6	0.506	8
泰州	0.408	8	0.185	1	0.631	14

续 表

城市	生态投入指数		资源消耗指数		污染排放指数	
	得分	排名	得分	排名	得分	排名
杭州	0.440	9	0.415	10	0.464	5
镇江	0.473	10	0.384	8	0.561	12
无锡	0.506	11	0.520	11	0.492	7
苏州	0.550	12	0.560	12	0.539	11
舟山	0.587	13	0.601	13	0.574	13
上海	0.608	14	0.707	15	0.508	9
宁波	0.653	15	0.624	14	0.682	16
南京	0.821	16	1.000	16	0.643	15

从指数的排名情况来看，长三角地区生态投入指数从小到大依次为：台州、南通、常州、嘉兴、绍兴、扬州、湖州、泰州、杭州、镇江、无锡、苏州、舟山、上海、宁波和南京。其中，南京和宁波的生态投入指数分别为 0.821 和 0.653，明显高于长三角其他城市(长三角均值为 0.459)，可见，南京和宁波的经济发展伴随着较高的生态投入。上海是长三角地区最大的经济中心城市，经济高度发达，其生态投入居高不下，随着产业结构转型与升级的推进，产业结构不断优化升级，生态投入排名第 14 位。浙东地区的舟山，近年来经济发展迅速，城镇化进程不断推进，生态投入水平也较高，仅次于南京、宁波和上海，综合排名第 13 位。苏南的核心重工业区镇江、无锡、苏州，工业经济高度发达，其代价是伴随着较高的生态投入，这三个城市的综合排名仅次于舟山、上海、宁波和南京，分别为 10 位、11 位和 12 位。而浙东的台州和绍兴、苏中的南通和扬州、浙北的嘉兴和湖州，由于产业定位等因素生态投入在长三角中处于较低水平，分别排名第 1 位、5 位、2 位、6 位、4 位和第 7 位。

可见，当前我国长三角地区经济的快速发展仍然与水、土、能、材等生态投入密切相关，产业类型是生态投入的主要影响因素，苏南地区仍发展较多耗能较高的重工业，而台州、南通、嘉兴、绍兴等城市以能耗相对较低的加工制造业、纺织业等为主。

9.1.2 城市生态投入水平分级

根据城市生态投入水平的差异程度，可将长三角 16 个城市的生态投入水平分为 3 个级别，分别代表三类不同程度的投入水平。

由表 9-2，图 9-1 可见，第Ⅰ级别城市的分值低于 0.40，生态投入均值为 0.329，包括台州、南通、常州、嘉兴、绍兴、扬州和湖州 7 个城市，这些城市的生态投入水平相对最低；第Ⅱ级别城市的分值在 0.40～0.60 之间，生态投入均值为 0.494，包括泰州、杭州、镇江、无锡、苏州、舟山 7 个城市，这些城市的生态投入水平基本处于中等水平；第Ⅲ级别城市的分值在 0.60 以上，生态投入均值为 0.694，具体包括上海、宁波和南京 3 个城市，这三个城市的生态投入水平较高。

表 9-2　长三角 16 个城市生态投入水平分级情况

水平等级	城市	均值	个数	特征
第Ⅰ级别	台州、南通、常州、嘉兴、绍兴、扬州、湖州	0.329	7	低生态投入
第Ⅱ级别	泰州、杭州、镇江、无锡、苏州、舟山	0.494	6	中等生态投入
第Ⅲ级别	上海、宁波、南京	0.694	3	高生态投入

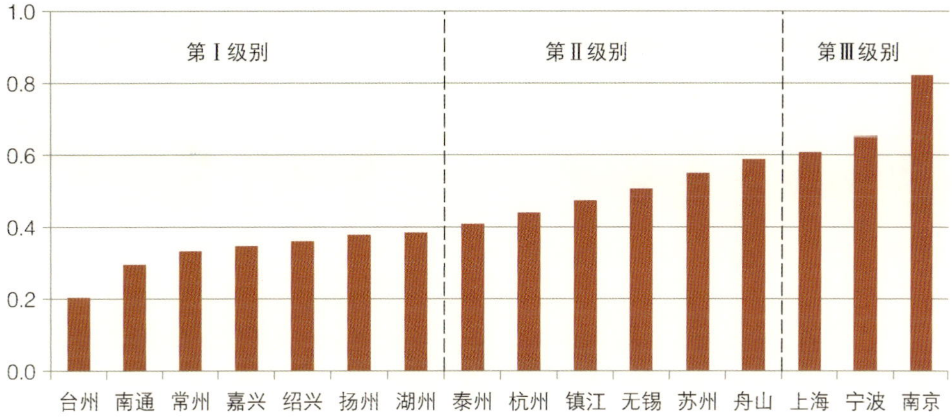

图 9-1　长三角各城市生态投入分级情况

9.2　长三角 16 个城市生态投入指数区域分析

按照传统的区位划分方法，将长三角地区划分为苏南、苏中、上海、浙北和浙南六个区域，将 16 个长三角地区进行归类，如表 9-3 所示。

表 9-3　中国长三角地区区域分布情况

区域	城市	总数
苏南	南京、无锡、镇江、常州、苏州	5
苏中	扬州、泰州、南通	3
上海	上海	1
浙北	杭州、嘉兴、湖州	3
浙东	宁波、绍兴、舟山、台州	4

9.2.1 综合指数区域分析

(1) 生态投入指数区域分布情况

生态投入较低的8大城市中,苏南占1个席位,苏中占3个,浙东占2个,浙北占2个(图9-2)。可见,苏中的生态投入水平相对最低,其中南通、扬州和泰州三个城市分别排名第2位、第6位和第8位;浙北和浙东的生态投入也处于较低水平,浙北的嘉兴和湖州分别排名第4位和第7位,浙东的台州和绍兴分别排名第1位和第5位。

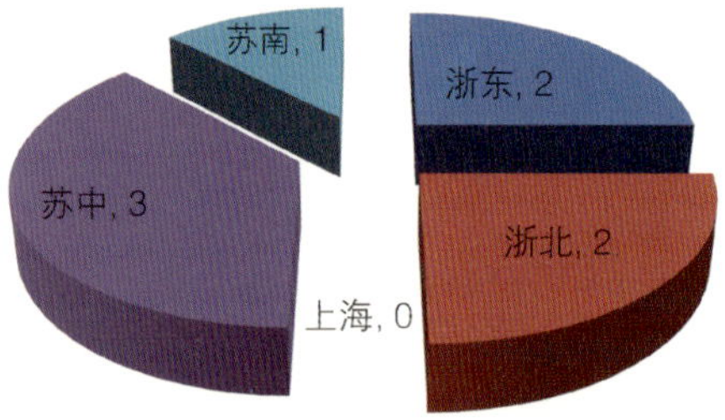

图9-2 生态投入最低的8大城市区域分布

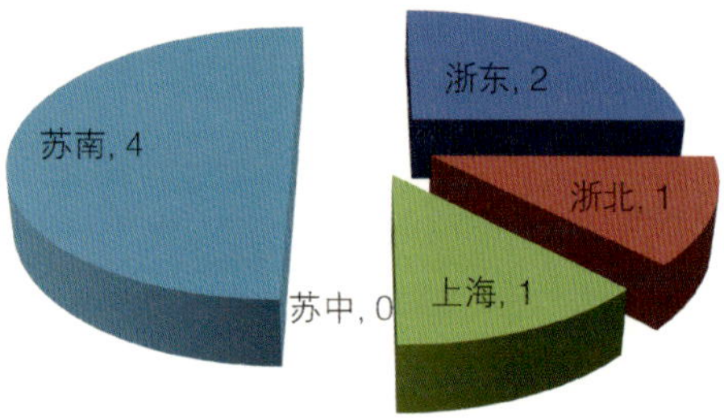

图9-3 生态投入最高的8大城市区域分布

生态投入较高的8大城市中,苏南占4个席位,苏中占0个,浙东占2个,浙北占1个、上海占1个(图9-3)。可见,上海和苏南地区的生态投入水平相对较高,苏南5个城市中有4个城市的生态投入排名后8位,其中南京的生态投入指数排名最后,为0.821,远大于其他长三角城市;而苏州、无锡和镇江分别排名第12位、11位和10位。此外,浙东的舟山和宁波的生态投入水平也相对较高,排名第13位和15位。

从几大区域的平均生态投入水平来看,长三角地区的生态投入存在一定差异(图9-4)。总体来说,上海的生态投入水平最高,平均生态投入指数为0.608,高于其他地区(苏南:

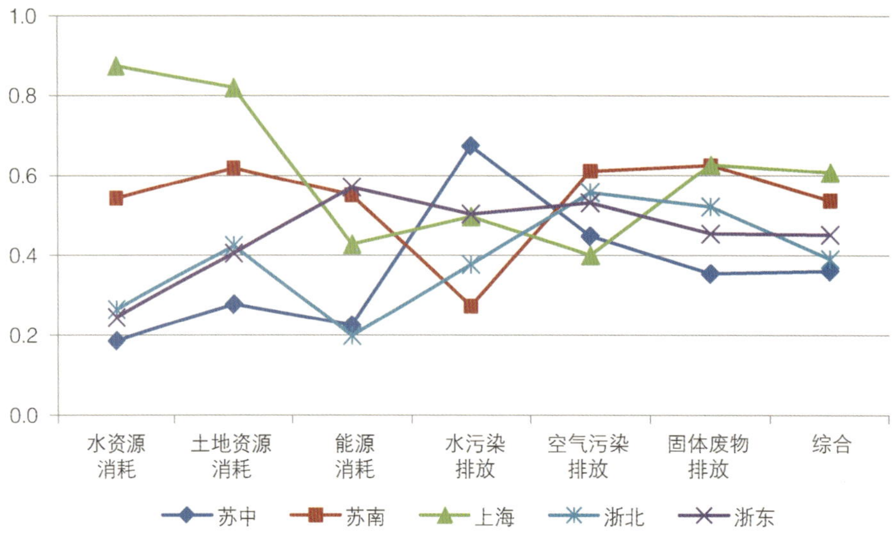

图9-4 长三角地区生态投入水平区域差异情况

0.537;浙东:0.451;浙北:0.390;苏中:0.361),同时生态投入的六个分项指标波动也较大。其中上海的水资源消耗指标、土地资源消耗指标远高于其他区域,空气污染排放指标最低。苏南地区的生态投入水平与上海接近,也处于较高水平,生态投入指数平均值0.537。除在水污染排放指标上显著低于其他各区域外,苏南地区其他分项指标均高于其他各区域。可见,苏南地区当前有必要进一步加快产业升级,解决由于石化、钢铁、建材等传统产业发展所带来的高水平资源消耗和由此导致的空气污染、固体废物排放等。浙东地区生态投入指数平均值为0.451,除水资源消耗指标平均值为0.244,其他分项指标均在0.4~0.6范围。浙北地区和苏中地区的生态投入指数平均值分别为0.390和0.361,两个地区的生态投入都较低,分项指标上存在一定的波动。苏中和浙北地区能源消耗指标都较低,分别是0.225和0.198。苏中地区的主要问题是水污染排放指标最高,达到0.674,纺织、冶金、医药、化工等行业造成的水污染排放较大,且污染治理措施和设备欠缺,可能是导致该地区水污染排放较大的原因。

9.2.2 分项指标区域分析

水资源消耗指标方面,各地区之间水资源消耗指标平均值差异较大。上海的水资源消耗指标最高,为0.874,其次为苏南地区,平均值0.542,苏中、浙东、浙北三个地区比较接近,生态投入指数平均值分别为0.186、0.244、0.264。上海地区水资源消耗远高于其他地区,并且在16个长三角地区中排名第15,全国35个大中城市中排名第32位,一定程度上与其火电行业等造成的水资源消耗、节水管理措施与节水宣传欠缺有关。[①] 苏南地区南京、苏州、无锡、常州、镇江5个城市的水资源消耗均位于16个城市的后8位,分别排名第16位、14位、13位、10位、9位,整体都属于水资源消耗较大的城市。

土地资源消耗指标方面,各地区之间的土地资源消耗指标平均值存在一定的差异。上海平均值最高,为0.820,其次为苏南地区0.618,浙东和浙北地区比较接近为0.405和0.424,苏中地区最低为0.277。上海和苏南地区6个城市土地资源消耗指标均位于16个城市的后8位,一方面连绵城市化区域的土地蔓延式利用特征,另一方面经济增长过多依赖对土地资源消耗,都可能是造成这6个城市土地资源消耗过大的原因,促进建设用地集约利用以及区域一体化的土地资源管理措施落实对该地区可持续发展有明显必要性。浙北地区除杭州排名14位,其他2个城市都排名前8位。浙东地区则内部呈现两极分化,台州和绍兴在16个城市中排名第2位和第5位,而舟山和宁波则分别是第13位和第8位。

能源消耗指标方面,各地区之间的能源消耗指标平均值存在一定的差异。苏南和浙东地区的能源消耗指标平均值较高,为0.550和0.570,其次为上海0.428,苏中和浙北地区都较低,为0.225和0.198。苏南5个城市能源消耗指标都排名长三角16城市的后八位。浙东地区城市能源消耗指标状况与土地资源消耗情况类似,也是内部两极分化,台州和绍兴在16个城市中排名第3位和4位,而舟山和宁波则分别是第14位和15位。苏中和浙北地区城市的能源消耗指标则均排名前八位,指标值均在0.15~0.3之间。

---

① 赵亮.水资源消耗与经济增长的相关性分析——以上海市为例[J].价格理论与实践,2009(2):44-45.

水污染排放指标方面，各地区之间水污染排放指标平均值差异显著。苏中的水污染排放指标平均值最高，达 0.674，其次为上海和浙东的 0.497 和 0.503，苏南和浙北地区都较低，为 0.273 和 0.377。苏中地区泰州和扬州的水污染指标较高，分别排名第 16 位和第 13 位。浙东地区除台州排名第 2 外，绍兴、舟山和宁波 3 个城市的水污染指标都靠后，排名第 14 位、15 位和第 11 位。上海排名第 10。苏南地区除南京排名第 12 外，都排名前六位，这与苏南地区近年来狠抓污染治理，水污染排放得到一定程度遏制有关。以无锡为例，2013 年无锡市全面推进太湖水污染治理目标的十四大类任务，其中太湖综合治理重点工程 375 项，随着一大批太湖治理重点工程的建成投用，无锡市太湖水环境综合治理工作取得一定进展。

空气污染排放指标方面，各地区之间空气污染排放指标平均值差异不显著，基本在 0.4～0.6 的区间。苏南地区相对较高为 0.610，其他地区从高到低依次是浙北 0.557，浙东 0.531，苏南 0.448 和上海 0.400。苏南地区除常州空气污染排放排名第 2 外，南京、苏州、无锡、镇江都位于后八位。其他地区内部空气污染排放指数都呈现分化趋势，如浙东地区台州、绍兴、舟山和宁波分别是第 1 位、7 位、6 位、16 位。可见长三角地区空气污染排放指标的区域特征并不显著（图 9－5）。

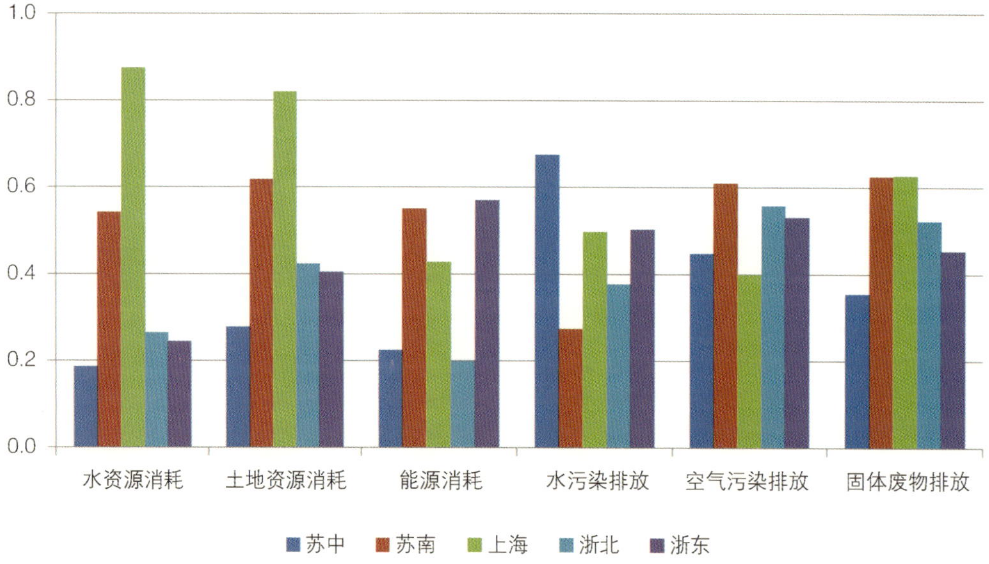

图 9－5　长三角地区生态投入水平区域平均水平比较

固体废物排放指标方面，各地区之间固体废物排放指标平均值存在一定差异。苏南地区和上海相对较高为 0.625 和 0.627，其次是浙北地区 0.522，浙东地区为 0.454，苏中地区最低为 0.354。苏南地区除常州空气污染排放指标排名第 5 外，南京、苏州、无锡、镇江都位于后八位。上海排名第 13 位，也处于后八位。苏中地区的扬州、泰州、南通则均位于前八位。浙北和浙东地区内部呈现分化趋势，差异较大，区域特征也不显著。

9.3 长三角16个城市生态投入分项指标分析

9.3.1 各分项指标差异程度分析

(1) 水资源消耗指标排名与分析

长三角地区水资源消耗指标较低的8个城市依次为:泰州、嘉兴、台州、绍兴、南通、湖州、扬州和舟山,平均水资源消耗指标值为0.184,平均人均供水量为27.45 t,其中泰州、嘉兴、绍兴的人均供水量分别仅为16.64 t、21.18 t和22.38 t。由于中国35个大中城市的人均供水量为69.15 t,因此可认为上述城市的水资源消耗处于全国较低水平。

水资源消耗指标较高的8个城市依次为:镇江、常州、宁波、杭州、无锡、苏州、上海、南京,平均水资源消耗指标值为0.555,平均人均供水量为82.55 t。其中,南京和上海的水资源消耗水平要远高于其他城市,人均供水量分别为148.78 t和130.07 t,是排名倒数第3的苏州(人均供水量为75.43 t)的近一倍,接近长三角城市平均值55.00的三倍(表9-4)。

(2) 土地资源消耗指标排名与分析

长三角地区土地资源消耗指标较低的8个城市依次为:泰州、台州、嘉兴、南通、绍兴、扬州、湖州和宁波,平均土地资源消耗指标值为0.308,平均人均建成区面积为26.16 m^2,其中泰州、台州和嘉兴的人均建成区面积分别仅有16.55 m^2、19.33 m^2和19.82 m^2。由于中国35个大中城市的人均建成区面积为53.60 m^2,由此可认为以上城市土地资源消耗在全国范围内也处于较低水平。

土地资源消耗指标较高的8个城市依次为:镇江、常州、苏州、无锡、舟山、杭州、上海和南京,平均土地资源消耗指标值为0.646,平均人均建成区面积为51.69 m^2,也低于中国35个大中城市的平均水平。其中,南京的土地资源消耗指标远大于其他的长三角城市,2012年南京的人均建成区面积为80.02 m^2,是长三角地区平均数(38.19 m^2)的两倍多。

可见,除了南京在土地资源消耗方面处于较高水平,长三角其他城市的土地资源消耗在全国范围内基本处于中低水平(表9-4)。

(3) 能源消耗指标排名与分析

长三角地区能源消耗指标较低的8个城市依次为:杭州、南通、台州、绍兴、湖州、嘉兴、泰州和扬州,平均能源消耗指标值为0.204,平均人均消费标准煤为2.27 t。其中,杭州、南通和台州的人均消费标准煤分别为1.76 t、1.82 t和1.95 t。由于中国35个大中城市的平均人均消费标准煤为4.34 t,是这8个城市平均值近两倍,因此可认为上述长三角城市的能源消耗在全国处于较低水平。

能源消耗指标较高的8个地区依次为:常州、镇江、上海、无锡、苏州、舟山、宁波和南京,平均能源消耗指标值为0.638,平均人均消费标准煤为7.11 t。尤其是南京、宁波和舟山三个城市,人均消费标准煤均超过10 t,分别为11.15 t、11.04 t和10.38 t,这在全国也处于较高水平(表9-4)。

(4) 水污染排放指标排名与分析

长三角地区水污染排放指标较低的8个城市依次为:镇江、台州、无锡、常州、嘉兴、苏州、杭州和南通，平均水污染排放指标值为0.257，平均人均化学需氧量排放量为5.54 kg、平均人均氨氮排放量为0.81 kg，其中排名第一的镇江人均化学需氧量排放量为1.89 kg、人均氨氮排放量为0.12 kg。相对中国35个大中城市的人均化学需氧量排放量和人均氨氮排放量平均值分别8.16 kg和1.39 kg，可认为上述城市的水污染排放处于全国较低水平。

水污染排放指标较高的8个城市依次为：湖州、上海、宁波、南京、扬州、绍兴、舟山和泰州，平均水污染指标值为0.622，平均人均化学需氧量排放量为13.08 kg、平均人均氨氮排放量为2.00 kg。其中，泰州的水污染排放水平远高于其他城市，人均化学需氧量排放量和人均氨氮排放量平均值分别23.52 kg和2.91 kg，是长三角城市平均值(9.31, 1.40)的两倍(表9-4)。

(5) 空气污染排放指标排名与分析

长三角地区空气污染排放指标较低的8个城市依次为：台州、常州、南通、杭州、上海、舟山、绍兴和扬州，平均空气污染排放指标值为0.450，平均人均二氧化硫排放量为9.01 kg、平均人均氮氧化物排放量为12.06 kg，其中台州的人均二氧化硫排放量和人均氮氧化物排放量分别为3.94 kg和5.44 kg，都为16个城市中的最低，城市整体空气污染排放水平较低。相对中国35个大中城市的人均二氧化硫排放量和人均氮氧化物排放量平均值15.25 kg和14.16 kg，这8个城市的空气污染排放水平都处于全国中低水平。

空气污染排放指标较高的8个城市依次为：泰州、南京、湖州、无锡、苏州、嘉兴、镇江和宁波，平均空气污染排放指标值为0.696，平均人均二氧化硫排放量为16.39 kg、平均人均氮氧化物排放量为22.63 kg，相对中国35个大中城市的排放水平而言，这8个城市处于全国中等水平以上，尤其是人均氮氧化物排放较为严重。例如，宁波、镇江、嘉兴、苏州4个城市的人均二氧化硫排放量值超过35个大中城市的平均值(16.12)，分别是19.23 kg、22.30 kg、16.87 kg和17.48 kg；而这8个城市的人均氮氧化物排放量则全部超过35个大中城市的均值(14.16 kg)，其中宁波、镇江、无锡3个城市的人均氮氧化物排放量特别高，分别为34.41 kg、25.91 kg、25.49 kg，为中国35个大中城市人均氮氧化物排放量均值的两倍左右(表9-4)。

(6) 固体废物排放指标排名与分析

长三角地区固体废物排放指标较低的8个城市依次为：扬州、台州、绍兴、泰州、常州、南通、湖州和嘉兴，平均固体废物排放指标值为0.376，平均人均工业固体废弃物产生量为0.80 t、平均人均生活垃圾清运量为0.14 t。人均工业固体废弃物产生量最低的3个城市分别是台州、湖州和扬州，分别为0.41 t、0.64 t和0.66 t。人均生活垃圾清运量最低的3个城市分别是扬州、泰州和常州，分别为0.09 t、0.11 t和0.11 t。相对中国35个大中城市的人均工业固体废弃物产生量和人均生活垃圾清运量的平均值1.46 t和0.23 t，上述8个城市的固体废物排放处于全国较低水平。

固体废物排放指标较高的8个城市依次为：舟山、苏州、宁波、无锡、上海、杭州、镇江和南京，平均固体废物排放指标值为0.649。这个8个城市的平均人均工业固体废弃物产生量为1.49 t、平均人均生活垃圾清运量为0.23 t，与全国35个大中城市的排放均值(1.46、0.23)基本持平。其中，人均工业固体废弃物产生量最大的3个城市分别是镇江、苏州和南京，分别为2.34 t、2.09 t和1.98 t。人均生活垃圾清运量最大的4个城市分别是杭州、上海、南京和舟山，为0.35 t、0.30 t、0.28 t和0.28 t(表9-4)。

表9-4 长三角16个城市生态投入分项指标排名情况

排名	水资源消耗指标	土地资源消耗指标	能源消耗指标	水污染排放指标	空气污染排放指标	固体废物排放指标
1	泰州	泰州	杭州	镇江	台州	扬州
2	嘉兴	台州	南通	台州	常州	台州
3	台州	嘉兴	台州	无锡	南通	绍兴
4	绍兴	南通	绍兴	常州	杭州	泰州
5	南通	绍兴	湖州	嘉兴	上海	常州
6	湖州	扬州	嘉兴	苏州	舟山	南通
7	扬州	湖州	泰州	杭州	绍兴	湖州
8	舟山	上海	扬州	南通	扬州	嘉兴
9	镇江	镇江	常州	湖州	泰州	舟山
10	常州	宁波	镇江	上海	南京	苏州
11	宁波	常州	上海	宁波	湖州	宁波
12	杭州	苏州	无锡	南京	无锡	无锡
13	无锡	无锡	苏州	扬州	苏州	上海
14	苏州	舟山	舟山	绍兴	嘉兴	杭州
15	上海	杭州	宁波	舟山	镇江	镇江
16	南京	南京	南京	泰州	宁波	南京

9.3.2 各城市分项指标玫瑰图分析

我国长三角大部分城市各项生态投入指标还呈现较为显著的非均衡性(图9-6,图9-7),尤其是舟山、上海、苏州、镇江、杭州、泰州、常州等城市。譬如,杭州的水资源消耗、土地资源消耗、能源消耗、水污染排放、空气污染排放、固体废物排放指标分别排名12、14、1、7、4、14。这种资源消耗和污染排放的非均衡性反映了长三角地区各城市由于城市间资源禀赋差异和区域经济发展现状及城市分工的进一步分化等因素影响,在生态投入方面所面临的问题也存在差异。尤其是部分城市的单项问题较为突出,例如南京、宁波、舟山的能源消耗过高,上海水资源、土地资源消耗较大,宁波、镇江、嘉兴等城市空气污染问题相对严重,泰州则表现为水污染问题突出。与此同时,个别城市的生态投入问题还呈现现综合复杂性特征,例如南京在水资源消耗、土地资源消耗、能源消耗、固体废物排放四个方面的指标都位居长三角16城市末位,其未来节能减排任务较为艰巨。

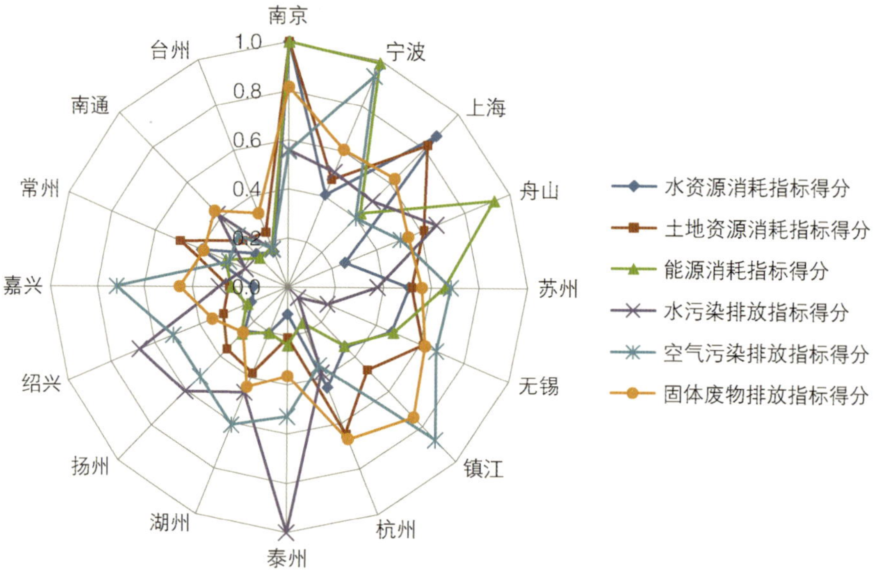

图 9-6　长三角 16 个城市生态投入指数分项指标得分分布玫瑰图

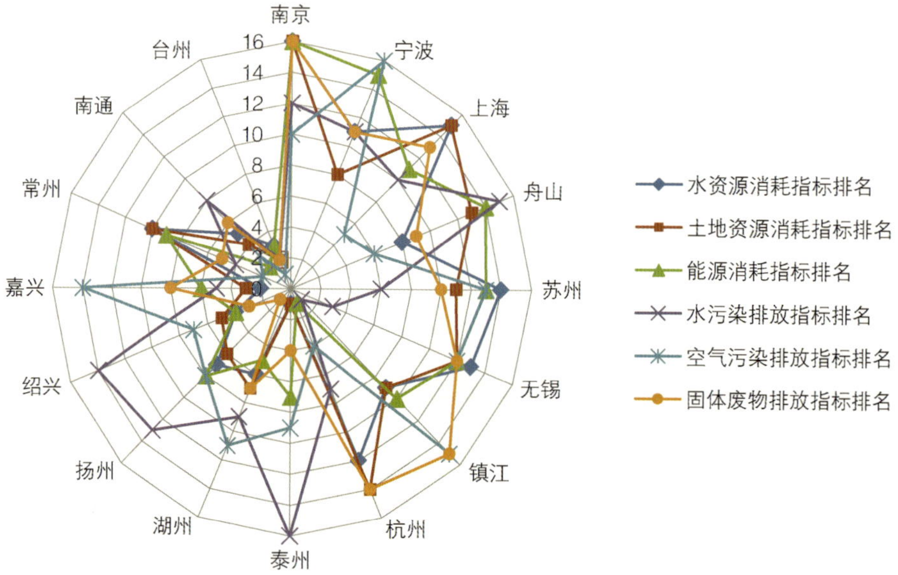

图 9-7　长三角 16 个城市生态投入指数分项指标排名分布玫瑰图

9.4　长三角 16 个城市生态投入比较分析

结合全国 35 个大中城市生态投入与长三角 16 个城市生态投入的情况比较分析，可见：水资源消耗方面，我国 35 个大中城市人均供水量为 69.15 t，而长三角地区该值为 55.00 t，为前者的 80%左右；在土地资源消耗方面，中国 35 个大中城市人均建成区面积为 53.60 m^2，而长三角地区该值为 38.19 m^2，为前者的 71.2%；在能源消耗方面，中国 35 个大中城市的人均消费标准煤 4.34 t，而长三角地区该值为 4.69 t，为前者的 1.08 倍；在水污染排放方面，我国 35 个大中城市平均人均化学需氧量排放量为 8.16 kg、平均人均氨氮排放量为 1.39 kg，而长三角地区该值为 9.31 kg 和 1.40 kg，分别为前者的约 1～1.2 倍；在空气污染排放方面，中国 35 个大中城市平均人均二氧化硫排放量为 15.25 kg、平均人均氮氧化物排放量值为 14.16 kg，而长三角地区该值分别为 12.70 kg 和 17.35 kg，分别为前者的 83.3%和 1.23 倍；在固体废物排放方面，中国 35 个大中城市的平均人均工业固体废弃物产生量为 1.46 t、平均人均生活垃圾清运量为 0.23 t，而长三角地区该值为 1.15 t 和 0.19 t，为前者的 78.3%和 81.8%。

由此可见，在水资源消耗、土地资源消耗和固体废物排放三个方面，长三角地区的生态投入水平较全国大中城市平均水平低；而在能源消耗、水污染排放和空气污染排放三个方面，长三角地区的生态投入略高于或接近全国大中城市平均水平。

10 长三角16个城市人类发展指数排名与解读

1990年,联合国开发计划署(UNDP)创立了人类发展指数,即以"预期寿命、教育水准和生活质量"三项基础变量,按照一定的计算方法得出综合指标,计算世界各国的人类发展指数。所得出的指标在《人类发展报告》中发布,在指导发展中国家制定相应发展战略方面发挥极其重要的作用。本书基于中国长三角16个城市构建HDI指标体系、确定数据来源及处理方式,将成果与国际HDI发展水平等级作对比,能直观地感受长三角相比于国际HDI水平的对比结果。本章主要针对长三角16个城市的人类发展指数进行了研究,旨在通过从不同的划分视角及各分项指标来分析人类发展水平,以及在与国际水平的对比来衡量长三角16个城市的人类发展水平。

10.1 长三角16个城市人类发展指数排名

10.1.1 城市人类发展指数排名

根据前文提出的城市可持续发展的福利维度的指标——人类发展指数,从中国2013年城市统计年鉴、各地区统计年鉴中收集了上海、南京、杭州、无锡、常州、苏州、宁波、舟山、镇江、扬州、湖州、南通、绍兴、泰州、嘉兴、台州16个长三角城市的人均预期寿命、人均受教育年限、人均GDP数据,并进行无量纲处理,采用三个指标算术平均得到16个大中城市的人类发展指数排名及分项指标排名,结果详见表10-1。

由表10-1可以看出,苏州以预期寿命指标、教育指标和收入指标都位列第二的综合优势得分0.840,位列长三角16个城市人类发展指数排名的榜首,上海市以预期寿命指标和教育指标排名第一的优势紧随苏州之后,同时二者得分在0.80以上,苏州、上海和无锡是长三角的三个增长极。第4到第6为杭州、南京和宁波,绍兴、常州、舟山,镇江分属第7到第10的席位,剩余六个城市排名依次为:嘉兴、湖州、扬州、泰州、台州、南通,其中南通得分0.739。

表10-1 长三角16个城市的人类发展指数排名及分项指标排名

城市	人类发展指数		预期寿命指标		教育指标		收入指标	
	得分	排名	得分	排名	得分	排名	得分	排名
苏州	0.840	1	0.974	2	0.758	2	0.803	2
上海	0.839	2	0.988	1	0.784	1	0.762	7
无锡	0.836	3	0.973	3	0.744	4	0.807	1
杭州	0.822	4	0.965	4	0.750	3	0.768	3
南京	0.808	5	0.953	7	0.721	7	0.767	4
宁波	0.807	6	0.955	6	0.721	7	0.763	6
绍兴	0.801	7	0.951	8	0.712	9	0.758	10
常州	0.798	8	0.911	13	0.734	6	0.761	8
舟山	0.798	9	0.944	10	0.704	11	0.766	5
镇江	0.795	10	0.898	14	0.738	5	0.759	9
嘉兴	0.780	11	0.956	5	0.690	13	0.720	12
湖州	0.773	12	0.951	8	0.690	13	0.705	15
扬州	0.768	13	0.887	16	0.707	10	0.724	11
泰州	0.759	14	0.888	15	0.695	12	0.707	14
台州	0.751	15	0.931	11	0.668	15	0.681	16
南通	0.739	16	0.924	12	0.609	16	0.717	13

10.1.2 城市人类发展水平分级

为了更好地看出城市间人类发展水平级别，本书同样对长三角16个城市的人类发展指数按照“组内差异小，组间差异大”的得分差值程度大小进行分级，一共分为3个级别，各个级别间的差异程度较大，其中第Ⅰ级别末位与第Ⅱ级别首位相差0.031、第Ⅱ级别末位与第Ⅲ级别首位相差0.023，详见表10-2。

表10-2 长三角16个城市人类发展水平级别划分表

人类发展水平级别	城市	人类发展指数	指数排名	平均水平	城市个数
第Ⅰ级别	苏州	0.840	1	0.834	4
	上海	0.839	2		
	无锡	0.836	3		
	杭州	0.822	4		

续 表

人类发展水平级别	城市	人类发展指数	指数排名	平均水平	城市个数
第Ⅱ级别	南京	0.808	5	0.801	6
	宁波	0.807	6		
	绍兴	0.801	7		
	常州	0.798	8		
	舟山	0.798	9		
	镇江	0.795	10		
第Ⅲ级别	嘉兴	0.780	11	0.762	6
	湖州	0.773	12		
	扬州	0.768	13		
	泰州	0.759	14		
	台州	0.751	15		
	南通	0.739	16		

从表 10－2 的级别划分情况可以看出：

（1）作为长三角的经济重要增长极的上海和杭州，以及长三角北翼的苏州和无锡，人类发展指数处在 0.840～0.822 之间，均值达 0.834，属于第Ⅰ级别城市；

（2）排名第 4 位到第 12 位的南京、宁波、绍兴、常州、舟山、镇江，这 6 个城市的人类发展指数在 0.808～0.795 之间，均值为 0.801，属于第Ⅱ级别人类发展水平；

（3）位列第 11 位到第 16 位的嘉兴、湖州、扬州、泰州、台州、南通 6 个城市的人类发展指数整体得分较低，值范围为 0.780～0.739 之间，均值为 0.762，可以划为第Ⅲ级别。

从图 10－1 中可以直观地看出，长三角 16 个城市的城市人类发展水平成较匀速的递减趋势，显示出长三角区域内城市之间差异较大，尤其第Ⅲ级别城市的人类发展水平与第Ⅰ级

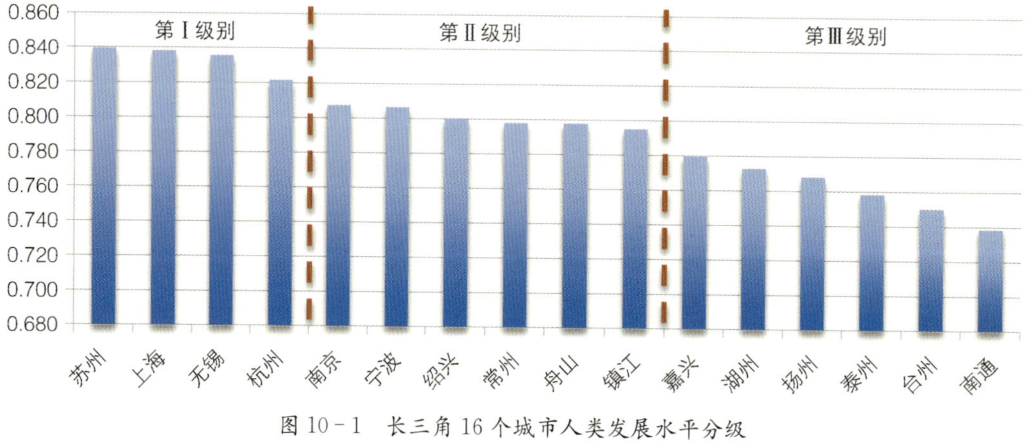

图 10－1 长三角 16 个城市人类发展水平分级

别差距显著，嘉兴、泰州、台州等城市与同行政级别的苏州、无锡、宁波等城市形成鲜明对比。

10.2 长三角 16 个城市人类发展指数区域分析

10.2.1 综合指标区域分析

根据表 10-2 对长三角城市的分类，将 16 城市依 5 区域划分后得到各区域的城市人类发展指数排名累计状况，分列前 4、前 8、前 12 以及前 16 位，如表 10-3 所示。从表中可以看出，上海虽为以单城市划分的区域，相较首位的苏州以微弱劣势居于第二。苏南整体实力强劲，在前四名中占据 2 席，分别为第 1 位的苏州和第 3 位的无锡，所有城市均在 12 强之列，具体为第 5 位的南京、第 8 位的常州、第 10 位的镇江；苏中则整体实力较弱，各城市均排名较为靠后，排名最好的扬州位列第 13；浙北内部城市发展水平差距显著，如浙北排名最佳的杭州位列第 4，而湖州只位列第 12 位；同时浙东整体实力与苏中相似，既存在浙东内部差距大，也存在整体水平较为落后，最佳排名为宁波、绍兴，位列第 6 和第 7 位，最差的为居倒数第二的台州。区域位置在很大程度上影响着城市人类发展水平，越靠近上海这个中心极，发展水平相对较高；同时区域内部中地理位置相近的各个城市仍呈现出不同的发展水平，越靠近上海，区域内部的城市发展水平越能呈现均衡性。

表 10-3 长三角 16 个城市人类发展指数排名累计状况表

排名累计	上海	苏南	苏中	浙北	浙东
前 4	1	2	0	1	0
前 8	1	4	0	1	2
前 12	1	5	0	3	3
前 16	1	5	3	3	4
总数	1	5	3	3	4

10.2.2 江苏与浙江两省城市对比分析

（1）省际对比，江苏略胜一筹

从城市数量看，将长三角 16 个城市按照省份进行划分，除了上海是单城市外，江苏省共有 8 座城市，主要分布在苏南地区；浙江共有 7 座城市，主要分布在浙北地区。江苏省总体上榜城市数量上比浙江省多 1 座。

从城市人类发展指数排名看，省际差异大。上海排名第二，江苏省的苏州市排名第一，其城市的总体排名比浙江省靠前，在总排名前 5 的城市中，浙江只有杭州 1 座；总排名前 10，江苏包括苏州、无锡、南京、常州、镇江在内共 5 座城市入围，浙江也有杭州、宁波、绍兴、舟山

图 10 - 2　长三角 16 个城市区位图

4 座城市上榜，浙江与江苏之间的差距有所减少。江苏省排名最末位的为南通市，在 16 个城市中位居最后一位，浙江省排名最末位的是位于浙东的台州，居于倒数第二。从排名中可以看出，江苏省（主要是苏南地区）的城市发展水平要高于浙江省（主要是浙北地区）的城市发展水平。这主要得益于苏南地区经济基础好、率先尝试乡镇经济并获得极大成功，邻近上海的地理优势、接受上海产业结构调整及对外开放的影响辐射得到显现。

（2）省内对比，江苏的城市差距突出

将各个城市人类发展指数得分与省内最高分城市（江苏省为苏州，浙江省为杭州）的得分进行差值比较，差值结果见图 10 - 3，其中黄色柱体为江苏省的城市，绿色柱体为浙江省的城市。从图中可以看出，江苏省各城市之间的人类发展水平差距最大达到 0.101，高于浙江省最大差值 0.071，可见江苏省的省内城市差值比浙江省的大。造成此现象的原因，一方面是苏州的发展水平较杭州的高，另一方面是江苏省省内各城市的差距较浙江大。

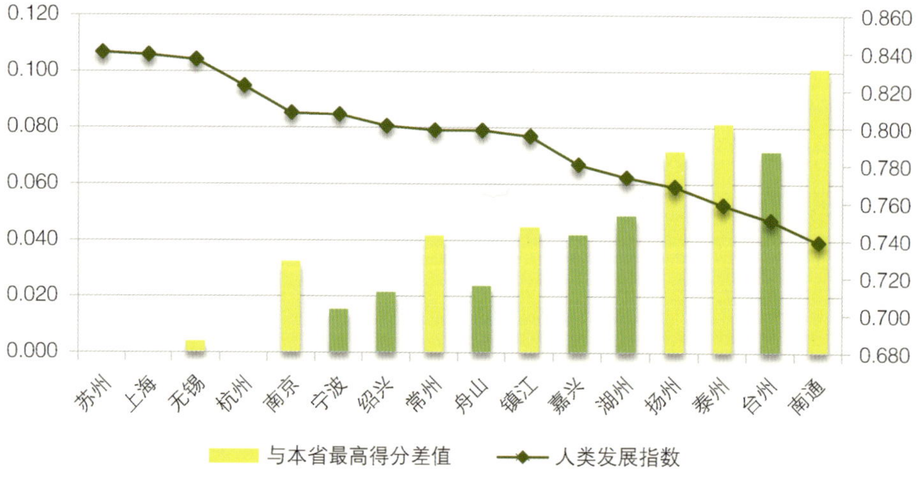

图 10 - 3　长三角 16 个城市 HDI 的省内最高分差值图

10.3　长三角 16 个城市人类发展指数分项指标玫瑰图分析

10.3.1　各分项指标差异程度分析

（1）人均收入水平差异最大近 8 倍

从图 10 - 4 中可以看出，长三角 16 个城市的人均 GDP 水平呈现出落差极大的分布趋势。南京以 117 375 元的人均 GDP 水平高居榜首，与排名第二的绍兴差距较小，同属第一梯队。

南京和绍兴的发展水平在长三角 16 个城市中表现突出，南京、杭州和上海作为长三角的三个增长极稳居前四位，另外的宁波、无锡、苏州、嘉兴、泰州和舟山这些城市的经济发展水平也比较快，吸收投资额较多，产业发展迅速，人均收入水平较高。长三角的外围城市，如南通、台州等城市的人均收入水平与经济发展迅速城市的人均收入相比，还有很大差距，生活水平有进一步提升的空间。

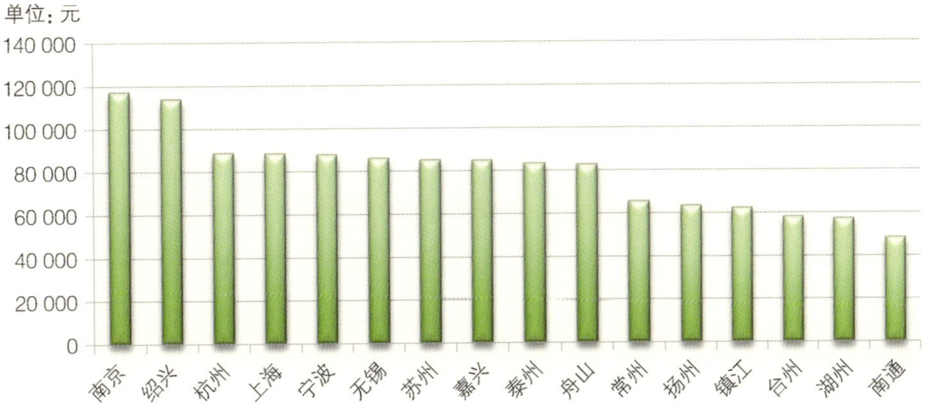

图 10 - 4　长三角 16 个城市人均 GDP 水平

（2）人口素质差异与收入水平差异趋同

人均平均受教育年限是社会发展的重要标志之一，也是反映人口文化素质的综合指标，提高人均受教育年限是全球各个国家和地区努力的重要方向之一。长三角 16 个城市的人均受教育在 9 年以上，南京最高，达到 10.82 年。上海、南京、杭州经济发展水平较高，教育资源丰富，能接受教育的人群范围广；同时高等教育资源质量好，受教育程度高；城市对高等教育人群需求和吸引力大，体现出城市的人口素质较高水平。排名前七名中，江苏省的南京、苏州、无锡、镇江、常州占据了五席，主要是因为江苏省是教育大省，除了教育资源丰富之外，研发投入和人力资本也较为丰富。

（3）人均预期寿命差距高达 6.37 岁

人均预期寿命，寿命能反映出一个地区的经济社会发展水平、医疗卫生保障能力、公共卫生服务水平和人们的生活品质。在世界卫生组织确定的衡量一个地区人民健康水平的三大指标中排第一位，世界发达国家人均预期寿命为 77 岁。苏州和无锡以 81.56 和 81.47 岁紧随其后，最低的为扬州市 76.04 岁。

上海、无锡、苏州、杭州等长寿城市主要是经济条件与医疗卫生水平较高。同时人均预期寿命越长，也意味着经济发展的人口红利效应正在递减，为保证在经济增长，变老龄人口压力为经济增长的动力，研究通过提升人口素质享受新的“人才红利”。积极的人口政策，调整人口结构，缓解老龄化；加快经济发展步伐，吸引更多的劳动力资源，放慢老龄化的步伐；建立健全老年社会保障体系，提高老年人的生命和生活质量。

南京人均寿命较低。南京市疾病控制中心公布的 2010 年南京居民病、伤、死亡原因调查分析，2010 年南京市居民平均期望寿命为 76.84 岁出生率 9.07‰，死亡率 5.75‰，死因前三位依次为循环系统（即心脑血管疾病）、肿瘤、呼吸系统疾病。南京人民需要增强疾病预防和提高治疗水平。

10.3.2 各城市分项指标差异分析

从图 10-5 中可以看出长三角 16 城市人类发展指数分项指标分布的分布情况，总体而言，长三角各个城市的收入、健康以及教育水平之间保持着高度的一致性，即各个城市的收入水平、健康水平和教育水平体现出来的发展指数得分不失衡，体现出了城市的总体的发展水平状况由高到低的平稳递减。从图 10-6 的指标排名分布状况来看，杭州、无锡、扬州、湖

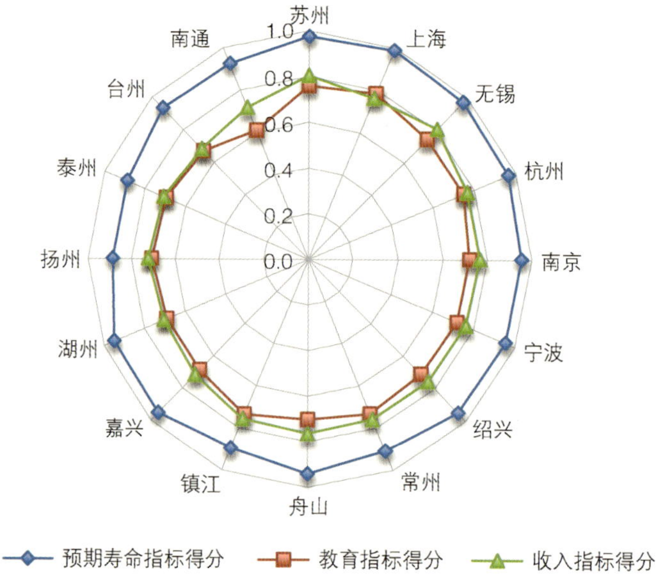

图 10-5 长三角 16 个城市人类发展指数分项指标分布玫瑰图

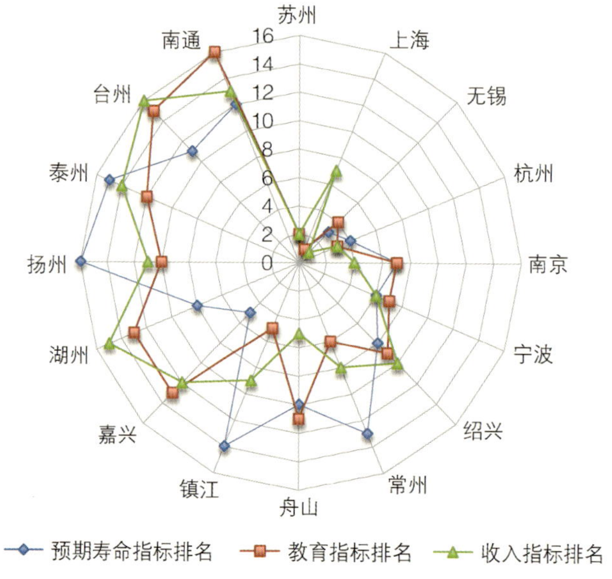

图 10-6 长三角 16 个城市人类发展指数分项指标排名分布玫瑰图

州、南通、泰州、嘉兴、台州的各项指标排名情况比较稳定，上海的经济排名与其他两项不够协调，而舟山的经济水平排名突出；常州、镇江教育水平排名要比其他指标优先。以下针对各类城市详细展开分析。

（1）长三角南翼表现突出

苏州和无锡常为核心的长三角北翼是长三角地区最具活力的区域之一，原有工业基础较好，又有较好的区位优势，使其城市得到快速发展，充分地体现在人类发展指数排名靠前。

无锡、苏州靠近上海，拥有极佳的投资环境，吸引了大量的国外投资，这种“外向型”的发展模式推动城市经济的快速发展，从客观上也提升了城市整体发展水平。苏州的人均可支配收入和人均GDP、GDP增长率、产业结构、FDI、外贸依存度、区域政策之间存在一个长期稳定的关系。苏州因靠近上海的区位优势而间接得到的政策优惠对苏州人均可支配收入的影响较大，带动了苏州人均可支配收入的增长。

（2）增长极指数优势突出

改革开放前，上海一直是中国最为重要的工商业城市和经济中心。随着全球化的深入、跨国资本的流入和国家极化开发战略的实施，上海正被逐步纳入全球劳动分工的价值链和产业链中，上海成为长三角、中国乃至全球资本、技术、劳动力等生产要素以及企业、产业等的“辐合流场”。近年转方式、调结构上取得重大突破，以现代服务业为主体、战略性新兴产业为引领、先进制造业为支撑的新型产业体系基本形成，第三产业增加值占全市生产总值的比重达到65%左右；社会创新能力明显增强，全社会研发经费支出相当于全市生产总值的比例达到3.3%左右，全员劳动生产率全国领先；能源资源利用效率不断提高。并且努力提高人的全面发展水平和社会和谐程度明显提高，收入分配差距进一步缩小；城乡教育、医疗卫生等社会事业发展水平保持全国前列，社会保障覆盖面进一步扩大，保障水平进一步提升。因此，上海作为长三角地区的增长极，位于发展水平最高的城市属于意料之中。

南京、杭州两城市同为省会城市，原有城市基础较好；同时作为苏南、浙北地区规模最大的中心城市，不仅拥有丰富的人力资源和明显的行政优势，而且对周围地区的人口也有很强的吸引力，这些因素都使得两城市发展水平稳步上升。随着长三角的扩容，南京作为长三角的次中心地位将会更加凸显；杭州得益于该地区的科技人才密集、人居环境的优良、江南历史与文化的积淀、社区和社会网络等的发展，保证南京和杭州的高人类发展水平。

（3）长三角南两翼出现差距

宁波作为长江三角洲南翼经济中心，鉴于其完善的产业基础、良好的区位条件和先发性体制优势，终将成为承接国际产业转移的重点区域，从而推动宁波借助外部动力实现跨越式产业升级，促进城市的进一步发展。

（4）江苏四城后劲不足

江苏省的镇江、扬州、泰州、南通4个城市位于南京和苏锡常地区的东北方位（图10-7），人类发展指数整体排名位居第10到16位间。这几个城市共同特点是人均GDP水平较低，扬州和台州的人均预期寿命也较低，包揽了最后两位。整体对外开放程度不高，产业结构有很大调整空间，也有一部分原因是南京、苏锡常以及上海形成的强大南部吸引，优势人力资源、公共服务设施、产业向以上地区聚集，造成4个城市成为资源与发展水平的低地。

镇江作为江苏省的重要城市，其人力资本的基数高，科教文卫事业费投入增长较快，教育水平较高。但镇江的经济水平排名靠后，说明虽然有要素投入量的高增长，要素投入发挥

图 10-7　长三角范围内江苏城市区位图

的效能却不高，技术创新和技术改造能力较低，出现“高投入，低效益”现象。镇江市劳动力的供给比较富足，从业人员的数量近年来呈现下降的趋势，丰富的劳动力资源给劳动就业带来巨大压力，出现劳动力剩余现象。镇江市一次能源资源十分匮乏，缺口很大，主要从市外调入，工业的能耗占很高的比例等。产业间和产业内部结构存在不合理之处，产业结构整体素质不高，主要是高能耗、高污染的第二产业占国民经济的比重一直偏高，造成资源供给紧张，环境污染加重，影响经济的可持续发展，这也导致了镇江市的人口预期寿命排名靠后，镇江市的产业结构还需要进一步优化升级。南通由于教育指标排名落后，收入指标和预期寿命指标排名同样为占优势，导致本次位列长三角最末一名。由于受交通条件的制约，扬州、泰州经济发展缓慢，各项经济与社会发展指标的靠后影响了江苏在长三角板块中的地位。

(5) 浙江四城差距显著

绍兴的人类发展水平相较上轮有显著提高，这主要得益于人均寿命、教育水平和 GDP 水平的均衡稳定，使得绍兴的人类发展指数排名上升至第 7。嘉兴、湖州、台州 3 个城市长三角城市的人类发展水平排位属于相对落后。这些城市总体经济社会水平较低，城市发展不均衡。台州则以特色产业集群和专业市场为依托，经济发展速度较快，从而使得其成为浙南地区经济的中心城市，但原有的城市基础较差，城市发展落后，人均收入水平不高。

10.4　长三角 16 个城市人类发展指数比较分析

为了更好地对长三角 16 个城市的人类发展指数成果水平进行横向对比，将本书测算的长三角 16 城市人类发展水平与联合国开发计划署 2011 的各国人类发展水平值进行对比，对比方式同第五章。表 5-2、5-3 中列出联合国开发计划署 2011 的各国人类发展水平组值，国际 HDI 平均值 0.682、东亚和太平洋地区均值 0.671 以及中国 HDI 为 0.687，长三角 16 个城市的人类发展水平得分均值为 0.795，均高于全球和亚太的得分，可见长三角 16 个城市整体的经济发展和社会发展水平高于全球及亚太的平均水平。

按照联合开发计划署的 HDI 得分组别来看，苏州、上海、无锡、杭州、南京、宁波、绍兴、常州、舟山和镇江均进入极高人类发展水平的组值范围内，但整体水平属于该范围偏低部分，均未达到极高人类发展水平的均值；剩余的嘉兴、湖州、扬州、泰州、泰州和南通属于高人类发展水平的范围，除了南通，其他几个城市得分均高于高人类发展水平均值(0.741)，详见表 10 - 4。

表 10 - 4　长三角 16 个城市 HDI 与国际 HDI 对比

人类发展水平	国际 HDI 平均值及值范围	城市	城市 HDI 平均值及值范围	个数
极高	0.889 (0.943～0.793)	苏州、上海、无锡、杭州、南京、宁波、绍兴、常州、舟山、镇江	0.814 (0.840～0.879 5)	10
高	0.741 (0.783～0.698)	嘉兴、湖州、扬州、泰州、泰州、南通	0.762 (0.780～0.739)	6
中等	0.630 (0.698～0.522)	—	—	—
低	0.456 (0.510～0.268)	—	—	—

对比全国 35 个大中城市平均值为 0.785，属于极高人类发展水平范围的 10 各城市的人类发展指数都达到了此均值水平，其中除了上海、南京和杭州之外的 7 个城市都不是中国 35 个大中城市成员，说明这 7 个城市的发展水平较全国多数大中城市高。苏南、浙东的城市持续发展水平在长三角区域的整体范围内有优势表现，苏中和浙北地区的城市发展水平层次略低，发展重心应优先提升该地区的城市发展水平。

11 长三角 16 个城市可持续发展四象限分类与解读

11.1 长三角 16 个城市可持续发展四象限分类

本书采用城市人类发展水平和城市生态投入水平两个维度对长三角 16 个城市进行可持续发展的衡量，建立了基于可持续发展效率前沿面的城市发展评估模型。两轴四象限图能直观地表示各城市所处的区域和水平，有利于分析城市现状和提出改进路径。

以人类发展为 X 轴，生态投入为 Y 轴，建立城市可持续发展评估直角坐标系，描出长三角 16 个城市的位置。国际上普遍使用人均生态足迹这一指数来衡量一个国家或城市对生态系统供给可再生资源与消纳废弃物这两大类生态服务的需求程度，包括建设用地和吸收人类活动产生的二氧化碳的用地。考虑到数据的可获得性，本书采用生态投入指数。为把这 16 个长三角城市置于一个全球环境下来评估其可持续发展，需要建立一个全球生态投入的标杆。本书在评估长三角城市时分别以国际生态投入平均水平线(直线 $y=0.590$)①和高人类发展水平线(直线 $x=0.80$)②为参照线，作出两轴四象限图，如图 11－1 所示。

在图 11－1 中，高人类发展水平线和国际生态投入平均水平线相交把整个区域划分成 4 个区域(象限)：Ⅱ区中城市是可持续发展的城市，低投入获得高产出；Ⅰ区和Ⅲ区中的城市是欠可持续发展城市，低投入获得低产出或高投入获得高产出；Ⅳ区中的城市是不可持续发展的城市，高投入获得低产出。

根据各城市在图 11－1 中的落点可以看出各城市所属的象限，各城市可持续发展分类见表 11－1。

---

① 具体做法是：根据世界自然基金会(WWF)编著的 2012 年度《地球生命力报告》中所提出的 2008 年中国人均生态足迹为 2.1 全球公顷，全球人均生态足迹为 2.7 全球公顷，得出两者的比值为 0.778，再根据本书计算的 2012 年中国长三角城市生态投入无量纲化平均值 0.459，换算得到国际生态投入平均水平为 0.590。

② 参照本书 2.3 节所述。

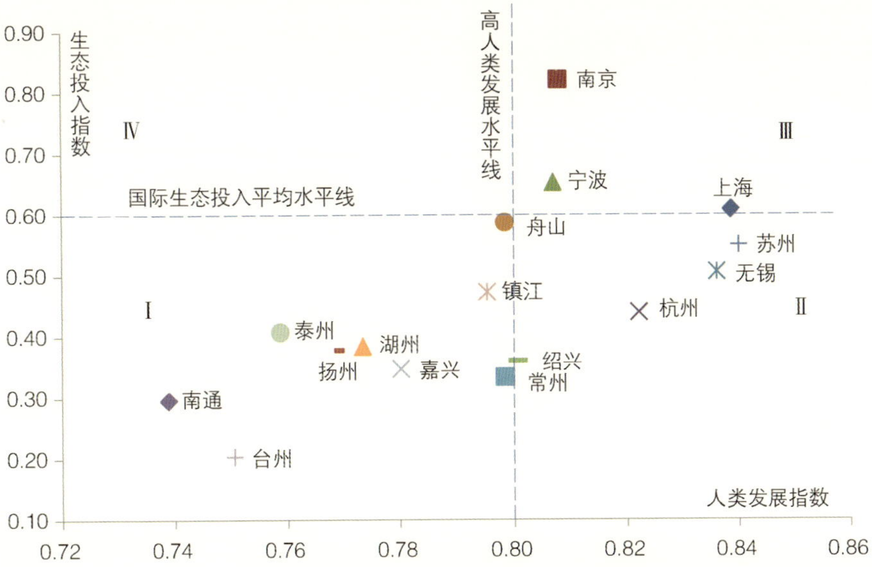

图 11-1　长三角 16 个城市两轴四象限图

表 11-1　长三角 16 个城市可持续发展分类

象限区域	城市	投入产出特征	可持续发展水平
Ⅱ	无锡、杭州、绍兴、苏州	低投入高产出	可持续发展
Ⅰ	常州、南通、泰州、扬州、台州、湖州、嘉兴、镇江、舟山	低投入低产出	欠可持续发展
Ⅲ	宁波、上海、南京	高投入高产出	
Ⅳ		高投入低产出	不可持续发展

11.2　Ⅰ区：低投入低产出类城市及解读

11.2.1　城市特点

低投入低产出类城市表现为生态投入和人类发展都比较低。由图 11-1 可见，区域Ⅰ中的常州、南通、泰州、扬州、台州、湖州、嘉兴、镇江和舟山这些欠可持续发展的城市属于该类别。

该类别的城市数量约占到了长三角 16 个城市的二分之一。这些城市可持续发展现状的产生是基于各自不同的原因，例如台州的人均 GDP 远低于人均水平，泰州的人均供水量为最低，南通的人均消费标准煤和平均水平差距较大，镇江的空气污染比较严重等，这些指标对投入或者产出产生了影响。

11.2.2 典型城市解读——南通

南通，江苏省地级市，位于苏中，东抵黄海，南望长江，与上海、苏州灯火相邀，西、北与泰州、盐城接壤，“据江海之会、扼南北之喉”，被誉为“北上海”。南通集“黄金海岸”与“黄金水道”优势于一身，拥有长江岸线226公里。

统计数据显示，2012年南通的人均建成区面积为21.37 m^2/人，远低于16个城市平均值，人均能源消费量为1.82 t标准煤/人，位于长三角16个城市倒数第二位，生态投入水平较低。人类发展方面，南通人均GDP为62 506元/人，低于平均值79 759元/人，约为最大值——无锡人均GDP的二分之一。教育指标0.609，是16个长三角城市的最低值，预期寿命指标排名倒数第五位。

2011年，“实现生态创建江苏江北领先、建设国内一流生态宜居城市”，写入南通市党代会报告和政府工作报告。相对于其他Ⅰ区城市来说，南通人口基数比较大，这对其生态投入的影响比较大。今后南通应继续加大对生态的投入，大力推进污水处理、生活垃圾收处、饮用水水源地保护等环境基础设施建设，着力夯实生态文明建设的硬件基础。同时转变发展方式，加快形成绿色增长体系，加快发展循环经济，努力探索产业先进、资源节约、环境友好的科学发展新路，逐步形成节约能源资源和保护生态环境的产业结构、发展方式和经济模式，大力推进节能减排，大力发展生态农业、生态工业和高新技术产业。

11.3 Ⅱ区：低投入高产出类城市及解读

11.3.1 城市特点

低投入高产出是城市可持续发展的最理想状态。Ⅱ区中可持续发展的无锡、杭州、绍兴和苏州属于该类别。可见，这些城市在力争HDI增长的同时，注重对水、地、能等这些城市发展所必须的资源投入的控制，兼顾了社会发展和资源环境发展。目前，西方发达国家大部分城市正在尝试实施这种发展模式，如一些欧洲国家提出了在21世纪要实现经济增长一倍，而物质消耗和污染排放量比现在减少一半的发展目标。

11.3.2 典型城市解读——杭州

杭州是浙江省政治、经济、科教和文化中心，是长江三角洲南翼重要中心城市和中国东南部交通枢纽，2001年获得世界人居环境改善方面的最高奖项——“联合国人居奖”，2006年获得“国际花园城市”称号，2008年荣膺全国十佳和谐可持续发展城市榜首。作为一座拥有2 200多年历史的文化名城，杭州的可持续发展对历史文化的保护、继承和发扬都有重要意义。

作为中国最早提出建设“低碳城市”、“宜居城市”的现代城市，杭州始终把“环境立市”作为城市发展的核心战略，着力推动低碳经济发展，试图将城市的历史、文化、人文和资源禀赋转化为城市个性和经济优势，推动经济结构调整，促进生态建设和环境保护，打造低碳城市。早在 2007 年，杭州就正式宣布，将着力打造国内外公认的“最清洁城市”，提升居民生活环境。同时，作为资金保障，市政府每年拿出不低于 2 亿元的财政预算，建立城市管理专项基金。2011 年，杭州与英国推进可持续城市产业发展合作，依托“杭州国家低碳产业园和绿色中心商务区”项目，开展了多项国际交流与合作。

从图 11－1 中可以看出，杭州是长三角 16 个城市中可持续发展水平最高的城市之一，在生态投入水平较低的情况下获得了较好的人类发展，是城市可持续发展的最理想状态。

生态投入方面，杭州的城市能源供应结构较为合理，煤气、天然气、液化气等洁净的能源成为城市的主要能源，煤炭等高污染能源在生活消费中已经基本被取代。在此基础上，杭州注重高新技术的应用，能源获得了高效率的利用。同时，市政府大力提倡可持续的消费意识，积极促进市民传统消费观念和消费习惯的改变，电视、广播、报纸和网络等大众媒体大力宣传文明、健康、新型的消费模式，加强了市民的环保意识，有效减少了不健康的消费行为。

2001 年以来，杭州充分利用其地理优势条件，着力打造“山水城市”。经济发展离不开良好的环境作为保障和资源支持，换言之，城市环境的好坏是衡量经济发展质量的指标之一，经济发展的可持续性取决于城市环境和资源的可持续性。随着城镇化进程的加快以及经济建设力度的加大，杭州将面临人口、资源和环境的巨大压力。通过建设山水城市，可以有效保护自然环境，合理利用自然资源，使人与自然融为一体，进入良性循环发展。杭州可以通过走山水城市之路完善人居环境，实现环境保护和经济发展的优化组合，保证可持续发展进程。

人类发展方面，近年来，杭州加大了对于科教资金的投入。科教的投入直接影响到人才的培养，并进一步影响高新技术产业的发展，教育是一种长期效应，必要的资金投入对于城市的发展具有长远影响。同时，杭州在医疗保险方面支出也大幅增加，2010 年人均预期寿命达到了 81 年，与人均预期寿命最高的城市上海相差不到两年。

综合两方面来看，杭州可持续发展已经走上正轨，城市是可持续发展的。

11.4　Ⅲ区：高投入高产出类城市及解读

11.4.1　城市特点

高投入高产出类城市表现为城市人类发展水平较高，但是生态投入超过了适度范围。由图 11－1 可见，Ⅲ区的宁波、上海和南京属于该类别。这些城市是通过以化石能源和线性的物质过程为特征的传统发展模式，即“一切照旧”的 A 模式，来确保 HDI 增长，是资源消耗型、环境污染型的经济发展模式。城镇化进程中，经济社会发展对土地、能源、生活资料以及水资源的需求量显著增加，不合理的化石燃料利用和土地资源利用等人类活动，也造成了生态投入的大幅上升，最终造成生态环境恶化、不可再生资源减少的后果。

该类城市的主要问题在于城市的发展过度依赖资源消耗，城市是通过高资源消耗和高环境污染来实现城市人类发展的高水平状态的，它以人为过度消耗地球自然资源为代价，其经济特征是单向度的线性经济，表现为经济增长和环境压力同步发展，经济高效率的取得是以资源和自然环境的巨大破坏为代价，绝大多数发展中国家目前仍然处于这种模式的发展状态。随着世界人口的不断增长，这种以经济增长为中心，以追求 GDP 为唯一目标的粗放型发展模式，将会造成城市人口过度膨胀、资源枯竭、环境急剧恶化、生态破坏日益严重、社会分化急速加剧等后果，人类文明将陷入困境。城市的可持续发展是中国可持续发展的重要组成部分，其重要性迫切需要城市走低碳、资源节约和环境友好的绿色经济之路，如何在坚持维持人类发展水平甚至牺牲某些人类发展的基础上减少城市生态投入是这些城市需要思考的问题。

可持续发展强调城市发展的整体性，城市经济发展维度考虑城市经济的有效率的增长，城市社会发展维度考虑公平和公正，城市环境维度考虑生态和谐，同时，它们三者之间的关系错综复杂，城镇化水平的提高离不开城市生态环境的支持，城市生态环境状况又直接对城镇化发展产生制约和反馈作用，而这三个维度的发展目标不可能同时达到最优状态，因此追求城市可持续发展目标不是机械地追求三个方面的最优化，而是要通过这三个目标之间的交互作用和协调平衡，来实现在一定条件下三个维度相互配合的整体性最优。

11.4.2 典型城市解读——上海

上海城市土地面积 6 340.5 平方公里，是我国第一大城市，四大直辖市之一，位于我国大陆海岸线中部长江口，拥有我国最大外贸港口和最大工业基地，隔海与日本九州岛相望，南濒杭州湾，西与江苏、浙江两省相接。上海未来发展目标是成为国际经济中心、金融中心、贸易中心和航运中心，货物吞吐量和集装箱吞吐量居世界第一。2012 年，上海市 GDP 总产值达到 20 201.33 亿元。

2012 年，上海市人均市辖区建设用地面积 124.36 m^2/人，为长三角 16 个城市的最大值，人均消费标准煤为 4.77 t，大于长三角 16 个城市的平均值，人均供水量 130.07 t，仅次于南京。可见，上海在水、地、能三方面的投入巨大，同时，上海的人均 GDP、人均预期寿命和人均教育年限这三个影响人类发展水平的指标也处于比较高的水平。从图 11 - 1 中上海所处的位置可以看出，上海处于国际生态投入平均水平线的附近，如果能在不影响城市居民正常生活水平的基础上减少生态投入，那么上海提高可持续发展水平的潜力较大。

城市是在一定区域内人口高度聚集、经济(主要是第二产业和第三产业)高度发展并起到政治、经济、科技和文化中心作用的人类聚落系统。一方面，城市由于经济聚集和人口众多，需要消耗大量的资源；另一方面，作为政治、科技和文化中心，政府的一项重要责任是处理好经济、人口和资源三者之间的关系，做到节能、减排，构筑一个宜居城市。考虑到我国的资源现状，在新一轮的城市化进程中，城市发展必须实现由速度型向质量型的转变，从经济发展的粗放型向可持续型转变，促进包括能源高效率转化技术的发展，以低碳的理念建设城市。上海已经进入后工业经济时代，二产结构不断调整，三产比重不断提高，在产业结构的不断优化下，上海的可持续发展水平也在不断提高。上海的可持续发展对中国乃至世界都有重要影响，因此做好这一步至关重要。

11.5　Ⅳ区：高投入低产出类城市及解读

高投入低产出是城市可持续发展的最不理想状态，在图 11－1 中表现为Ⅳ区域。该区域内的城市生态投入很高，人类发展却很低，16 个长三角城市中没有一个城市属于该类别。

12 长三角16个城市可持续发展效率排名与解读

在对长三角16个城市生态投入指数和人类发展指数进行分析，以及建立城市可持续发展分类评估模型后，本章主要研究长三角16个城市的可持续发展效率，引用在国际上已发展较为成熟的数据包络分析方法(DEA)，探索各城市可持续发展的相对水平，考察各城市在生态投入和人类发展之间的关系是否达到最优，并为长三角城市群的高效可持续发展寻找优化方向。

12.1 长三角16个城市可持续发展效率排名及分析

12.1.1 可持续发展效率排名

对于长三角16个城市可持续发展效率的分析方法，与中国35个大中城市一样，在城市生态投入和城市人类发展两大指数的基础上，通过数据包络分析方法(DEA)得到各城市的可持续发展效率。具体长三角16个城市可持续发展效率及排名如表12-1所示。

表12-1 长三角16个城市可持续发展效率及排名情况

城市	城市生态投入	城市人类发展	可持续发展效率	效率排名
常州	0.333	0.798	1.000	1
无锡	0.506	0.836	1.000	1
杭州	0.440	0.822	1.000	1
台州	0.204	0.751	1.000	1
苏州	0.550	0.840	1.000	1
绍兴	0.361	0.801	0.953	6
上海	0.608	0.839	0.879	7

续 表

城市	城市生态投入	城市人类发展	可持续发展效率	效率排名
嘉兴	0.347	0.780	0.818	8
湖州	0.384	0.773	0.691	9
南通	0.295	0.739	0.691	10
镇江	0.473	0.795	0.687	11
扬州	0.378	0.768	0.667	12
宁波	0.653	0.807	0.569	13
舟山	0.587	0.798	0.568	14
泰州	0.408	0.759	0.554	15
南京	0.821	0.808	0.457	16

由表12-1可见，经DEA分析，长三角16个城市中，常州、无锡、杭州、台州、苏州5座城市DEA有效，其可持续发展效率相对最高，排名并列第一。绍兴排名紧随其后，可持续发展效率也相对较高，位于0.95以上。从排名来看，靠后的城市为南京和泰州，城市可持续发展效率相对最低。

用玫瑰图表示各城市的城市生态投入、城市人类发展和可持续发展效率，能够更加直观地展示三者的具体情况（图12-1）。从图中可以看出，可持续发展效率受到城市生态投入指数和城市人类发展指数两者的影响，城市人类发展水平会对可持续发展效率形成一定的正面影响，而相反过高的生态投入往往并不意味着有高的可持续发展效率。

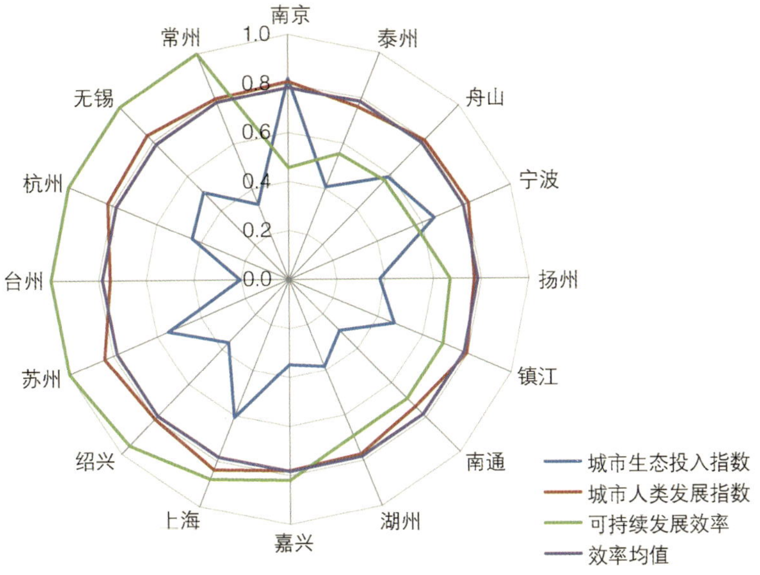

图12-1 长三角16个城市可持续发展效率玫瑰图

12.1.2 可持续发展效率区域分析

长三角 16 个城市分别由江苏省、浙江省和上海市共同组成，其中包括江苏省的 8 个城市，浙江省的 7 个城市和上海市。

长三角 16 个城市可持续发展效率排名分布中前 5 名中江苏省 3 个，浙江省 2 个；前 10 名中江苏省 4 个，浙江省 5 个及上海市；前 16 名中江苏省 8 个，浙江省 7 个及上海市。具体排名的地区分布图及占比图如图 12 - 2 和图 12 - 3 所示。

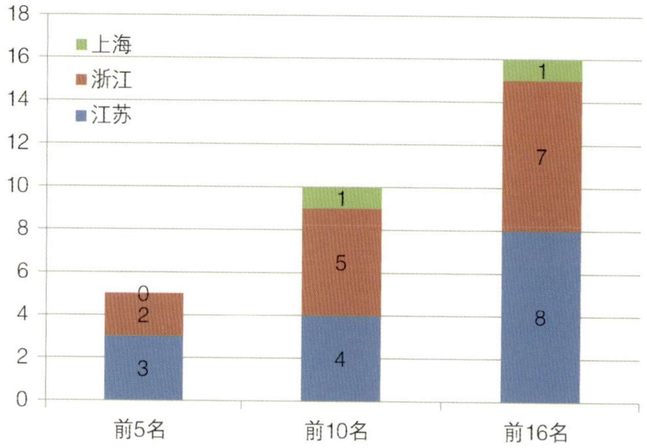

图 12 - 2 长三角 16 个城市可持续发展效率排名地区分布图

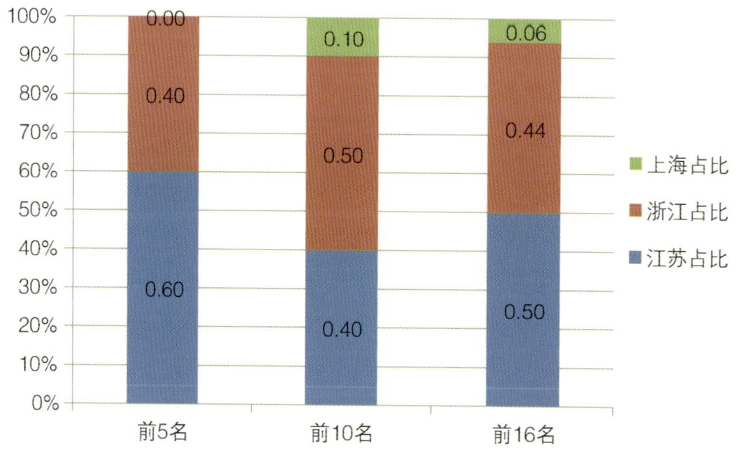

图 12 - 3 长三角 16 个城市可持续发展效率排名地区占比图

从地区分布中可以看出，江苏省的城市大致呈现两端分布的态势，并列第一的 5 个城市中江苏省占了 3 个，而排名后 6 位的城市中，江苏省占了 4 个。浙江省的城市则主要分布在排名的中间段，除并列第一中占了 2 个之外，相对较为集中在第 6～9 名中。对于上海市来说，0.879 的可持续发展效率，处于相对较高的水平，这主要是源于高投入高产出的城市发展状态。

12.2 长三角16个城市可持续发展效率分类及解读

12.2.1 可持续发展效率分类

根据长三角16个城市的可持续发展效率高低，将其划分为三大梯队。具体长三角16个城市可持续发展效率分类如图12-4所示。

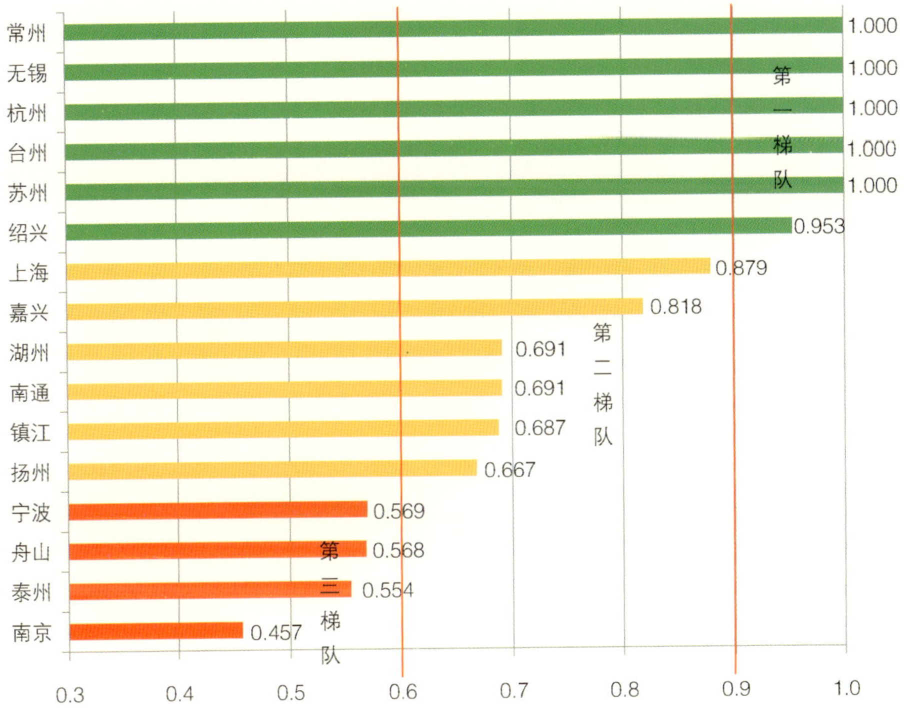

图12-4 长三角16个城市可持续发展效率分类

12.2.2 可持续发展效率分类解读

第一梯队有6个城市，包括常州、无锡、杭州、台州、苏州和绍兴，可持续发展效率在0.9~1.0之间。这些城市中有3个江苏省的城市，3个浙江省的城市。其中，并列第一的5个城市中，苏州、无锡、杭州为低生态投入指数、高人类发展指数的城市，常州、台州为低生态投入指数、低人类发展指数的城市。不过，从整体来看，它们都在相应的生态投入水平上带来了较高的人类发展水平，该分类城市在生态投入和人类发展之间的关系已达到相对最优。

以苏州为例，苏州经济总量大但自然资源却相对较少，走科技含量高、经济效益好、资源消耗低、环境污染少的新型工业化道路是解决资源与环境发展矛盾的一个理想模式。苏州市已经成为国家可持续发展试验区、全国绿化模范城市和全国首个“国家园林城市群”。同时，2012 年苏州的人均 GDP 为 114 029 元，位列 16 个城市的第二位，人均预期寿命也达到 81.56 岁，远高于 2010 年江苏省人口普查中人均寿命的 76.63 岁。这样一条控制生态环境、注重经济发展、提升居民健康水平等的可持续发展道路奠定着苏州在长三角 16 个城市中的领军地位。

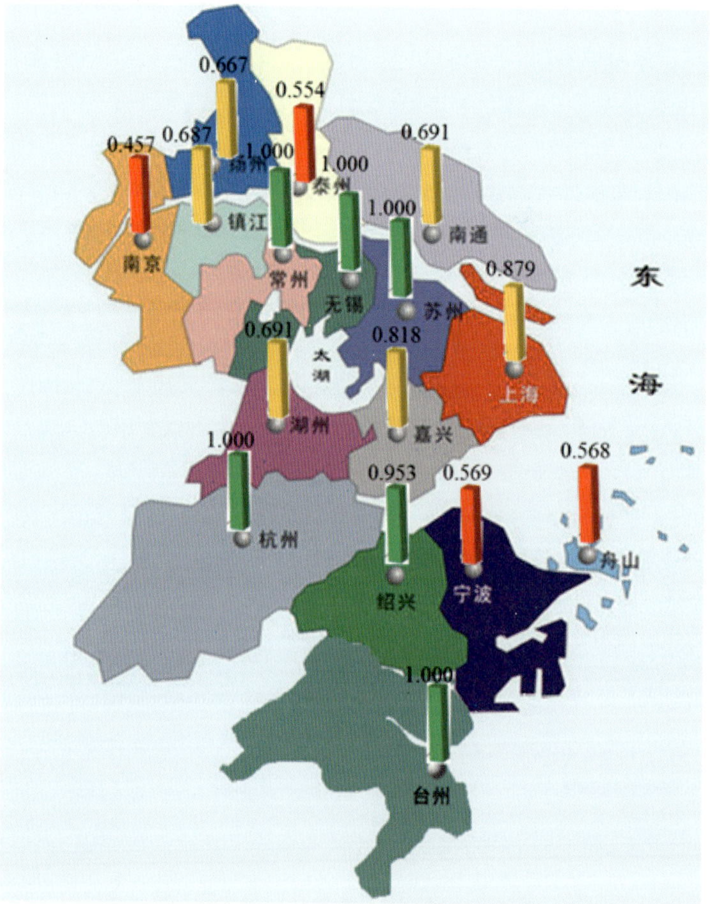

图 12－5　长三角 16 个城市可持续发展效率分布图

第二梯队有 6 个城市，包括上海、嘉兴、湖州、南通、镇江和扬州。可持续发展效率在 0.6～0.9 之间。这些城市中包括上海市、2 个浙江省的城市以及 3 个江苏省的城市。该分类中的 6 个城市除了上海为高生态投入指数、高人类发展指数的城市，其余 5 个全部为低生态投入指数、低人类发展指数的城市。综合两个指数来看，该分类城市的可持续发展效率一般，在生态投入和人类发展之间的关系仅达到中等水平。

其中，湖州近年来全市上下努力打造“富庶湖州、法治湖州、文化湖州、平安湖州、生态湖州”，大力发展生态经济，全面加强生态建设，环境保护成效明显。地表水Ⅲ类水质标准以上的断面比五年前提高了 21.1 个百分点，县级以上集中式饮用水源地水质达标率 100%等。在加快科学发展、构建和谐社会的道路上，湖州坚持生态优市、努力建设“富饶、秀美、宜居、乐活”的现代化生态型滨湖大城市，奏响可持续发展的最强音。

第三梯队有 4 个城市，包括宁波、舟山、泰州和南京，可持续发展效率在 0.6 以下。这些城市中 2 个江苏省的城市，2 个浙江省的城市。其中，舟山、泰州为低生态投入指数、低人类发展指数的城市，而宁波和南京则为高生态投入指数、高人类发展指数的城市。但是，总体来看，这 4 个城市可持续发展效率相对最低，该分类城市在生态投入和人类发展之间的关系处于较低水平。

其中特别是南京，城市本身的人类发展排名第 5 位，那致使其可持续发展效率相对最低的根本原因就在于其生态投入非常高，特别是在资源消耗这一部分为长三角 16 个城市的最高。从城市基本数据来看，南京的人均建成区面积、人均能源消耗、人均供水量全部都为 16 个城市最高。相对于城市人类发展，在生态这一部分的过度投入，是南京可持续发展效率相对落后的主要原因，因此，应积极调整城市生态环境的建设，努力走经济生态化建设和生态经济化建设，注重降低城市生态消耗，在合理的生态投入水平上，实现进一步的可持续发展。

12.3　长三角 16 个城市可持续发展效率优化方向

对长三角 16 个城市可持续发展效率进行 DEA 分析，发现有 5 个城市 DEA 有效，分别是常州、无锡、杭州、台州和苏州。这些城市的可持续发展效率为 1，形成 DEA 有效的点，连接这些点就构成了城市可持续发展效率前沿面。距离前沿面越近的城市，可持续发展效率越高，如绍兴、上海等城市；距离前沿面越远的城市，可持续发展效率越低，如南京、泰州等城市。长三角 16 个城市可持续发展效率 DEA 分析如图 12－6 所示。

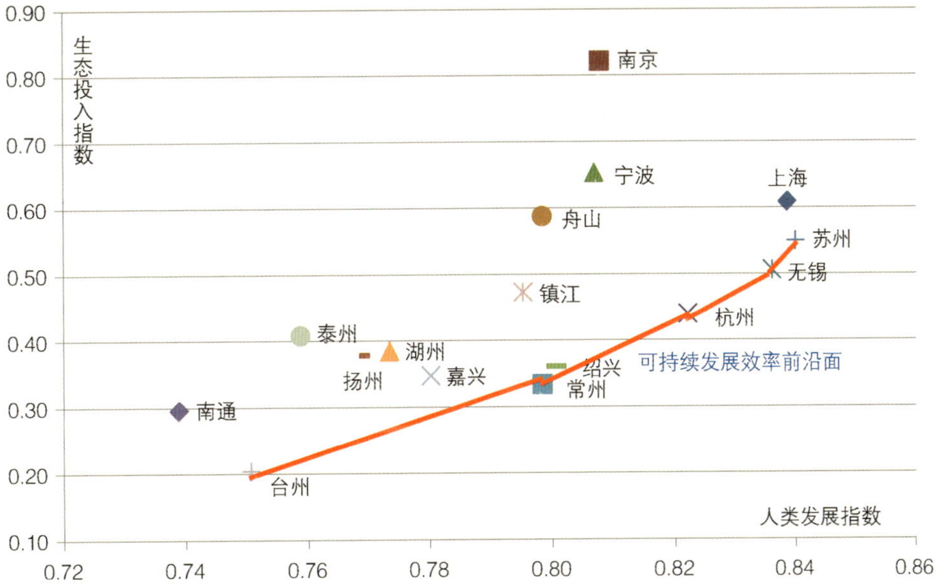

图 12－6　长三角 16 个城市可持续发展效率 DEA 分析图

对于非 DEA 有效的 11 个城市，调整到 DEA 有效的可持续发展效率前沿面上；对于

DEA 有效的 5 个城市，则需沿着有效的可持续发展效率前沿面，控制投入与产出水平，城市生态投入向 0.59 以下，城市人类发展向 0.8 以上进行相应的调整。最终得到长三角 16 个城市可持续发展效率优化方向表，如表 12－2 所示。

表 12－2　长三角 16 个城市可持续发展效率优化方向表

城市	效率值	城市生态投入减少量	城市人类发展提高量
常州	1.000	0.000	0.000
无锡	1.000	0.000	0.000
杭州	1.000	0.000	0.000
台州	1.000	0.000	0.000
苏州	1.000	0.000	0.000
绍兴	0.953	0.017	0.000
上海	0.879	0.073	0.000
嘉兴	0.818	0.063	0.000
湖州	0.691	0.119	0.000
南通	0.691	0.091	0.012
镇江	0.687	0.148	0.000
扬州	0.667	0.126	0.000
宁波	0.569	0.282	0.000
舟山	0.568	0.254	0.000
泰州	0.554	0.182	0.000
南京	0.457	0.446	0.000

附录　金砖国家 12 城市可持续发展状况与排名

附表 1　金砖国家 12 个城市生态投入指标一览①

城市	人均市辖区土地面积(m^2/人)	人均能源消耗量(吨 CO^2 碳排放/人)	人均生活垃圾产生量(千克/人)	人均供水量(吨/人)
加尔各答	118.4	1.47	282.0	50.3
德里	85.2	1.13	146.8	76.2
北京	60.9	8.20	310.0	77.2
孟买	36.9	1.04	209.0	91.3
广州	79.2	9.30	270.0	150.1
上海	65.6	9.70	300.0	130.1
圣保罗	136.7	1.40	550.0	80.5
深圳	81.9	6.20	460.0	152.1
里约热内卢	191.0	1.83	525.2	110.0
约翰内斯堡	422.9	5.02	401.3	127.3
开普敦	663.3	7.60	572.9	82.2
德班	662.0	9.00	519.0	92.3

附表 2　金砖国家 12 个城市生态投入指数及分项指数排名

城市	土地资源消耗指数		能源投入指数		生活物质投入指数		水资源投入指数	
	得分	排名	得分	排名	得分	排名	得分	排名
加尔各答	0.178	7	0.152	4	0.492	4	0.331	1
德里	0.128	6	0.116	2	0.256	1	0.501	2

① 数据时间 2010～2012 年。国际城市数据由西门子亚洲城市能力中心整理并提供。

续 表

城市	土地资源消耗指数		能源投入指数		生活物质投入指数		水资源投入指数	
	得分	排名	得分	排名	得分	排名	得分	排名
北京	0.092	2	0.845	9	0.541	6	0.507	3
孟买	0.056	1	0.107	1	0.365	2	0.600	6
广州	0.119	4	0.959	11	0.471	3	0.987	11
上海	0.099	3	1.000	12	0.524	5	0.855	10
圣保罗	0.206	8	0.144	3	0.960	11	0.529	4
深圳	0.123	5	0.639	7	0.803	8	1.000	12
里约热内卢	0.288	9	0.189	5	0.917	10	0.723	8
约翰内斯堡	0.637	10	0.518	6	0.701	7	0.837	9
开普敦	1.000	12	0.784	8	1.000	12	0.540	5
德班	0.998	11	0.928	10	0.906	9	0.607	7

附表 3　金砖国家 12 个城市生态投入指数、人类发展指数及排名

城市	生态投入指数		人类发展指数	
	得分	排名	得分	排名
加尔各答	0.288	3	0.790	7
德里	0.251	1	0.750	8
北京	0.496	5	0.847	1
孟买	0.282	2	0.560	12
广州	0.634	8	0.844	2
上海	0.619	7	0.839	3
圣保罗	0.460	4	0.805	5
深圳	0.641	9	0.832	4
里约热内卢	0.529	6	0.799	6
约翰内斯堡	0.673	10	0.750	9
开普敦	0.831	11	0.740	10
德班	0.860	12	0.670	11

附表 4　金砖国家 12 个城市可持续发展效率及排名

城市	生态投入指数	人类发展指数	可持续发展效率	效率排名
加尔各答	0.288	0.790	1.000	1
德里	0.251	0.750	1.000	1
北京	0.496	0.847	1.000	1
孟买	0.282	0.560	0.889	4
广州	0.634	0.844	0.767	5
上海	0.619	0.839	0.751	6
圣保罗	0.460	0.805	0.745	7
深圳	0.641	0.832	0.690	8
里约热内卢	0.529	0.799	0.607	9
约翰内斯堡	0.673	0.750	0.372	10
开普敦	0.831	0.740	0.301	11
德班	0.860	0.670	0.291	12

附表 5　金砖国家 12 个城市可持续发展优化方向

城市	可持续发展效率	生态投入减少量	城市人类发展提高量
加尔各答	1.000	0.000	0.000
德里	1.000	0.000	0.000
北京	1.000	0.000	0.000
孟买	0.889	0.000	0.223
广州	0.767	0.148	0.000
上海	0.751	0.155	0.000
圣保罗	0.745	0.117	0.000
深圳	0.690	0.199	0.000
里约热内卢	0.607	0.208	0.000
约翰内斯堡	0.372	0.385	0.040
开普敦	0.301	0.543	0.050
德班	0.291	0.571	0.120

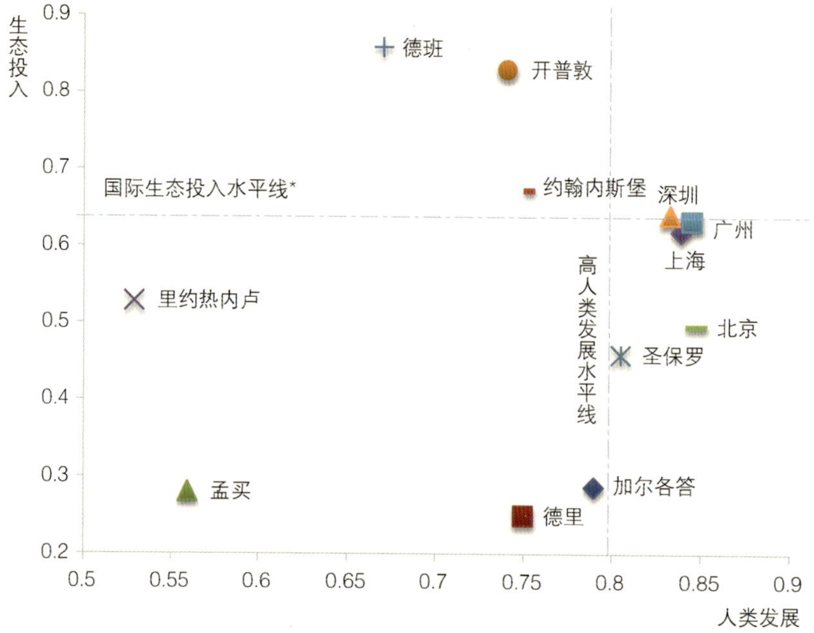

附图 1　金砖国家 12 个城市可持续发展状态—两轴四象限图

注:国际生态投入水平是个相对概念,其取值会随着样本群体的变化而变化。由于缺少国际生态投入水平直接的测算数据,此处采用类比的方法进行推算:以前文第四章中国 35 个大中城市样本群体中生态投入指数值最接近国际生态投入水平线 0.500 的样本城市为参照基准,推算金砖国家 12 个城市样本群的国际生态投入水平线。即在 35 个大中城市样本中,深圳的生态投入指数值(0.501)最为接近国际生态投入水平线(0.500),而在金砖 12 城中深圳的生态投入指数值为 0.641,故推得金砖国家 12 个城市的国际生态投入水平线为 0.641。

图目录

表目录

中英文术语对照表

中文全称	英文全称	英文简写
城市可持续发展指数	Urban Sustainable Development Index	USDI
城市人类发展指数	Urban Human Development Index	UHDI
城市生态投入指数	Urban Ecological Input Index	UEII
城市资源消耗指数	Urban Resources Consumption Index	URCI
城市污染排放指数	Urban Pollution Discharge Index	UPDI
城市水资源消耗指标	Urban Water Consumption Index	UWCI
城市土地资源消耗指标	Urban Land Resources Input Index	ULRI
城市能源消耗指标	Urban Energy Consumption Index	UECI
教育指标	Education Index	EI
平均学校教育年数	Mean Years of Schooling Index	MYSI
预期学校教育年数	Expected Years of Schooling Index	EYSI
预期寿命指标	Life Expectancy Index	LEI
收入指标	Income Index	II
人均建成区面积	Per Capita Build-up Area	BA Per Capita
人均能源消耗	Per Capita Energy Consumption	EC Per Capita
人均供水量	Per Capita Water Supply	WS Per Capita
人均化学需氧量排放	Per Capita Chemical Oxygen Demand Emissions	COD Per Capita
人均氨氮排放量	Per Capita Ammonia Nitrogen Emissions	ANE Per Capita
人均二氧化硫排放量	Per Capita Sulfur Dioxide Emissions	SDE Per Capita

续 表

中文全称	英文全称	英文简写
人均氮氧化物排放量	Per Capita Nitrogen Oxide Emissions	NOE Per Capita
人均工业固体废弃物产生量	Per Capita Industrial Solid Waste Discharge	ISWD Per Capita
人均生活垃圾清运量	Per Capita Municipal Household Waste Disposal amount	MHWD Per Capita

后　记

一年前，同济大学经济与管理学院可持续发展评估研究组的研究成果《中国城市可持续发展绿皮书(2011—2012)》付梓，该书一经面世便得到了社会各界的关注与肯定，也激励着研究组成员不断思考，再写新篇。

秋风送爽，同济园正迎来新一届朝气蓬勃的学子。研究组同仁们在炎炎夏日中辛勤挥汗的力作《城市可持续发展绿皮书(2012—2013)》即将面世。本期延续城市管理和可持续发展的研究特色，基于两个半球理论，从生态投入和人类发展两个维度，四个象限思考，运用成熟的数据包络分析方法(DEA)，评估城市可持续发展水平，提出相应的发展模式和改进路径。经过进一步研究，本期绿皮书较上期做了深化，完善了理论和方法，加强了基础数据可靠性，丰富了研究内容。如生态投入指标构建方面，除延续原城市资源消耗指标外，增加了城市污染排放指标，更全面地反映了城市发展对资源与环境的影响；在人类发展指数数据处理方面，采用了联合国开发计划署颁布的最新计算公式，使国际城市间人类发展水平的可比性更强；在研究对象方面，增加了金砖五国部分城市的比较研究等等。

本期绿皮书虽较上期更加完善，但仍有诸多不足。如：指标体系还可进一步完善，少量数据口径还需进一步调整；在分析城市可持续发展的技术效率和配置效率方面，还有进一步探索的空间；国际城市的比较和分析，也有待更多的研究探讨。我们期待经过研究组成员不断地完善，绿皮书系列成果能够积极推动中国未来20年新型城镇化的思想转型，促进我国城市可持续发展。

本期绿皮书撰写得到了西门子亚洲城市能力中心的支持，其提供了国际最佳实践案例和金砖五国可持续发展评估中的国外城市数据。同时还得到有关政府部门、科研院所、校方、院方和其他社会各界的关心及大力支持，在此我们一并表达由衷的感谢！同济大学第十次党代会上明确提出了将同济大学“建设成为以可持续发展为导向的世界一流大学”的目标愿景。这一目标的实现，不仅需要更多学科的交叉与集成，更需要每一个同济人将可持续发展的理念深植于心。站在新的历史起点上，研究组每一位成员都为之满怀憧憬，希望可以在可持续发展的道路上勇立潮头，联合更多的力量共同参与，为中国乃至世界的可持续发展事业贡献更多的努力和探索！

《中国城市可持续发展绿皮书》编委会

2014年9月